O Essencial de Moreno

Textos sobre psicodrama,
terapia de grupo e
espontaneidade

Dados Internacionais de Catalogação na Publicação (CIP)
(Câmara Brasileira do Livro, SP, Brasil)

Fox, Jonathan
   O essencial de Moreno : textos sobre psicodrama, terapia de grupo e espontaneidade / Jonathan Fox ; São Paulo : Ágora, 2002.

Título original: The essencial Moreno
Bibliografia
ISBN 85-7183-790-2

1. Espontaneidade (Traço de personalidade) 2. Moreno, Jacob Levy, 1889-1974 3. Psicodrama 4. Psicoterapia de grupo I. Título.

01-6305   CDD-616.891523
                                              NLM-WM 430

Índice para catálogo sistemático:
1. Psicodrama : Medicina   616.891523

Compre em lugar de fotocopiar.
Cada real que você dá por um livro recompensa seus autores
e os convida a produzir mais sobre o tema;
incentiva seus editores a encomendar, traduzir e publicar
outras obras sobre o assunto;
e paga aos livreiros por estocar e levar até você livros
para a sua informação e o seu entretenimento.
Cada real que você dá pela fotocópia não autorizada de um livro
financia o crime
e ajuda a matar a produção intelectual de seu país.

O Essencial de Moreno

Textos sobre psicodrama,
terapia de grupo e
espontaneidade

Jonathan Fox

ÁGORA

Do original em língua inglesa
THE ESSENTIAL MORENO
Writing on psychodrama, group method, and spontaneity by J. L. Moreno, M.D.
Copyright © 1987 by Springer Publishing Company, Inc., New York 10012

Tradução:
Moysés Aguiar

Capa:
Renata Buono

Editoração e fotolitos:
JOIN Bureau de Editoração

Proibida a reprodução total ou parcial
deste livro, por qualquer meio e sistema,
sem o prévio consentimento da Editora.

Todos os direitos reservados pela
    Editora Ágora Ltda.

    Rua Itapicuru, 613 – cj. 72
    05006-000 – São Paulo, SP
    Telefone: (11) 3872-3322   Fax: (11) 3872-7476
    http://www.editoraagora.com.br
    e-mail: editora@editoraagora.com.br

ÍNDICE

Agradecimentos 7

Prefácio, por *Carl A. Whitaker, M.D.* 9

Apresentação à edição brasileira, por *Moysés Aguiar* 13

Introdução 17

PARTE I Uma Visão Geral 29

    1. Sistema Filosófico de Moreno 31

    2. Psicodrama e Sociodrama 45

    3. Sociometria 54

    4. Psicoterapia de Grupo 71

PARTE II Técnicas e Conceitos Avançados 79

    5. Espontaneidade e Catarse 81

    6. Conceito de Papel: uma Ponte entre Psiquiatria e Sociologia 110

    7. Notas a Respeito das Indicações e Contra-indicações do *Acting-out* no Psicodrama 118

8. Tratamento Psicodramático das Psicoses 121

9. Tratamento Psicodramático de Problemas Conjugais 139

10. Prognóstico e Planejamento do Sucesso no Casamento 161

11. Teste Sociométrico 166

12. Métodos Autocráticos/Democráticos de Formação de Grupos 180

13. Reflexões sobre Genética 192

PARTE III Protocolos................................. 197

14. Técnicas de Produção Psicodramática ... 199

15. Experimento com Sociodrama e Sociometria na Indústria 235

16. Fragmentos do Psicodrama de um Sonho . 278

PARTE IV Seleções Autobiográficas................... 301

17. O Homem da Capa Verde 303

Notas 321

Cronologia de Jacob Levy Moreno 324

Bibliografia 327

Bibliografia Secundária 329

AGRADECIMENTOS

Este livro contou com a carinhosa ajuda de muitas pessoas. Em primeiro lugar, gostaria de agradecer ao Conselho Executivo da American Society of Group Psychotherapy and Psychodrama por atribuir-me essa tarefa; especialmente a Jonathan D. Moreno, presidente da comissão de publicações, que me ajudou de diversas maneiras. Dinah Hawkin, Fred Harris e John Pitre colaboraram nas pesquisas iniciais. Devo a ajuda bibliográfica a Anne Ancelin Schützenberger, Adam Blatner, Dalmiro M. Bustos, Pierre J. Fontaine, George Gazda, Ann Hale, Annette Henne, Kei Kudo Maeda, René Marineau, John Nolte, Bjorn K. Rasmussen, Ottavio Rosati e James M. Sacks. Contribuíram com suas opiniões a respeito do que seria essencial para Moreno: Giovanni Boria, Dale Richard Buchanan, Christina Hagelthorn, Linnea Carlson-Sibelli, Elaine Eller Goldman, Marcia J. Karp e seus alunos Yvonne Kennedy, Donnell Miller, Karen Finucane McNamara, Peter Mendelson, Ray Naar, Warren Parry, Peter Pitzele e Ken Sprague. Pude contar sempre com a ajuda de Richard Wolfe, curador de livros raros e manuscritos da Countway Medical Library, da Universidade de Harvard, onde estão depositados os escritos de Moreno. Meu trabalho foi muito facilitado pela colaboração de seus assistentes Christopher Kraus, Joni Clouse e Pat Sherman, que catalogaram o material de Moreno. Agradeço a A. Paul Hare a permissão para utilizar a bibliografia dos trabalhos de Moreno que constituem a base do catálogo da

Countway, assim como suas sugestões bibliográficas. Quero agradecer, de coração, a Rodney E. Donaldson, organizador das obras e da correspondência de Gregory Bateson; a Elaine Goldman, Ph.D., diretora do Programa de Psicodrama do Hospital Camelback, em Phoenix, Arizona; a Alan Kraus, C.S.W., chefe de divisão no Departamento de Higiene Mental de Dutchess County, N.Y.; e a René Marineau, Ph.D., professor de psicologia clínica na Université du Québec à Trois Rivières, pela revisão tanto parcial quanto total dos originais. Meus elogios a Bette D. McKenna pela revisão das provas. Jo Salas deu um importante apoio de várias maneiras. Finalmente, desejo agradecer a Zerka T. Moreno a sua infalível generosidade e seu apoio. Quaisquer erros ou omissões são, é claro, de minha responsabilidade.

Jonathan Fox

PREFÁCIO

Tem sido muito difícil elucidar o esforço no sentido de compreender o desenvolvimento do indivíduo humano em sua totalidade, em vez de considerá-lo apenas como um corpo, um intelecto ou um organismo social. Sigmund Freud, em sua volumosa pesquisa, convenceu-se de que o que importava era a individuação: a pessoa torna-se mais ela mesma quanto mais se desvencilha das dependências infantis e tem iniciativas próprias. Alguns anos mais tarde, Fritz Kunkel descreveu em detalhes o que ele chamou de evolução de "nostridade" – o "nós" primário com a mãe, o secundário com o pai ou algum ente significativo, e o terciário com o grupo social. Assim, poderíamos dizer que uma criança passa do biopsicossocial (com a mãe) para o psicossocial (com o pai), e daí para o social (com a comunidade).

Trabalhando há muitos anos exclusivamente com famílias, minha tendência é acreditar, cada vez mais, que o processo de crescimento é dialético: ninguém consegue alcançar a plenitude do crescimento por meio de uma individuação sem fim, pois isso levaria a um isolamento; e ninguém pode chegar a ser uma pessoa plena envolvendo-se dependentemente com a família o tempo todo, porque isso configuraria uma espécie de escravização psicológica.

Na verdade, a evolução dialética da personalidade configura-se um processo sem fim de simbiose e isolamento, pertença e desafio ou desligamento. Cada estado implica ansiedade e condiciona uma saída mediante outro pólo da dialética. E não há resolução: o que existe é só um aumento gradativo do conforto nas transições de um estado ao outro e vice-versa.

Jonathan Fox fez um esforço heróico para coligir os escritos, teorias filosóficas e realizações de um importante contribuidor para nosso entendimento desse processo de crescimento humano: J. L. Moreno.

Moreno foi uma das figuras seminais do mundo da psiquiatria. Mais do que qualquer outro psiquiatra, individualmente, ele foi, com certeza, o maior responsável pela passagem da terapia individual para uma compreensão dos componentes interpessoais da vida psíquica. Jake combinava em si qualidades hipomaníacas (que fizeram de Karl Menninger um contribuidor notável na área da compreensão psicológica); a criatividade de Picasso e as características que possibilitaram aos criadores do teatro do absurdo penetrarem tanta em nosso mundo interior. Ele teve uma capacidade muito particular de abrir-se para os outros. Suas preocupações com a espontaneidade e a criatividade só se equiparam a sua dedicação ao comportamento, à ação, mais do que às palavras. Ele descobriu que todos nós somos atores no palco da vida, e ao mesmo tempo expôs boa parte de nossa infinita "palcofobia".

Ele descobriu praticamente sozinho o poder e o significado do momento, do aqui-e-agora e do encontro espontâneo-criativo, e pode mesmo ser considerado um dos iniciadores do movimento no sentido de descobrir que as palavras não são nada além de meros símbolos. O uso dos modelos teatrais, como a inversão, o jogo e a simulação de papéis, e o alter ego, foi o início do desenvolvimento de sua teoria da encarnação e da encenação. Também escreveu extensivamente sobre o esforço de grupamento, a triangulação, os subgrupos, a alienação e a dominação; o uso do universo social; o trabalho; os jogos; a aprendizagem; a cidadania; e os conceitos de átomo social e espaço social. Ele foi singular por ter sido um dos primeiros a desenvolver o conceito de paciente como co-terapeuta mais do que vítima do "ajudador". Por esse processo, transformou a teoria da espontaneidade numa teoria de ação.

Foram extremamente importantes, ainda, suas rupturas com o dogma da cultura e com os modos de escravização programados pela família. Já em 1940, investiu na busca da compreensão dos triângulos terapêuticos no casamento e da inter-relação de papéis nas diferentes fases do casamento: a pré-marital, a inicial e as etapas posteriores. Como decorrência de sua abertura e de sua liberdade para transcender, no palco, o processo momentâneo de vida, desenvolveu as habilidades de superar o estresse e ensinar as pessoas com quem trabalhava a rirem de si mesmas (o que Harold Searles considera a cura para a esquizofrenia). Mais ainda, trabalhou com psicóticos, durante muitos anos e com grande sucesso, em hospitais por todo o país, em seus *workshops* e em seu próprio hospital e ambulatório, às margens do Hudson. Foi extremamente importante a passagem que fez, de um enfoque voltado ao sistema delirante e aos problemas alucinatórios do psicótico na direção de papéis imaginários teatrais. Além do mais, seu modelo de participação incluía a livre manifestação de seu sistema de crenças, o que fez de seu trabalho uma experiência pessoal para todos os que tiveram contato com ele.

Este livro registra não apenas as evoluções teóricas do psicodrama, do sociodrama e da sociometria de Moreno, mas também sua compreensão de autoridade e democracia, superando os processos de dinâmica grupal da mesma maneira que Freud com a dinâmica individual. Uma das grandes qualidades desta coletânea é a inclusão de muitos exemplos de Moreno trabalhando, mostrando em detalhes os intercâmbios entre ele e os egos-auxiliares, os pacientes e os observadores da platéia.

O prestígio de Jake nos Estados Unidos foi um pouco limitado, porque ele despendia boa parte de seu tempo na Europa, onde ainda é reverenciado e é a referência para muitos dos trabalhos em terapia de grupo na União Vivaz Européia. Ele foi um homem empolgante – uma combinação maravilhosa de Genet, Fritz Redl, Freud e Picasso – e este livro é empolgante, não sendo uma obra convencional de psiquiatria, psicoterapia ou psicopatologia: é um livro sobre a vida, e a enorme contribuição de um verdadeiro mestre.

Carl A. Whitaker, M.D.

APRESENTAÇÃO À EDIÇÃO BRASILEIRA

Este meticuloso trabalho de Jonathan Fox vem preencher uma enorme lacuna na bibliografia psicodramática em nosso país. Com efeito, as traduções já publicadas de textos originais de J. L. Moreno, conquanto valiosas, nem sempre atendem às necessidades tanto do principiante quanto do pesquisador já versado nas propostas técnicas e teóricas do idealizador do psicodrama.

O não-iniciado tende a considerar esses escritos como pouco didáticos, difíceis e desarticulados. Isso se deve principalmente ao fato de que o livro mais popularizado é *Psicodrama*, uma coletânea/colagem que engloba dezenas de artigos publicados em épocas diferentes, que o próprio Moreno dispôs tematicamente, procurando alinhavá-los com comentários novos. No entanto, pela própria natureza dos trabalhos, o resultado final parece uma dissertação desconexa e eivada de repetições. O veterano não se perde tanto, especialmente quando tem o cuidado de recorrer a uma das últimas páginas do próprio *Psicodrama*, na qual são listados os textos originais, e de identificar, em cada texto reproduzido, sua localização cronológica. Mas, ainda assim, sofre.

Há os outros livros, cada um com suas características próprias: *Psicoterapia de grupo e psicodrama* é uma excelente tradução de Antonio Carlos Cesarino; *Fundamentos do psicodrama*; *O teatro da espontaneidade*; *As palavras do pai*; e *Hipnodrama e psicodrama* (esse, na verdade, um destaque de *Psicodrama*), completam a lista dos textos mais conhecidos. Infelizmente, a tradução de *Quem sobreviverá?* não alcançou o mercado com a força que merecia aquele que é, por muitos, considerado a melhor produção escrita de Moreno.

E praticamente ficamos por aí. Essa é a segunda ordem de dificuldades, a que limita as investigações dos profissionais mais experientes, que clamam por oportunidades de aprofundamento, mas têm acesso limitado à bibliografia original. Mais do que isso, prejudicam-se por uma visão distorcida do conjunto de obra, uma vez que as traduções em pauta constituem amostragem pouco significativa. Para ter uma visão de conjunto, o psidocramista brasileiro vale-se de duas obras, principalmente: o clássico de E. Garrido Martin (*Psicologia do encontro: J. L. Moreno*) e a alentada leitura oferecida por A. Naffah Neto em sua obra de estréia, *Psicodrama – descolonizando o imaginário*.

Na hora de decidir que livros indicar para os novos profissionais da área, durante o período de formação, os docentes dividem-se. Uns entendem que o contato primeiro do aluno deve ser com o mestre maior e submetem-se a todos os riscos decorrentes da natureza da bibliografia moreniana disponível. Já outros preferem utilizar autores contemporâneos, que façam de Moreno uma interpretação confiável, ou então que apresentem uma versão mais atualizada do psicodrama, em vez de sua forma original.

Eu, pessoalmente, tenho preferido indicar textos de Moreno apenas como literatura subsidiária. Reputo essa preferência como modesta contribuição para destimular o que tenho chamado de "morenolatria", ou seja, o endeusamento do pai do psicodrama, a citação de frases esparsas de sua lavra como se fossem versículos bíblicos portadores da verdade como discurso competente, a mitificação da chamada "utopia moreniana", a sectarização do psicodrama, a missão de fazer prosélitos e toda uma gama de comportamentos típicos de uma religiosidade fanática e excludente.

Depois de quase um século desde sua invenção, com uma prática disseminada pelo mundo inteiro, o psicodrama de hoje não pode mais ser o mesmo praticado por Moreno, como também não pode ser a mesma sua base conceitual, sob pena de incorrermos no equívoco que ele sempre fez questão de denunciar: a tendência de cristalizar o produto da criatividade, tendência essa que lhe inspirou o conceito de conserva cultural, o terrível adversário da espontaneidade.

Isso não significa deixar de reconhecer que Moreno foi um homem que vivia à frente de seu tempo. Ele estava sempre atualizado em relação ao desenvolvimento tecnológico e traçava alternativas para seu pronto aproveitamento em benefício de seu projeto terapêutico. Vislumbrou caminhos teóricos que só mais tarde vieram a ser explorados, desenvolvidos e pavimentados. Entreabriu muitas portas, sem adentrar plenamente, indicando porém as ricas possibilidades para quem se atrevesse a fazê-lo. Seus textos são, por isso mesmo, uma verdadeira mina de ouro para quem quer fazer história ou garimpar novos rumos.

Felizmente, suas principais proposições foram levadas à prática, experimentadas e modificadas baseadas nas necessidades de cada momento e dos talentos e das preferências pessoais de seus implementadores. Deram, assim, origem a incontáveis desenvolvimentos, cujas profundidades técnicas e teóricas tendem, em muitos casos, a superar a etapa vencida pelos pioneiros, Moreno e a primeira geração de seus discípulos diretos. Outros não chegam a conseguir essa façanha, mas isso é uma contingência natural. Tais desenvolvimentos são por vezes tão díspares que se torna difícil estabelecer o critério que englobaria a todos numa mesma corrente de pensamento – a não ser a alegada descendência. E é nesse ponto que a retomada da obra original, aqui materializada por Jonathan Fox, pode ser de imensa utilidade, permitindo antes de tudo recuperar a mística que a impulsionava e resgatar a energia dela decorrente. Nesse quadro, o que estabelece o grande valor desta coletânea são os escritos selecionados que podem servir tanto para os estudantes quanto aos estudiosos do psicodrama, oferecendo uma visão abrangente da obra moreniana, com condições de angariar um razoável grau de concordância. Digo isso porque uma abordagem que se pretenda global pode ser facilmente contestada por autores que se posicionem em ângulos diferentes, como acontece, aliás, em todos os ramos e aspectos do conhecimento humano. Entretanto, a marca distintiva deste trabalho é que se trata da montagem de uma antologia, cuja estratégia interpretativa incluiu inúmeras consultas aos pioneiros, aos líderes e aos luminares do pensamento psicodramático contemporâneo. As opiniões foram cotejadas, ponderadas e articuladas pelo próprio curador da mostra: a etapa seguinte foi traduzir a percepção assim alcançada em decisões a respeito de que obras seriam expostas, sua seqüência e sua integridade.

O resultado é bastante animador. Minha previsão é de que este livro vai desbancar o "pretinho" (como é conhecido entre nós o *Psicodrama* de Moreno, por causa da cor de sua capa) e ocupar o posto de literatura preferencial, capaz de unificar as bases de todas as correntes. Aliás, não é sem razão que o vemos cada vez mais citado na literatura psicodramática internacional.

Por outro lado, acredito que com base em *O essencial de Moreno* os outros livros do mestre, tanto os já traduzidos quanto os que vierem a sê-lo, serão muito mais valorizados, dado que será mais fácil contextualizá-los dentro da imensa produção moreniana e, destarte, melhor compreendê-los. Numa "futurologia" um pouco mais ousada, antevejo esses mesmos benefícios não apenas para as obras de Moreno, mas também para as de outros autores psicodramáticos, entre os quais modestamente me incluo. E por último, porém não menos importante, usufruirão deste texto aqueles que, não tendo nada a ver com a prática psicodramática, alimentam alguma curiosidade – acadêmica, profissional ou mesmo diletante – pela obra desse pensador que se fez um marco na história da psicologia, da psiquiatria, da sociologia, da pesquisa das relações interpessoais e das intervenções que procuram responder à necessidade de incrementar o comportamento humano na direção de uma melhor qualidade de vida.

Moysés Aguiar

INTRODUÇÃO

J. L. Moreno foi um grande homem, de grande visão. Seu horizonte foi além do desenvolvimento de um sistema filosófico compreensível, tendo criado métodos de tratamento psicoterápico, de investigação sociológica e de treinamento. Hoje, é conhecido principalmente como o iniciador do psicodrama, uma modalidade terapêutica baseada no jogo de papéis, mas destacou-se, originalmente, por seu trabalho inovador com grupos. Desinteressado tanto da multidão quanto do indivíduo, escolheu o caminho do meio, focalizando o pequeno grupo, que analisou e tratou de acordo com uma sofisticada teoria dos processos grupais, denominada sociometria. Ele transpôs, assim, a linha entre a sociologia e a psicologia e foi um pioneiro no desenvolvimento da abordagem grupal de problemas de organização social e saúde mental.

A essência da sociometria repousa na idéia de que os grupos possuem uma vida interna própria, que pode ser compreendida pelo exame das escolhas que seus membros fazem entre si, em dado momento. Esse conhecimento, de quem é rejeitado, de quem é a "estrela", de onde estão as "panelinhas", pode ser utilizado para instituir um programa de mudanças positivas. Todo grupo, Moreno insistia, tem subjacente à sua estrutura aparente uma estrutura interna invisível, que é "viva, real, e dinâmica"; além disso, ele acreditava que todos os grupos são capazes de uma interconexão transcendente (esse estado de amor e compartilhamento dificilmente pode ser alcançado, entretanto, sem um manejo habilidoso dos processos sociométricos).

Existem alguns pontos comuns, que subjazem todo o trabalho de Moreno com a sociometria (medida de relacionamento), o sociodrama (o drama do grupo) e o psicodrama (o drama do indivíduo). O primeiro é a ênfase na encenação e na ação. "O homem é um jogador de papéis", disse ele, e seu conceito de saúde mental baseava-se na idéia de uma personalidade com múltiplos papéis, um indivíduo com um amplo repertório e flexibilidade para agir da forma correta na hora certa. A ação era também a essência de sua abordagem terapêutica. Ele escreveu: "O aspecto essencial da técnica psicodramática do sonho é que o sonho não é relatado, mas atuado". Mesmo no teste sociométrico, em que os membros do grupo expressam suas preferências em papel, a ênfase recai sobre a mudança concreta no *status quo*: "O verdadeiro teste sociométrico, como nós o planejamos, é uma categoria revolucionária de investigação. Ele vira o grupo de cabeça para baixo. Produz uma revolução social em escala microscópica". Sem esse compromisso de agir sobre os resultados, a sociometria torna-se "um instrumento acometido de pobreza e inofensivo".

Esta "ciência da ação", como Moreno a designou, é uma contestação direta à psicanálise (Freud antecedeu Moreno em uma geração), considerando a abordagem de Freud insípida por várias razões (uma delas era sua falta de interesse pelo tratamento em grupo). Mas o menos aceitável em Freud, para Moreno, era a ênfase verbal da psicanálise, várias vezes em seus escritos referiu-se desdenhosamente ao divã como *locus* de terapia. Ele, ao contrário, desejava tratar seus pacientes em qualquer parte, até mesmo, como defendeu, "na rua". Mais do que isso, propugnava que a terapia deveria ser feita "face a face", defendendo até mesmo que o terapeuta se tornasse um "amigo" do paciente.

Basicamente, Moreno acreditava no encontro mais do que na transferência como um princípio de cura, implicando uma controvertida intensidade de engajamento entre terapeuta, auxiliares terapêuticos e paciente. O encontro significa "reunião, contato de corpos, confrontação, contraposição e luta, ver e perceber, tocar e entrar um no outro... de uma maneira intuitiva, primária... um encontro no mais intenso nível". A ênfase está na relação mais do que nas palavras, em uma catarse induzida fisica, em vez de verbalmente. Há também uma valorização do caráter imediato do momento terapêutico que antecedeu a psicologia da Gestalt.

O foco ativo de Moreno, altamente personalizado, orientado para o grupo, representou uma mudança radical na psiquiatria dos anos de 1920 e 1930. Um incidente pessoal foi revelador: ainda jovem, em Viena, tendo recém-terminado seu curso médico, viu uma prostituta sendo presa na rua. O acontecimento perturbou-o e acabou se envolvendo. Ele não tinha nenhum interesse em impor seu próprio ponto de vista sobre o que seria um comportamento aceitável ou normal, ou seja, em "curar" a "doença" dessa mulher em particular. Por outro lado, não estava interessado no caso dela, especificamente. O que Moreno fez foi iniciar uma série de encontros semanais, no espaço das próprias prostitutas, que funcionaram mais como o que nós podemos hoje chamar de um grupo de conscientização. Ele estava interessado em ajudá-las a identificar seus próprios problemas e em estimular a motivação delas no sentido de encontrar soluções (é claro que ele não foi o único a defender as prostitutas; um exemplo notável é o de Wilhelm Reich).

Moreno acreditava que nosso mundo social, que veio a chamar de átomo social, era extremamente importante para nosso sentimento de bem-estar. De uma forma bastante dinâmica, escolhemos ou rejeitamos pessoas, em nosso átomo social, e elas fazem o mesmo em relação a nós: se estamos isolados, nosso *status* sociométrico é baixo e estamos propensos ao sofrimento. Muito de seu trabalho foi direcionado no sentido de melhorar a posição do membro isolado.

Um dos corolários da ênfase de Moreno na interação é a concepção de que os problemas psicológicos têm, freqüentemente, uma base interacional (essa descoberta foi outro estímulo para se ir além do tratamento do indivíduo isolado). Desde o início de sua gestão como diretor do Centro de Terapia Psicodramática Beacon Hill, que fundou numa cidade à beira do rio

Hudson, ao norte de Nova York, em 1936, ele adotava, sempre que possível, um tratamento não apenas do indivíduo encaminhado para terapia, mas também dos membros do átomo social do paciente, além do cônjuge, dos pais, até mesmo da amante (ver no Capítulo 9 um texto a respeito dos primórdios da abordagem sistêmica de tratamento).

Ele também não evitou tratar de vários clientes ao mesmo tempo, ainda que de tipos diferentes. Na verdade, com base em relatos pessoais e do que se pode inferir da literatura, ele teve uma inspiração ericksoniana para tratar em conjunto o paciente, os assistentes e a platéia (ver Parte III, "Protocolos"). A despeito da ênfase sobre o grupo, entretanto, os métodos que desenvolveu levam em alta conta a pessoa como tal. O que repete muitas vezes, em seus escritos, é a capacidade que todos têm de ser espontâneos e criativos. De fato, para ele, a espontaneidade foi uma palavra-chave. Nós todos temos a capacidade de agir não só prontamente, mas também adequadamente, o que implica fazer alguma coisa nova, muito mais criativa do que nunca.

Mesmo o indivíduo sociometricamente isolado tem essa capacidade. Na verdade, o interesse de Moreno pelo indivíduo isolado tinha um profundo fundamento ético. Ele não foi um homem convencionalmente religioso no final de sua vida, mas durante sua adolescência teve uma fase hassídica: ele e um grupo de amigos usavam barbas, recusavam pagamento por serviços e instalaram um abrigo para refugiados (ver Parte IV, "Seleções Autobiográficas"). Foi nessa época que adotou "Moreno" como sobrenome, em vez de seu patronímico "Levi". Moreno, que era um nome de família, também significa "rabino principal" e é encontrado na reza judaica. A tradição judaico-cristã atribui valor, santidade mesmo, ao humilde e desprovido de poder. Não foi, assim, por acaso, que seus métodos foram desenvolvidos enquanto trabalhava com populações prontamente acessíveis, em condições de serem pesquisadas, talvez, mas também grupos que demandavam um comprometimento ético: criancinhas, prostitutas, refugiados, prisioneiros e adolescentes delinqüentes.

No psicodrama, o paciente, designado protagonista, é convidado a compartilhar seu mundo interior, privado (*Eigenwelt*), não importando o quanto seja idiossincrático; no processo, a individualidade é validada. Moreno foi criticado por estimular as fantasias dos pacientes, mas ele realmente acreditava que sua permissividade era o oposto de escapismo; nos casos graves, isso constitui um primeiro passo para o contato, para um encontro significativo entre terapeuta e paciente, sem o qual nenhum progresso terapêutico seria possível (ver no Capítulo 8 um texto sobre o tratamento de psicoses). Foi mais provavelmente sua compreensão da espontaneidade que lhe deu coragem e habilidade para trabalhar com psicóticos; ele foi capaz de penetrar no mundo deles, como o fez, décadas mais tarde, R. D. Laing.

Para o neurótico, e até mesmo para o indivíduo saudável que procura crescimento pessoal, o psicodrama é um convite para a autolibertação. Sua força é imensa, levando à exaltação aquele que já está preparado e ao terror aquele que tem medo. Moreno sabia da potência do psicodrama, escrevendo que podemos "temer nossa própria espontaneidade como nossos antepassados temiam o fogo"; uma idéia semelhante à preocupação de Fromm com a tendência humana a desejar fugir diante da perspectiva de liberdade. Moreno não se deixava intimidar pelas convenções, oferecendo a "todas as formas de existência subjetiva, incluindo a profética e a marginal, um lugar para realizar-se e talvez transformar-se, desvencilhando-se das restrições impostas pela cultura dominante". Na verdade, achava que a *megalomania normalis* da criança era uma qualidade a ser mantida na idade adulta, e seu palco psicodramático em Beacon incluía um balcão, para que o protagonista pudesse jogar o papel de Deus. Ele estimulava seus clientes a não meramente contar, mas a atuar seus sonhos, primeiro no teatro terapêutico e depois no teatro de vida.

DETALHES BIOGRÁFICOS

Moreno nasceu em 1889, na Romênia, mas cresceu em Viena, capital do império dos Habsburgos – um duplo refugiado, por causa de seu judaísmo. Ele era o mais velho de seis irmãos, brilhante, um filho de seu tempo, embora também um pouco isolado sociometricamente. A Viena da virada do século, cansada da crescente ineficácia governamental de uma monarquia rígida (Franz Joseph celebrou 50 anos de reinado em 1908), era como um Luna Park com equipamentos antiquados, acionados com emoção e mortalmente perigosos. Sua cultura era plena de contradições, o único herói possível era O *homem sem qualidades*, título do romance célebre de Robert Musil, cuja personagem principal balançava entre a sagacidade[1] picaresca e o desespero existencial. Hitler viveu na cidade até tornar-se adulto, assim como Theodor Herzl. O Wiener Werkstaette produziu uma arte decorativa alegre, brilhante, enquanto Schiele e Kokoschka voltaram-se para um expressionismo fervilhante. Kokoschka, a propósito, começou como um dramaturgo, mas desistiu da literatura em favor da pintura. Ele foi um dos muitos envolvidos em um debate sobre a utilidade da linguagem (compreensível num regime agonizante, decadente), que alcançou sua melhor expressão no *Tractatus logico-philosophicus* de Wittgenstein, cuja frase final, "Sobre aquilo que não se pode falar, deve-se silenciar", poderia encontrar um paralelo na afirmação de Moreno de que o ato vem antes da palavra.

É interessante que o papel da imaginação estava também sendo ardorosamente debatido nessa época. Karl Kraus, editor da influente revista satírica *Die Fackel*, criticava a ênfase de Freud nas demandas anti-sociais do inconsciente como outra manifestação do mal da época; por outro lado, concordava com Schoenberg que a fantasia era a "*fons et origo* da criatividade". Moreno estava claramente ao lado de Kraus, Schoenberg e os "sonhadores", inclusive Viktor Frankl, que descobriram, na Segunda Guerra Mundial, que sua capacidade de imaginar um futuro positivo, até mesmo sob circunstâncias inimaginavelmente desprovidas de esperança, possibilitou a escolha, no aqui-e-agora, da liberdade espiritual e da sobrevivência física.

---

1. Do original *serendipity*, que não tem um correspondente português, nomeando um tipo de "capacidade" ou "sorte" específica que é a de fazer descobertas felizes e casuais. (N. T.)

Enquanto Moreno estudava medicina e psiquiatria na Universidade de Viena, durante a Primeira Guerra Mundial, dirigiu seu *Stegreiftheater* (teatro de espontaneidade), usando como atores primeiro crianças, depois adultos, considerando muito importante esse trabalho teatral (depois que emigrou, alugou um estúdio em Carnegie Hall para fazer apresentações do que ele chamava de "Teatro do Improviso"). A despeito da publicação de um livro sobre o assunto, em 1923, entretanto, sua obra sobre teatro não é tão convincente quanto seu outro trabalho; assim, sua contribuição ao teatro limitou-se à influência pessoal sobre uns poucos que pensavam como ele e não estavam interessados em peças artisticamente produzidas, mas na inventividade inata e nos dramas espontâneos, "como eles aparecem no dia-a-dia, na mente de pessoas simples".

Como pensador jovem e profissional, Moreno escreveu e publicou ensaios com títulos provocativos, tais como: *A divindade como ator* e *O silêncio*; e também dirigiu uma revista chamada *Daimon*, que incluía entre seus colaboradores Franz Werfel e Martin Buber. Publicou a maioria de seus textos anonimamente, um gesto paradoxal muito de acordo com o espírito da época, uma vez que, apesar do cosmopolitismo de Viena, parece que todos se conheciam. Na época em que Moreno, já médico atuante e psiquiatra com a maior parte de suas idéias básicas estruturadas, veio para os Estados Unidos, na esteira de um de seus irmãos, estava pronto para fazer seu nome. Sua trajetória até a proeminência foi surpreendentemente rápida. No início da década de 1930, foi reconhecido por seu trabalho sociométrico na penitenciária de Sing Sing, publicado com o título *Classificação de prisioneiros segundo o método de grupo* (1931). Suas idéias foram citadas no *The New York Times*: um artigo de 1929, por exemplo, trazia a manchete "Plano de improviso é utilizado em educação". Por volta de 1940, ele tinha aberto seu sanatório em Beacon (que seria por 31 anos o primeiro centro de tratamento psicodramático), escreveu sua obra magna *Quem sobreviverá? Uma nova abordagem do problema das inter-relações humanas*, e fundou uma revista, *Sociometry*.

Para Moreno, as décadas de 1930 e 1940 foram um período fecundo. Entre os alunos, tanto de Nova York quanto de Beacon, estavam Fritz Perls, Marion Chace, Eric Berne, Theodore Sarbin e Ronald Lippitt. Karl Menninger fez uma visita e, em seguida, instalou um teatro psicodramático no Winter General Hospital, em Topeka. O conselho editorial de *Sociometry* incluía Read Bain, John Dewey, Gardner Murphy, Wesley C. Mitchell e George Murdock. Margaret Mead escreveu para a revista, assim como George Gallup, Adolf Meyer, Paul Lazarsfeld, Rudolph Dreikurs, Kurt Lewin e Charles P. Loomis (um agroeconomista que implementou procedimentos sociométricos no planejamento de comunidades de reassentamento para o Tennessee Valley Authority). Lendo os temas publicados durante esses anos em *Sociometry*, não se pode senão sentir a influência inspiradora e impulsionadora de Moreno num vasto círculo de pessoas curiosas e comprometidas. Foi durante esse período, também, que escreveu muitos de seus artigos mais importantes.

Em 1942, Moreno fundou a American Society for Group Psychotherapy and Psychodrama, que veio a ser a associação profissional do novo campo. Um teatro psicodramático tinha já sido construído no Hospital Santa Elizabeth, em Washington, D.C.; nessa década, inaugurou um teatro na Universidade de Harvard, fundou uma segunda revista, inicialmente denominada *Sociatry*, logo rebatizada como *Psychotherapy, Psychodrama, and Sociometry*, e publicou o primeiro volume da trilogia intitulada *Psicodrama*.

Ele também casou-se com Zerka Toeman, que tinha vindo a Beacon Hill para procurar ajuda para uma irmã. Zerka Moreno tornou-se a principal assistente administrativa e ego-auxiliar (ajudante terapêutica) de seu marido, tendo uma influência significativa no desenvolvimento do método psicodramático (os volumes dois e três de *Psicodrama* tiveram sua co-autoria); deve-se muito à sua liderança o fato de a prática contemporânea do psicodrama ter-se desenvolvido consideravelmente além das descrições escritas por Moreno; especificamente, ele, com sua permanente perspectiva sociométrica, favoreceu uma abordagem do sistema social, horizontal (ver como exemplos os Capítulos 15 e 16), enquanto ela favoreceu uma abordagem vertical, que se concentrava diretamente numa experiência passada primal. Zerka Moreno representou um papel decisivo no treinamento da moderna geração de estudantes na forma catártica de psicodrama que é hoje considerada "clássica".

Tendo estabelecido a sociometria e o psicodrama nos Estados Unidos, Moreno voltou seu foco para a arena internacional: 1954, o Primeiro Congresso Internacional de Psicoterapia de Grupo, Toronto; 1964, Primeiro Congresso Internacional de Psicodrama, Paris; 1968, Primeiro Congresso Internacional de Sociometria, Baden, Áustria. Em 1959, fez a primeira de duas séries de conferências na União Soviética e, em 1969, recebeu um título honorífico de sua *alma mater*, a Universidade de Viena. Foi festivamente colocada uma placa em sua primeira casa, em Bad Voslau, uma cidade na periferia de Viena, onde viveu e trabalhou como agente de saúde pública, logo antes de sua mudança para os Estados Unidos.

Moreno morreu como tinha vivido, com considerável intencionalidade. Quando jovem, tinha escrito: "Eu nunca tive medo": enfrentou seu fim em casa, sem remédios e, depois, sem comida. Ele legou ao mundo um homem honrado, com sua obra traduzida para mais de uma dúzia de línguas.

A despeito do sentido de grandeza, de genialidade, mesmo, vivenciado por muitos que vieram para sua órbita, entretanto, Moreno tinha uma personalidade problemática. Talvez, especialmente, por ter sido tão criativo, sua *megalomania normalis* não conheceu limites. Na verdade, havia uma contradição fundamental entre seu credo de espontaneidade não conservada e o que Ernest Becker chamaria de "projeto edipiano", sua inabilidade para distinguir entre si mesmo e suas criações. Em sua confusão, Moreno oscilava entre a magnanimidade e a paranóia, entre gestos generosos e acusações de pirataria profissional.

A necessidade de Moreno de ter tudo isso pode ter contribuído para uma incapacidade de limitar seu foco a um projeto específico, tanto na prática clínica quanto na pesquisa experimental. Sua freqüente afirmação de que seu trabalho era tanto "operacional" quanto "observacional" afastou simpatizantes potenciais, acostumados a uma abordagem mais rigorosa. Também não foi fácil aceitar uma posição filosófica dualista, que abraçava tanto o positivismo lógico quanto o existencialismo religioso.

Apesar de seu egoísmo, é incontestável que foi um profissional pioneiro, na vanguarda dos movimentos do encontro e da abordagem grupal em psicoterapia. O nível e a complexidade do que desenvolveu tornaram inevitável que suas descobertas fossem adotadas, pouco a pouco e com freqüência, em formatos mais simples e aceitáveis. Houve, com certeza, mau uso; como a aplicação do teste sociométrico sem incluir a parte de ação (às vezes chamado de sociometria "fria" e quase sempre uma manipulação), grupos de encontro que valorizavam a expressividade mais do que a transcendência, e jogos de papel que ignoravam a técnica-chave da inversão de papéis.

Constitui outra contradição filosófica o fato de Moreno ter sido levado a colocar suas idéias no papel a despeito de colocar a ação acima do intelecto. Devemos ser gratos a ela e, uma vez mais, a graça vem para o bem e para o mal. Embora o volume de seus trabalhos escritos seja considerável, a maior parte foi publicada por ele mesmo, não sendo editada ou distribuída profissionalmente, para crescente frustração dos interessados em suas idéias. O objetivo deste livro é, por isso mesmo, oferecer ao leitor, de maneira compacta, informações básicas sobre o trabalho de Moreno; entretanto, como seu escopo era amplo, há uma considerável quantidade de material interessante que não foi possível incluir.

Na seleção incluída neste volume, Moreno apresenta seus métodos ardorosa e por vezes eloqüentemente, mas a despeito de seu compromisso com a ciência, evidenciado pela natureza técnica de sua linguagem, nunca perdeu as crenças religiosas e filosóficas de sua juventude; na verdade, as práticas e os métodos aqui descritos são baseados numa filosofia de serviço, coragem e compaixão que, a rigor, talvez, não possa ser descrita e conservada, mas deva ser vivida para ser plenamente compreendida.

ARRANJO, SELEÇÃO E EDIÇÃO DOS ITENS

A Parte I deste livro é uma introdução geral às idéias de Moreno, destinadas aos novatos nesse campo. A Parte II apresenta assuntos mais técnicos e segue mais ou menos uma progressão, do psicodrama à sociometria. A Parte III é toda constituída de protocolos que mostram Moreno trabalhando, dirigindo psicodramas e sociodramas. A Parte IV contém fragmentos autobiográficos. O livro termina com uma seção de notas, uma cronologia e duas bibliografias: uma lista dos livros de Moreno publicados e uma lista de livros relevantes na área.

Ao organizar este volume, estiveram sempre presentes o perigo e a delicadeza de introduzir melhorias, inúmeras intervenções, contudo, fizeram-se necessárias (na seqüência, apresento em linhas gerais minha política editorial). Eu fico tranqüilo pelo fato de que, diferentemente das situações criadas pelos escribas medievais, que com freqüência descartavam suas fontes depois de copiá-las, provocando a extinção dos originais, os livros de Moreno estão disponíveis para comparação e pesquisa em bibliotecas ou em sua atual distribuidora, a Beacon House, em Ambler, Pensilvânia.

A data em que foi escrito cada texto selecionado está mencionada logo abaixo do título, no começo de cada capítulo e a fonte é indicada em nota de rodapé. Considerando que Moreno reimprimiu seus próprios escritos freqüentemente, muitas vezes sob outros títulos ou mesclados com novos textos, procurei mencionar as fontes de outras versões dos artigos selecionados, quando existiam e na medida em que eu as conhecia.

Corrigi pontuação e ortografia inadequadas ou incorretas; quando necessário, fiz a correção gramatical de frases; e cortei trechos demasiadamente confusos, desordenados, egocêntricos e de interesse restrito, sempre que tais cortes não comprometessem o valor do artigo inteiro. Assim, todos os textos selecionados contêm pequenas omissões, indicadas por reticências, na forma convencional, quando substantivas.

Um dos problemas foi o estereótipo de gênero, típico do meio de Moreno, e que é abundante no texto. A despeito do embaraço decorrente do uso constante que faz de "ele" e "homem" para significar tanto homens quanto mulheres, mudar esse uso pareceu-me uma violação excessiva de seu pensamento e da estrutura das sentenças, razão pela qual decidi mantê-lo.

Essa política geral aplica-se também às Notas: para efeito de clareza e consistência, elas foram editadas. A lista de publicações de Moreno limitou-se aos seus livros e aos periódicos por ele fundados (a maior parte de seus artigos pode ser encontrada nessas revistas). Existe em arquivo uma bibliografia completa na Countway Medical Library, na Universidade de Harvard, onde seus trabalhos estão depositados. Ele publicou ainda uma série de panfletos antes de imigrar para os Estados Unidos, sendo que a maior parte permanece não traduzida. Apesar de alguns *scholars* europeus considerarem que eles contêm material importante, só um deles foi incluído na bibliografia: *Einladung zu einer Begegnung* [Convite para um encontro]; entre os outros estão: *Das Kinderreich* [O mundo das crianças], 1908, mais tarde reeditado como *Das Reich der Kinder*, 1914; *Homo Juvenis* [O homem como juventude], 1908; *Die Gottheit als Komodiant* [A divindade como ator], 1911; *Der Bericht* [O relatório], 1915; e *Das Schweigen* [O silêncio], 1915, todos publicados em Viena pelo Anzengruber Verlag. Foram publicados em *Daimon* e *Der Neue Daimon: Die Gottheit als Autor* [A divindade como autor], 1918; e *Die Gottheit als Redner* [A divindade como orador], 1919. A editora Verlag Gustav Kiepenheuer, de Berlim e Potsdam, publicou *Der Augenblick* [O momento], 1922; *Rede über die Begegnung* [Discurso sobre o encontro], 1924; *Der Konigsroman* [O romance dos reis], 1923; e *Die Rede vor dem Richter* [Discurso perante o juiz], 1925. A bibliografia secundária restringe-se a livros publicados e periódicos que incluem com freqüência artigos sobre psicodrama. As revistas são listadas em primeiro lugar. Pelos meios usuais de referência, podem ser encontrados artigos adicionais em revistas, assim como teses inéditas sobre psicodrama e áreas correlatas. Inclui uma pequena lista de livros em língua estrangeira, de países em que o vigor do movimento mundial do psicodrama tem produzido trabalhos significativos, que exigem a atenção dos estudiosos de língua inglesa. Boas fontes para bibliografias em língua estrangeira são as traduções de Moreno, assim como os trabalhos dos principais autores não-americanos, cujas identidades são facilmente reconhecíveis na lista.

PARTE I:

Uma Visão Geral

> Minha posição era tripla: primeira, a hipótese da espontaneidade-criatividade como uma força propulsora do progresso humano... segunda, a hipótese do acreditar nas intenções de nosso companheiro... do amor e do compartilhamento mútuo, como um poderoso e indispensável princípio operacional da vida em grupo; e, terceira, a hipótese de uma comunidade superdinâmica baseada nesses princípios.
>
> (*Quem sobreviverá?*, xv)

CAPÍTULO 1

SISTEMA FILOSÓFICO DE MORENO*

1966

> Nota do organizador: Desde a década de 1920, Moreno sempre explicitou seu posicionamento filosófico, mas essa conferência mais recente representa a melhor síntese de algumas de suas crenças fundamentais: a importância de vivenciar a verdade de uma pessoa por meio da ação; o valor da realidade subjetiva; a premissa de um encontro vivo no aqui-e-agora entre as pessoas (inclusive entre cliente e terapeuta); e um profundo igualitarismo.

... O objetivo do psicodrama era, desde o início, construir um espaço terapêutico que utilizasse a vida como modelo e integrar nele todas as modalidades de vida, começando pelas universais – tempo, espaço, realidade, e cosmos – e passando por todos os seus detalhes e suas nuanças.

---

* Psychiatry of the Twentieth Century: Function of the Universalia: Time, Space, Reality, and Cosmos, *Psychodrama*, vol. 3 (1969), 11-23. V. também em *Sociometry* 3 (1940); *Group Psychotherapy, Psychodrama & Sociometry*, 19 (1966).

PSICOTERAPIA E PSICOPATOLOGIA DO TEMPO

Comecemos com o tempo, uma das grandes modalidades universais. O que aconteceu no século XX, na trajetória da psicoterapia, com a função do tempo? Não falo do tempo como conceito filosófico, místico ou fenomenológico, mas como conceito terapêutico. Do ponto de vista dos procedimentos terapêuticos, como entra e como funciona a dimensão do tempo nos espaços psicoterápicos? O homem vive no tempo – passado, presente e futuro – podendo viver alguma patologia relacionada com cada uma dessas etapas. O problema está em como integrar as três dimensões em operações terapêuticas significativas. Não é suficiente que elas apareçam como referências "abstratas"; elas devem ser algo vivo nos métodos de tratamento. O aspecto psicológico do tempo deve reaparecer *in toto*.

Vejamos em primeiro lugar a psicanálise (quando falo de psicanálise, refiro-me à posição freudiana ortodoxa). O tempo, na doutrina psicoterápica, é colocado em termos do passado. Freud, um expoente da psicologia genética e da psicobiologia, criou a estratégia de voltar no tempo e tentar encontrar as causas de fatos de particular interesse. No mais das vezes, quanto mais atrás ele ía, mais acreditava que poderia encontrar alguma coisa que valesse a pena como causa. Baseado nisso, os psicanalistas puseram-se a retroceder cada vez mais, para dentro do útero, e se possível, até mesmo para além dele, até que se cansaram da fútil *recherche du temps perdu*[1] e começaram a voltar. Por mais importante que seja o passado como dimensão de tempo, trata-se de uma posição unilateral, um "tempo reduzido" que negligencia e distorce a influência global que o tempo tem sobre o psiquismo.

Aqui chegamos ao meu primeiro conflito com a visão freudiana. Eu costumo afirmar que o tempo tem outras fases importantes: uma delas é o presente, a dinâmica do presente, do aqui-e-agora, *hic et nunc*. As experiências que têm lugar o tempo todo no contexto do aqui-e-agora têm sido passadas por alto, distorcidas ou inteiramente esquecidas. Por isso, desde

---

1. "Busca do tempo perdido", (Trad.)

cedo, em meus escritos... comecei a enfatizar o momento, a dinâmica do momento, o aquecimento para o momento, a dinâmica do presente, o aqui-e-agora e todas as suas implicações pessoais, sociais e culturais. Mas, de novo, eu as considerei não apenas do ponto de vista da filosofia e da fenomenologia, mas do ponto de vista do processo terapêutico, como ele acontece na conexão com os pacientes e nos grupos de pacientes: o encontro. O encontro é um fenômeno télico. O processo fundamental de tele[2] é a reciprocidade: reciprocidade de atração, reciprocidade de rejeição, reciprocidade de excitação, reciprocidade de inibição, reciprocidade de indiferença, reciprocidade de distorção...

Um encontro de dois: olho a olho, face a face.
E quando você estiver perto
eu arrancarei seus olhos
e os colocarei no lugar dos meus,
e você arrancará meus olhos
e os colocará no lugar dos seus,
então eu verei você com os seus olhos
e você me verá com os meus.[1]

Há outra dimensão do tempo terapêutico que foi negligenciada até bem pouco: o futuro. No entanto, ele é um aspecto importante da vida, porque nós, com certeza, vivemos mais no futuro do que no passado. "Desde a manhã, hoje, eu me preocupei com o chegar na hora para me encontrar com vocês."[3] Mas uma coisa é considerar mentalmente as expectativas de acontecimentos futuros e outra coisa é "simulá-los", construir técnicas que nos habilitem a viver no futuro, agindo como se ele estivesse à mão, aqui mesmo, *à la recherche du temps de l'avenir.*[4] Por exemplo, nossas técnicas terapêuticas de futuro, posso representar uma situação que acho que vai acontecer amanhã, com

---

2. Para uma definição de tele, ver Capítulo 3. (Org.)
3. Este artigo foi originalmente uma conferência no II Congresso Internacional de Psicodrama, em Barcelona. (Org.)
4. "Em busca do tempo que virá". (Trad.)

um novo amigo, ou um compromisso com um virtual empregador, simular o amanhã tão concretamente quanto possível, de modo a prevê-lo ou, talvez, estar mais bem preparado para ele.

Tenho freqüentemente clientes que sofreram uma neurose profissional ou uma neurose de desemprego, que estão ansiosos por conseguir um trabalho, ou que vão ter uma entrevista com o chefe para pedir aumento salarial. Costumamos fazer com esse cliente um ensaio do que pode acontecer, uma semana antes; é uma espécie de "ensaio para a vida". Essa técnica funciona também com clientes atormentados por problemas sentimentais: a perspectiva de um casamento, um divórcio, um novo filho ou o que quer que seja. O problema é como integrar essas expectativas e preocupações do cliente dentro do método terapêutico como realidades, de modo que sejam valiosas tanto para o cliente como para o terapeuta.

A importância do futuro como percepção e como significado dinâmico foi ressaltada por outros autores como Adler, Horney e Sullivan. Mas a configuração especial em torno e no interior da situação futura permaneceu impessoal e não estruturada.

As três dimensões do tempo – passado, presente e futuro – foram integradas no psicodrama, do ponto de vista de uma terapia funcional, da mesma forma como o são na vida.

PSICOTERAPIA E PSICOPATOLOGIA DO ESPAÇO

Vejamos agora o conceito de espaço, que também tem sido quase totalmente negligenciado em todas as psicoterapias, não semântica e psicologicamente, mas, de novo, como parte do processo terapêutico. Se vocês vão a um consultório psicanalítico, encontram uma cama abstrata, um divã, mas o resto do espaço do consultório não está relacionado ao processo terapêutico. O cliente centraliza-se na linguagem, e o terapeuta concentra-se em escutá-lo. Enquanto isso, apesar de todas as terapias claramente negligenciarem o elemento espaço, os físicos, os astrônomos e os astronautas não o fazem. Na afluência cósmica de nosso tempo, o espaço e a comunicação física por meio dele tornaram-se categorias muito importantes na mente humana, em sua visão da vida e do universo, à medida que o homem planeja viajar à Lua, aos planetas e, oportunamente, às estrelas.

Se vocês forem aos consultórios em que se praticam algumas das várias correntes de psicoterapia, vão encontrar somente uma cadeira; nesse *setting*, o espaço em que o protagonista experimenta seus traumas não tem lugar. A idéia pioneira de uma psicoterapia do espaço foi lançada pelo psicodrama, que se centraliza na ação e tenta integrar em si, de forma abrangente, todas as dimensões da vida. É uma espécie de *recherche de l'espace concret, vécu*.[5] Quando um cliente adentra o espaço terapêutico, fazemos questão de obter uma delimitação, uma descrição e uma concretização do espaço em que a cena deve ser representada, suas dimensões verticais e horizontais, os objetos que existem nele, a distância entre eles e o relacionamento de um com o outro.

Vamos ilustrar com um caso concreto. O cliente é um adolescente. Ele me diz: "Doutor, eu estou com medo de ir para casa hoje à noite". Eu pergunto a ele: "Por que, o que aconteceu?". "Bem, hoje à tarde minha mãe e meu pai brigaram, meu pai bateu nela e ela rolou escada abaixo. Eu vi minha mãe lá, no pé da escada, e fiquei tão furioso com meu pai que bati nele. Mas aí eu fiquei apavorado, peguei minha mochila e fugi. Estou aqui e não me arrisco a ir para casa."

O que vamos fazer? Como começamos a dramatizar o incidente? Eu pergunto ao menino, Jack: "Onde é a escada? E onde está sua mãe?". Jack movimenta-se no palco, mostra a localização da escada, relacionando-a com a porta da frente, com os quartos, com a sala de estar etc., circulando no espaço em que ele viveu essa experiência, estruturando-o ante nossos olhos.

Nessa altura, fizemos uso de uma técnica de futuro: "Jack, você vai para casa agora, mas em vez de ir concretamente ao Brooklyn, onde você mora, você está indo para casa aqui mesmo nesta sala. Digamos que você vai estar em casa daqui a aproximadamente uma hora. Monte todas as configurações espaciais o mais exatamente possível. Quem está em casa quando você chega e onde é que eles se localizam no espaço?". Jack vai

---

5. "Busca do espaço concreto, vivido". (Trad.)

construindo fisicamente e explicando o arranjo espacial: "Bem, em primeiro lugar eu entro na sala de estar, pela porta da frente, aqui. Eu acho que meu pai vai estar lá, na cadeira dele, no canto da sala, zangado. Minha mãe está no quarto, no andar de cima, chorando". Em seguida, Jack monta o restante do espaço... [incluindo] todas as coisas que considera significativas. Ele vai aquecendo-se cada vez mais e torna-se cada vez mais envolvido na situação. Em seguida, ele começa a ver quadros nas paredes; identifica a roupa que a mãe está vestindo, o pai está fumando um charuto. Em outras palavras, imediatamente as configurações do espaço tornam-se parâmetros para o *setting* terapêutico.

Não há nenhum objetivo em deter-se tanto nos detalhes. Entretanto, não existe como ser suficientemente enfático a respeito da importância das configurações de espaço como parte do processo terapêutico. Isso aquece o protagonista para ser e para representar a si mesmo, num ambiente que é modelado de acordo com aquele em que ele vive.

PSICOTERAPIA E PSICOPATOLOGIA DA REALIDADE

Chegamos agora à terceira modalidade universal: a realidade, que também sofreu uma grande mudança nos últimos trinta ou quarenta anos. Como nossa psiquiatria acontece cada vez mais na comunidade, mais do que nos hospitais, a realidade começa a adquirir novos significados. A tendência é mais para o confronto e a concretização.

No consultório psicanalítico, pode-se dizer que a realidade é, do ponto de vista da terapia, uma espécie de "realidade reduzida", uma "infra-realidade". O contato entre o médico e o paciente não configura um diálogo genuíno, mas sim uma espécie de entrevista, uma situação de pesquisa ou de teste projetivo. O que está acontecendo com o paciente, uma idéia de suicídio ou um plano de fuga, por exemplo, não é material para uma concretização direta e um confronto, mas permanece no nível da imaginação, do pensamento, do sentimento, do medo, e assim por diante. De alguma forma, isso também vale para a realidade dos consultórios do terapeuta centrado no cliente, na existência ou na entrevista.

O próximo passo é a realidade da vida em si mesma, da vida cotidiana, da sua, da minha e de todas as pessoas comuns, na forma como nós a vivemos em nossas casas, em nossos negócios, e em nossos relacionamentos uns com os outros. Entretanto, a maneira como vivemos a realidade, em nossos relacionamentos com as pessoas significativas de nossas vidas, pode ser inadequada ou defeituosa, e nós podemos desejar mudá-la, ou seja, tentar novas formas de vida.

Mas mudar pode ser uma coisa tanto ameaçadora quanto extremamente difícil, o que nos leva a permanecermos nas rotinas que nos são familiares, em vez de nos arriscarmos a uma calamidade que podemos não administrar. Assim, faz-se mister uma situação terapêutica em que a realidade possa ser simulada, a fim de que as pessoas possam aprender a desenvolver novas técnicas de vida, sem o risco de uma conseqüência séria ou de um desastre...

Chegamos a outro nível de estruturação e representação das dimensões invisíveis e intangíveis da vida intra e extrapsíquica, que chamei de realidade suplementar (*surplus reality*). Quando cunhei este termo, fui influenciado pela expressão *surplus value*, que Marx utilizou em *O capital* para indicar que os capitalistas apropriavam-se dos ganhos adicionais do trabalhador. Esse fato tornou-se, para ele, uma das razões pelas quais se fazia necessária uma revolução econômica: para restaurar os direitos do trabalhador. O *surplus*, entretanto, não tem em psicoterapia exatamente o mesmo significado; a *surplus reality* é somente um termo análogo; em nosso caso significa que há determinadas dimensões invisíveis na realidade da vida, não totalmente experimentadas ou expressas, e essa é a razão pela qual nós temos de utilizar, em nossos contextos terapêuticos, operações e instrumentos suplementares para revelá-las.

Uma das técnicas de realidade suplementar mais utilizadas no psicodrama é a inversão de papéis. Se, por exemplo, um marido e uma esposa brigam na realidade da vida diária, cada um permanece, nas situações de vida, em seu próprio papel. As percepções, expectativas, os temores e desapontamentos, ou qualquer outro sentimento de cada um, permanecem imutáveis e mesmo que ambas as partes cheguem a algum ponto de acordo ou discordância, elas ainda mantêm a mesma posição relativa que têm na vida: o marido permanece o marido, a esposa permanece a esposa. Mas, na inversão de papéis, solicitamos à esposa que assuma o papel do marido, e ao marido que assuma o papel da esposa. Queremos que eles o façam não apenas nominalmente, mas que se empenhem para vivenciar o processo real de inversão de papéis, cada um procurando e sentindo seu caminho dentro do pensamento, do sentimento e dos padrões de comportamento do outro.

É claro que isso é particularmente útil em situações de tensão.

Vamos citar um caso concreto. São oito horas da manhã e o marido, que trabalha como chefe de um escritório de vendas, desce a escada, corre para a cozinha e diz para sua esposa: "Maria, o que acontece com você? Você está louca? Por que não me acordou? Já são oito horas e você sabe que eu tenho de estar no escritório às oito e quinze!". Ela começa a chorar. "Estou preparando seus ovos! Eu bati na porta três vezes e você não acordou! Por que você tem de gritar comigo? Eu faço o melhor que posso. O que é que acontece com você?" Ela, então, debulha-se em lágrimas e ele explode. Esse é o momento crítico para uma inversão de papéis. Nessa altura o terapeuta entra e diz: "Agora, Roberto, você faz o papel de Maria, e você, Maria, assume o papel de Roberto. E agora tente, Roberto, no papel de sua esposa, ficar próximo do fogão, preparando os ovos e chorando amargamente porque Maria, no papel de marido, é muito sádica. É ela agora que explode, vem correndo escada abaixo em direção à cozinha, gritando: 'Que merda! O que é que acontece com você? Você é louco?'". Nem sempre é fácil estabelecer identidade com o *self* da pessoa, em determinado momento da vida dela, captar seus sentimentos e comportamentos num episódio crucial, por exemplo, como criança ou um adolescente, mas é pelo menos plausível. Mas, como pode alguém se identificar com outra pessoa, como se requer na inversão de papéis? Temos verificado que isso é possível, especialmente entre parceiros íntimos, que vivem muito tempo juntos, tais como:

marido e mulher, mãe e filho, pai e filho, irmã e irmão, ou amigos muito próximos.

Recentemente, falando a um grupo de teólogos, eles me perguntaram: "Qual é a diferença entre sua hipótese e a velha hipótese cristã do amor ao próximo?". Eu respondi: "Bem, nós não avançamos muito, realmente, em relação ao 'Ame seu próximo', salvo por termos acrescentado 'mediante a inversão de papéis'".

As técnicas de realidade suplementar, como a inversão de papéis, por exemplo, não são utilizadas na vida como tal; essa é a razão pela qual nós a introduzimos na terapia. Entretanto, minha previsão é de que algum dia elas serão tão populares como os aviões a jato, que voam de uma parte a outra do país e de uma parte a outra do mundo. Num futuro distante, as pessoas começarão a jogar a inversão de papéis entre elas mesmas e com os habitantes de outros planetas. Mas, no presente, precisamos desses métodos para melhorar nossas técnicas de interação humana.

Um dos instrumentos básicos para construir o mundo psicodramático de um paciente é o ego-auxiliar, que representa pessoas ausentes, desilusões, alucinações, símbolos, ideais, animais e objetos. Ele torna real, concreto e tangível o mundo do protagonista. Entretanto, numerosos problemas ocorrem em meio a esse processo de tornar aquele mundo real e dinâmico; entre eles, o uso do contato corporal, que tem sido até agora, de alguma forma, um tabu em todas as psicoterapias. Todavia, quando uma enfermeira vê um paciente sofrendo, ela não pode ajudá-lo senão apenas tocando-o e dizendo: "Não se preocupe, Jack, vai dar tudo certo". Seu toque, sem sentido sexual, mas como um espécie de abordagem protetora, maternal, pode significar mais para ele do que as palavras que ela diz. Um psicanalista, porém, que de alguma forma aproxime-se fisicamente de seu paciente é anatematizado.

Na abordagem psicodramática das relações humanas, entretanto, estamos interessados em seguir o modelo da vida como tal e, dentro de limites, fazer uso terapêutico da técnica do contato corporal. Essa técnica é obviamente contra-indicada se for utilizada para suprir a necessidade do terapeuta, mas é indicada quando proporciona ao paciente, não apenas com palavras, mas por meio da ação, o calor e a imediação de fazer pulsar a vida em uma área em que ele esteja carente.

Por exemplo, se vocês têm uma paciente jovem, que sofre uma profunda alienação em relação ao marido ou à família, vocês oferecem a ela um ego-auxiliar, e independentemente de ser masculino ou feminino, vocês esperam que seja caloroso e pessoal, que coloque o braço sobre o ombro da paciente e, se for o caso, ir até além disso. O grande problema é onde buscar a limitação terapêutica, estética e ética. Mas vocês não conseguirão ser um ego-auxiliar, uma mãe, um pai, um filho, ou qualquer outro equivalente, a menos que vivam isso. Sem viver de fato, isso se torna abstrato, sem sentimentos e não-terapêutico.

Nesse caso, certamente, o terapeuta vai enfrentar dificuldades concretas. À guisa de advertência, eu gostaria de contar a vocês um caso real, ocorrido num grande hospital nos Estados Unidos. Ele diz respeito a uma paciente jovem que estava noiva, profundamente deprimida e necessitada de afeto. Foi dado a ela um ego-auxiliar para representar o homem com quem ela estava comprometida. Segundo as regras, o noivo auxiliar ficou muito aquecido, colocou seus braços em volta dela e a beijou. Eu garanto a vocês que ele não foi longe demais, mas foi o suficiente para suscitar a ira do pai dela, que por acaso era um senador. Quando ele soube da sessão, imediatamente chamou o superintendente do hospital e perguntou: "Que idéia é essa de permitir a uma pessoa totalmente estranha fazer amor com minha filha num palco?". O superintendente respondeu: "Senador, é uma terapia. Isso não é nada mais do que uma terapia. Nós estamos tentando tratar de sua filha. Você não leva sua filha ou sua esposa ao ginecologista, ao obstetra ou a outros especialistas, quando elas necessitam de atenção profissional, e esses médicos não usam métodos que podem ser um tanto constrangedores? O que você tem contra a psicoterapia, quando ela se torna um pouco real?". E assim tudo ficou acertado, a filha melhorou e encontrou-se um bom método para acalmar até mesmo um senador.

Outra importante técnica de realidade suplementar é o jogo de papéis. Por meio dele pode-se treinar uma pessoa para que ela funcione mais efetivamente em seus papéis na realidade, como os papéis de empregador, empregado, estudante, pai, instrutor, filho, companheiro, amante ou amigo. No *setting* terapêutico do psicodrama, o protagonista é livre para experimentar e falhar num papel, porque sabe que lhe será dada a oportunidade de tentar outra alternativa, e outras mais até que finalmente aprenda novas abordagens às situações que ele teme, abordagens que ele vai poder aplicar *in situ*, na vida real.

As técnicas de simulação da realidade, que usamos com freqüência no psicodrama, estão sendo agora utilizadas no treinamento de astronautas. Os astroengenheiros simulam, em ambiente de laboratório, as condições reais do espaço. Vocês têm visto filmes de televisão com astronautas sendo treinados para flutuar no espaço, para viver em naves espaciais, para encontrar outras espaçonaves no espaço etc.

PSICOTERAPIA E PSICOPATOLOGIA DO COSMO

Chegamos agora à quarta modalidade universal: o cosmo. No começo do século XX, durante minha juventude, duas filosofias de relações humanas foram particularmente populares. Uma era a filosofia de que tudo no Universo está colocado no indivíduo, no psiquismo individual, particularmente enfatizada por Sigmund Freud, que pensava que o grupo era um epifenômeno. Para Freud, tudo era "epi"; o que contava era apenas o indivíduo. A outra filosofia era a de Karl Marx. Para ele, tudo terminava no homem social, ou mais especificamente socioeconômico.

Muito cedo na vida, cheguei à conclusão de que há outra área, um mundo maior, que vai além da psicodinâmica e da sociodinâmica da sociedade humana: a cosmodinâmica. O homem é um homem cósmico, não apenas um homem social ou um homem individual.

Desde tempos imemoriais, o homem tem tentado compreender sua posição no Universo como um todo e, se possível, controlar os fenômenos que determinam essa posição, a evolução, o nascimento, a morte, o sexo e a função de criador do Universo. No passado, para fazer isso, o homem inventou religiões, mitos, fábulas, submeteu-se a regulamentos rígidos para harmonizar-se com as leis do Universo tal como ele as concebia. As leis de Buda, os Dez Mandamentos de Moisés, os numerosos rituais das várias culturas primitivas são testemunhos da profunda necessidade do homem de ajustar-se a um sistema invisível de valores.

Desde que entramos na era da bomba atômica e do computador, as concepções de homem vêm mudando radicalmente. A afirmação de que Deus morreu pode não ter sentido: ele pode nem ter jamais existido, mas é importante que sejamos capazes de criá-lo à nossa imagem. Os caminhos do futuro estão totalmente abertos à especulação; o nascimento e a morte podem não ser terminais, mas podem adquirir novos significados pelas descobertas científicas. Até mesmo a diferença entre sexos pode não ser fixa, podendo ser transitória. O sexo de uma pessoa pode ser mudado. A possibilidade de existirem milhões de outros seres em outros planetas levanta questões que nunca enfrentamos tão claramente quanto agora.

Assim como as funções de tempo, espaço e realidade, a função do cosmo deve estar tão integrada no *setting* terapêutico que tenha valor experimental e existencial para o protagonista. Dentro da estrutura do psicodrama, por meio de seus inúmeros métodos, os fenômenos cósmicos podem ser integrados ao processo terapêutico. Um método que não se interessa por essas enormes implicações cósmicas, pelo verdadeiro destino do homem, é inadequado e incompleto.

Assim como nossos antepassados encontraram essas mudanças por meio de fábulas e mitos, temos procurado encontrá-las, em nossa época, mediante novos dispositivos. É nesse ponto que vem à tona o uso das técnicas de realidade suplementar em cosmodinâmica. No mundo psicodramático, a diferenciação entre os sexos é passada por alto e superada. Não há sexo no psicodrama. As diferenças etárias são vistas por alto. Não há idade no psicodrama. As realidades de nascimento e morte são passadas por alto. Não há morte no psicodrama. O não-nascido e o morto adquirem vida no palco do psicodrama.

As externalizações estão, todavia, estreitamente relacionadas com a subjetividade e a imaginação do protagonista.

Uma mulher que gostaria de ter nascido homem pode representá-lo no palco psicodramático e assim corrigir as injustiças do universo, como ela as percebe. Em situação inversa, um homem pode representar uma mulher. Um velho pode representar uma criança e corrigir, dessa forma, a perda da infância ou experimentar a infância que ele sente que nunca teve. Anatomia, fisiologia e biologia não contam. O que importa é a expansão do homem em relação às necessidades e fantasias que ele tem a respeito de si mesmo. Ele se torna o senhor da anatomia e da fisiologia, em vez de servo. Uma pessoa pode também, no cosmo psicodramático, encarnar animais – cães, tigres, ursos, peixes, pássaros, insetos – e quaisquer seres imaginários ou reais, não como uma forma de regressão, mas como um envolvimento criativo. Ele está livre dos grilhões dos fatos e da realidade, embora com o maior respeito por eles. E ele tem um bom fundamento para acreditar, como a ciência tem nos ensinado repetidamente, que as coisas estão mudando e podem mudar mais, mesmo condições que, por milênios, pareceram absolutamente fixas. Não se trata de um argumento em favor do "ilusionismo" ou de uma fuga da realidade, mas, exatamente o contrário, um argumento em favor da criatividade do homem e da criatividade do Universo. É, portanto, pela fé que o homem tem na criatividade infinita do cosmo que o que ele incorpora no mundo psicodramático pode um dia tornar-se concretamente verdadeiro. O psicodrama torna possível ao homem antecipar a vida, assim como Fausto, na obra de Goethe, no fim da vida, mirou o futuro e disse: "Eu já estou experimentando agora o que algum dia vai ser, num futuro distante". Ele tem a realidade futura aqui e agora, *hic et nunc*.

Um dos maiores dilemas do homem contemporâneo é que ele perdeu a fé em um ser supremo e, muitas vezes, em qualquer sistema superior de valores como guia para sua conduta. O Universo é regulado somente pela mudança e pela espontaneidade? A resposta psicodramática à afirmação de que Deus está morto é que ele pode ser facilmente ressuscitado. Seguindo o exemplo de Cristo, nós lhe demos e podemos dar-lhe uma nova vida, mas não da maneira como o fizeram nossos antecessores.

Substituímos o Deus morto por milhões de pessoas que podem incorporar Deus em si mesmas.

Isso pode exigir uma melhor explicação. O principal evento na religião moderna foi a substituição, se não o abandono, do Super-Deus ilusório e cósmico por um homem simples que disse de si mesmo ser o Filho de Deus, Jesus Cristo. O mais importante dele não era a sapiência acadêmica ou a magia intelectual, mas o fato da *encarnação*. Em sua época, viveram muitos homens intelectualmente superiores a ele, mas eram meros intelectuais. Em vez de esforçarem-se no sentido de encarnar a verdade como a sentiam, eles falaram sobre ela.

No mundo psicodramático o fato da encarnação é central, axiomático e universal. Todos podem retratar sua versão de Deus por suas próprias ações e assim comunicá-la aos demais. Não é mais o mestre, o sumo sacerdote ou o terapeuta que encarnam Deus. A imagem de Deus pode tomar forma e corpo mediante todo e qualquer homem: o epilético, o esquizofrênico, a prostituta, o pobre e o excluído. Todos eles podem, a qualquer momento, subir ao palco, quando chega o momento de inspiração, e oferecer sua versão do significado que o Universo tem para eles.

Deus está sempre entre e dentro de nós, como ele é para as crianças. Em vez de descer dos céus, ele entra pela porta do palco.

CAPÍTULO 2

PSICODRAMA E SOCIODRAMA*

1946

> Nota do organizador: Moreno preparou esta descrição básica do psicodrama, seu principal método de tratamento, e do sociodrama, a adaptação daquele para questões grupais, para distribuí-la aos visitantes do Moreno Institute.

CINCO INSTRUMENTOS DO PSICODRAMA

O psicodrama pode ser definido como a ciência que busca a "verdade", por meio de métodos dramáticos, trabalhando com relações interpessoais e mundos privados.

O método psicodramático utiliza principalmente cinco instrumentos: o palco, o sujeito ou ator,[1] o diretor, a equipe de ajudantes terapêuticos ou egos-auxiliares, e a platéia.

O primeiro instrumento é o palco. Por que palco? Porque ele proporciona ao ator um espaço vivo, multidimensional e extremamente flexível. O espaço vivo da realidade é muitas vezes

---

1. O termo que se usa atualmente, em psicodrama, para designar o sujeito, é "protagonista". Moreno só começa a utilizá-lo por volta de 1950. (Org.)

* De *Who shall survive?* (1953), 81-9. Outra versão foi publicada em *Psychodrama*, vol. 1 (1946).

estreito e restritivo; o ator pode facilmente perder o equilíbrio. No palco, ele pode encontrá-lo novamente, devido à sua metodologia de liberdade: liberdade de uma pressão intolerável e liberdade para experimentar e expressar-se; é uma extensão da vida, além de um teste para sua realidade. Aliás, realidade e fantasia não se conflitam, integrando ambas as funções uma esfera mais ampla: o mundo psicodramático de objetos, pessoas e eventos. Na lógica [do psicodrama], o fantasma do pai de Hamlet é tão real e tem tanta permissão para existir quanto o próprio Hamlet. As ilusões e as alucinações são incentivadas e têm um *status* idêntico ao das percepções sensoriais normais. O projeto arquitetônico do palco é concebido em função de necessidades operacionais. Sua forma circular e seus níveis... estimulam o alívio de tensões e permitem mobilidade e flexibilidade de ação. O *locus* do psicodrama pode ser, se necessário, qualquer lugar, onde quer que estejam os sujeitos, o campo de batalha, a sala de aula ou a casa particular, mas a resolução definitiva de conflitos mentais profundos requer um *setting* objetivo, o teatro psicodramático.

O segundo instrumento é o sujeito, ou ator. Ele é convidado a ser ele mesmo no palco, a representar seu mundo pessoal. Não é um ator forçado a sacrificar sua pessoa privada em benefício do papel que lhe é imposto por um dramaturgo (desde que ninguém tem tanta autoridade a respeito de sua vida cotidiana quanto ele mesmo, é relativamente fácil ao sujeito, uma vez aquecido para a tarefa, relatá-la, pela ação), ele tem de agir livremente, à medida que as coisas lhe ocorrem à mente; é por isso que deve ter liberdade de expressão, espontaneidade.

Em ordem de importância, depois da espontaneidade, vem o processo de encenação, em que o nível verbal é superado e incluído no nível da ação. Há várias formas de encenação: simular um papel, reencenar ou atuar uma cena passada, viver um problema que esteja pressionando no presente, ou testar-se para o futuro.

O princípio seguinte é o do envolvimento. Temos defendido a idéia de que a coisa mais desejável para o sujeito, tanto no teste como nas situações de tratamento, é pelo menos um mínimo de envolvimento com outras pessoas e outros sujeitos (na situação psicodramática ocorrem todos os graus de envolvimento, desde o mínimo até o máximo).

Em seguida, vem o princípio da concretização. Possibilita-se ao sujeito não apenas encontrar-se com partes de si mesmo, mas também com as outras pessoas que participam de seu conflito mental, reais ou imaginárias. O teste de realidade, que em outros métodos é uma mera palavra, torna-se então, no palco, uma verdade concreta.

O aquecimento do sujeito para a representação psicodramática é estimulado por numerosas técnicas, entre as quais se pode mencionar: a auto-apresentação, o solilóquio, a projeção, a interpolação de resistência, a inversão de papéis, o dublê,[2] o espelho, o mundo auxiliar, a concretização e as técnicas psicoquímicas. O objetivo dessas várias técnicas não é transformar os sujeitos em atores, mas sim mobilizá-los para serem, no palco, aquilo que de fato *são*, mais profunda e explicitamente do que eles parecem ser, na vida. As *dramatis personae* do paciente tanto podem ser as pessoas reais de seu mundo privado (esposa, pai, filho etc.) quanto atores que as representem, os egos-auxiliares.

O terceiro instrumento é o diretor. Ele tem três funções: produtor, conselheiro e analista. Como produtor, ele tem de estar alerta para transformar em ação dramática as pistas que o sujeito oferece, para unir a linha de produção com a linha de vida do sujeito, não permitindo nunca que a produção perca sua relação com a platéia. Como diretor, tem permissão para atacar e chocar o sujeito de vez em quando, assim como rir e brincar com ele; algumas vezes, pode tornar-se passivo e indireto, e para todos os efeitos práticos a sessão parece ser conduzida pelo sujeito. Como analista, pode complementar sua própria interpretação com contribuições advindas dos informantes da platéia: marido, pais, filhos, amigos ou vizinhos.

---

2. A palavra original inglesa *double*, traduzida para o espanhol como *doble*, acabou disseminando-se em português como "duplo", acepção esta não vernacular. Acompanhando as razões expostas em AGUIAR, M., *Psicodrama e teatro espontâneo,* Ágora, 1999, optamos pela utilização do termo "dublê", que entendemos mais correto. (Trad.)

O quarto instrumento é a equipe de egos-auxiliares, ou atores participantes, que têm um duplo significado. Eles são extensões do diretor, explorando e guiando, mas são também extensões do sujeito, representando as *personae* reais ou imaginárias de seu drama vital. São três as funções do ego-auxiliar: ator, que representa os papéis requeridos pelo mundo do sujeito; orientador, que orienta o sujeito; e investigador social.

O quinto instrumento é a platéia, que tem um duplo papel. Ela pode tanto servir para ajudar o sujeito como tornar-se o "problema", à medida que é auxiliada pelo sujeito que está no palco. Ao ajudar o sujeito, eles (os membros da platéia) constituem uma caixa de ressonância da opinião pública. Suas respostas e seus comentários são tão improvisados quanto os do sujeito; podem variar do riso ao protesto violento. Quanto mais isolado estiver o sujeito, quando, por exemplo, sua dramatização é constituída de ilusões e alucinações, tanto mais importante torna-se, para ele, a presença de uma platéia disposta a aceitá-lo e compreendê-lo. Quando a platéia é ajudada pelo sujeito, tornando-se portanto ela própria o sujeito, a situação se inverte: a platéia se vê a si mesma, ou seja, uma de suas síndromes coletivas é representada no palco.

PRODUÇÃO DO PSICODRAMA

Em qualquer discussão sobre psicodrama, tem de ser levada em conta a importante dinâmica que nele opera.

Na primeira fase do processo psicodramático, o diretor pode encontrar alguma resistência por parte do sujeito (na maioria dos casos, a resistência contra o ser psicodramatizado é pequena ou nula). Uma vez que ele compreenda o quanto a produção é dele próprio, ele coopera; contudo, a luta entre diretor e sujeito no contexto psicodramático é extremamente real; em alguma extensão, eles têm de atingir um ao outro como dois contendores, enfrentando-se numa situação de grande tensão e desafio. As duas partes precisam buscar em seus recursos espontaneidade e destreza. Os fatores positivos que, na vida real, moldam o relacionamento e as interações, estão presentes: a espontaneidade, a produtividade, o processo de aquecimento, o tele e os processos de papel.

O psicodramista, depois de fazer sua parte, no sentido de levar o sujeito a começar, sai de cena. No mais das vezes, ele não participa dela. Objeto de transferência, do ponto de vista do sujeito, o diretor é expulso da situação, dando ao sujeito o sentimento de que ele é o vencedor. Na verdade, isso nada mais é do que um aquecimento preliminar, antes do grande bote. Para satisfação do sujeito, outras pessoas entram na situação, as que estão mais próximas dele, como delírios e alucinações, conhecendo-as mais do que a esse estranho, o diretor. Quanto mais elas estão na cena, mais ele se esquece do diretor, que deseja ser esquecido, ao menos nesse momento. A dinâmica desse esquecimento pode ser facilmente explicada. Não apenas o diretor deixa o cenário de operação: os egos-auxiliares entram e é entre eles que tele, transferência e empatia são repartidos.

Como o sujeito participa da produção e aquece os coadjuvantes e figurantes de seu mundo privado, ele consegue muitas satisfações que o transportam para além de qualquer coisa que tenha experimentado até então. Ele investiu muito de sua limitada energia nas imagens de suas percepções das pessoas de seu mundo, assim como em certas imagens que permanecem esquecidas dentro dele, ilusões e alucinações de toda ordem; com isso acabou perdendo uma grande quantidade de força pessoal, espontaneidade e produtividade; essas imagens esgotaram seus recursos e ele se tornou fraco, pobre e doente. O psicodrama devolve-lhe todo o investimento que fez nas estranhas aventuras de sua mente, retomando seu pai, sua mãe, sua namorada, as ilusões a respeito de si mesmo e a energia que investiu nelas. Essas coisas retornam à medida que ele vive realmente os papéis de pai, amigo, empregador ou inimigo, aprendendo a respeito deles muitas coisas que a vida não lhe proporcionou. Quando pode ser as pessoas que ele alucina, não apenas elas perdem seu poder e sua palavra mágica em relação a ele, como também ele aumenta sua própria força, seu ego tem a oportunidade de encontrar a si mesmo e de se auto-reorganizar, de juntar elementos que podem ter sido deixados de lado por forças insidiosas, integrá-los e atingir uma sensação de alívio e de força, uma catarse de integração. Pode-se muito bem dizer que o psicodrama proporciona ao sujeito uma experiência nova e mais ampla da realidade, uma realidade suplementar, um ganho que pelo menos em parte justifica o sacrifício que se faz quando se trabalha uma produção psicodramática.

A fase seguinte do psicodrama tem lugar quando o drama da platéia toma o lugar da produção. O diretor tinha desaparecido de cena no final da primeira fase; agora, a própria produção desaparece e com ela os egos-auxiliares, os espíritos bons e prestativos que muito auxiliaram o sujeito a ganhar clareza e um novo sentimento de poder. O sujeito está agora dividido em suas reações: por um lado, sente-se agradecido por tudo o que aconteceu; por outro sente-se enganado e aborrecido por ter feito um sacrifício cujo sentido ele não vê muito bem. O sujeito torna-se dinamicamente consciente da presença da platéia. No começo da sessão, ele tinha uma consciência irritada ou alegre deles; no aquecimento, esqueceu que eles existiam, mas agora ele os vê novamente, um a um, estranhos e amigos. Seus sentimentos de vergonha e culpa alcançam o clímax. Entretanto, enquanto ele estava se aquecendo para a produção, a platéia à sua frente estava se aquecendo também, mas quando ele chegou ao fim eles estavam apenas começando. O complexo "tele-empatia-transferência" sofre um terceiro redirecionamento de forças; ele se move do palco para a platéia, iniciando intensas relações entre os audio egos. Conforme os estranhos do grupo começam a aparecer e a relacionar seus sentimentos com os que eles aprenderam da produção, o sujeito ganha um novo sentimento de catarse, uma catarse grupal: *Ele deu amor e agora lhe estão retribuindo.* Qualquer que seja seu psiquismo, agora, ele foi moldado originalmente pelo grupo; por meio do psicodrama ele retorna ao grupo, e então os membros da platéia compartilham com ele suas experiências, da mesma forma como ele compartilhou as suas.

Esta descrição não seria completa se não discutíssemos brevemente o papel que desempenham os diretores e os egos-auxiliares no aquecimento da sessão. O princípio teórico do psicodrama é que o diretor age diretamente sobre o nível de espontaneidade do sujeito (obviamente faz pouca diferença, na prática, se a espontaneidade do sujeito é chamada ou não de "inconsciente"), de tal modo que ele entre realmente, embora confuso e fragmentado, nas áreas de objetos e pessoas com as quais está relacionada sua energia espontânea. O diretor não se satisfaz, como o analista, em observar o sujeito e traduzir o comportamento simbólico para uma linguagem científica e compreensível, ele entra nas atividades espontâneas do sujeito como um ator-participante, munido de tantos insights hipotéticos quanto possíveis, para falar com ele na linguagem espontânea de sinais e gestos, palavras e ações, que o sujeito desenvolveu... Desenvolveu-se um elaborado sistema de técnicas de produção, por meio do qual o diretor e seus egos-auxiliares se inserem no mundo do sujeito, povoando-o com figuras extremamente familiares para ele, com a vantagem de que elas não são ilusórias, mas sim meio imaginárias, meio reais (como espíritos, elas o chocam e o aborrecem algumas vezes e, em outras, elas o surpreendem e o confortam). O sujeito encontra-se num mundo semi-real, como numa armadilha; ele se vê atuando, ele se ouve falando, mas suas ações e seus pensamentos, seus sentimentos e suas percepções não vêm dele e sim, estranhamente, de outras pessoas: o psicodramista, os auxiliares, os dublês e os espelhos de sua mente.

SOCIODRAMA

O sociodrama pode ser definido como um método profundo de ação para a abordagem de relações intergrupais e de ideologias coletivas.

Os procedimentos, no desenrolar de um sociodrama, diferem em muitos aspectos daqueles que descrevi como psicodramáticos. Numa sessão psicodramática, as atenções do diretor e de sua equipe estão centralizadas no indivíduo e em seus problemas pessoais. Conforme esses problemas são abertos diante do grupo, os espectadores são afetados pelos atos psicodramáticos na proporção das afinidades existentes entre seu próprio contexto de papéis e o contexto de papel do sujeito central.

Mesmo a chamada abordagem grupal do psicodrama é, num sentido mais profundo, centrada no indivíduo. A platéia é organizada de acordo com uma síndrome mental que todos os indivíduos participantes têm em comum, e o alvo do diretor é alcançar cada indivíduo em sua própria esfera, separada dos demais. Ele usa a abordagem grupal somente para alcançar, ativamente, mais que um indivíduo na mesma sessão. A abordagem grupal no psicodrama está direcionada para um grupo de indivíduos privados, o que torna o próprio grupo, em certo sentido, privado. Organizar e planejar cuidadosamente a platéia é aqui indispensável, porque não há sinal exterior indicando qual indivíduo sofre da mesma síndrome mental e pode partilhar a mesma situação de tratamento.

O verdadeiro sujeito do sociodrama é o grupo. Ele não é limitado por um número especial de indivíduos, podendo consistir de tantas pessoas quantos seres humanos estejam vivendo em algum lugar, ou pelo menos por tantas quantas pertençam à mesma cultura. O sociodrama baseia-se na suposição tácita de que o grupo formado pela platéia já está organizado pelos papéis culturais e sociais que em algum grau são compartilhados por todos os portadores da cultura. É, portanto, irrelevante quem são os indivíduos, ou de quem o grupo é composto, ou que tamanho tem. É todo o grupo que deve ser colocado no palco para trabalhar seu problema, porque o grupo, no sociodrama, corresponde ao indivíduo no psicodrama. O sociodrama, entretanto, para que se torne efetivo, tem de ensaiar a difícil tarefa de desenvolver métodos de ação profundos, em que as ferramentas de trabalho sejam tipos representativos de dada cultura e não indivíduos particulares. A catarse no sociodrama difere da catarse no psicodrama: a abordagem psicodramática trabalha principalmente com problemas pessoais e visa à catarse pessoal; a abordagem sociodramática lida com problemas sociais e almeja a catarse social.

O pressuposto dessa abordagem é o reconhecimento de que *o homem é um jogador de papéis*, que todo indivíduo caracteriza-se por determinado conjunto de papéis que domina seu comportamento e que toda cultura é caracterizada por determinados conjuntos de papéis que ela impõe, com um grau variado de sucesso, aos seus membros.

O problema é como trazer à tona uma ordem cultural por meio de métodos dramáticos, já que a observação e a análise são ferramentas inadequadas para explorar os aspectos mais sofisticados das relações interculturais. São indispensáveis métodos de ação profundos, além disso, estes últimos têm provado ser de valor inquestionável e insubstituível porque eles podem, sob a forma de sociodrama, explorar e tratar ao mesmo tempo os conflitos que aparecem entre duas ordens culturais distintas e, ao mesmo tempo e pela mesma ação, empreender a mudança de atitude dos membros de uma cultura em relação aos membros de outra. Mais ainda, o sociodrama pode alcançar grupos grandes de pessoas e, pelo rádio ou pela televisão, atingir milhões de grupos locais e adjacências, em que os conflitos interculturais e as tensões estejam adormecidos ou nas preliminares de um confronto aberto...

CAPÍTULO 3

SOCIOMETRIA*

1937

> Nota do organizador: Moreno se interessou, desde cedo, pelas relações sociais. Ele acreditava que a estrutura dos grupos humanos era complexa, altamente dinâmica e só perceptível pelos métodos de investigação pragmáticos e espontâneos. Sua meta: o máximo de participação de cada interessado.

Os sistemas religiosos, tecnológicos, econômicos e políticos foram construídos até agora com a suposição implícita de que podem ser adequados e aplicados à sociedade humana, sem necessidade de um conhecimento preciso e detalhado de sua estrutura. O reiterado fracasso de tantos remédios e doutrinas plausíveis e humanas levou à convicção de que o estudo meticuloso da estrutura social é o único meio pelo qual é possível tratar os problemas da sociedade.

A sociometria, uma ciência relativamente nova, desenvolvida gradativamente a partir da Guerra Mundial de 1914 a

---

* De Sociometry in Relation to Other Social Sciences, in *Sociometry*, 1 (1937), 206-19. Outra versão aparece em *Experimental Method & the Science of Society* (1951).

1918, pretende determinar objetivamente a estrutura básica das sociedades humanas...

As dificuldades para atingir-se tal conhecimento são enormes e desencorajadoras. Podemos classificá-las em basicamente três categorias: o número grande de pessoas, a necessidade de obter participação válida e a necessidade de planejar pesquisas continuadas e repetidas. No desenvolvimento das técnicas sociométricas pode-se analisar com um pouco mais de detalhes essas dificuldades, juntamente com os passos até agora dados no sentido de superá-las.

Em primeiro lugar, a sociedade humana consiste de aproximadamente dois bilhões de indivíduos. O número de inter-relações entre esses indivíduos, cada inter-relação influenciando de alguma maneira, ainda que limitada, a situação do mundo total, atinge uma ordem de grandeza astronômica. Levando esse fato em conta, o campo de trabalho da sociometria começou com pequenos segmentos da sociedade humana: grupamentos espontâneos de pessoas, grupos de indivíduos de diferentes níveis de idade, grupos unissexuais, grupos de ambos os sexos, comunidades institucionais e industriais. Até o presente momento, muitos grupos e comunidades, cujas populações somadas atingem mais de 10 mil pessoas, foram testadas sociometricamente.[1] Já se tem acumulado um montante considerável de conhecimentos sociométricos, mas não podemos, entretanto, esquecer que nenhuma conclusão pode ser automaticamente transferida de um segmento a outro e que nenhuma conclusão pode ser tirada de forma automática a respeito do mesmo grupo em um momento diferente, não importando o quanto aprendemos no decorrer do tempo, nem a precisão do conhecimento sociométrico que temos a respeito de determinados segmentos da sociedade humana. Cada parte da sociedade humana deve ser sempre considerada em sua concretitude.

Em segundo lugar, como temos de considerar cada indivíduo em sua concretitude e não como um símbolo, e cada relacionamento que ele possa [ter] .... nós não podemos alcançar um conhecimento pleno, a menos que cada indivíduo participe *espontaneamente*, com o máximo de sua capacidade, da descoberta desses relacionamentos. O problema é como conseguir de cada indivíduo sua máxima participação espontânea. Essa participação poderia produzir, como uma réplica da geografia física do mundo, uma geografia psicológica da sociedade humana. A sociometria tem tentado conseguir essa participação, adotando como parte fundamental de sua metodologia um tema relevante da situação social atual que envolva as pessoas da comunidade em dado momento. Isso se tornou possível pela modificação e ampliação do *status* do observador e pesquisador participante, a fim de transformá-lo num ego-auxiliar daquele indivíduo e de todos os outros da comunidade, isto é, uma pessoa que se identifica o máximo possível com os anseios de cada indivíduo e tenta ajudá-lo em sua realização. Esse passo foi dado após uma análise cuidadosa do fator espontâneo em situações sociais. Não basta definir genericamente as necessidades mentais e físicas, cada posição momentânea concreta de um indivíduo na comunidade tem uma singularidade tal que se torna necessário, antes de tirar qualquer conclusão, um conhecimento da estrutura que o cerca e o pressiona naquele exato momento.

Em terceiro lugar, como temos de conhecer a estrutura real de uma sociedade humana não apenas em dado momento, mas em todos os seus desenvolvimentos futuros, temos de aguardar com interesse a máxima participação espontânea de cada indivíduo em todo o futuro. O problema é como motivar as pessoas de modo que elas dêem o máximo de participação espontânea de forma constante e regular e não apenas uma vez ou outra. Essa dificuldade pode ser superada ajustando-se os procedimentos à administração da comunidade. Se os esforços espontâneos para associar-se a outras pessoas, objetos e valores são apoiados oficial e permanentemente pelas respectivas agências comunitárias, o procedimento pode ser repetido a qualquer momento, e com isso tornar disponível o tempo todo a compreensão da estrutura da comunidade e seu desenvolvimento no tempo e no espaço.

Para empreender um estudo da estrutura da sociedade humana, o primeiro passo é definir e desenvolver técnicas sociométricas que possam transpor as dificuldades descritas. Os métodos sociométricos procuram desvendar as estruturas fundamentais de uma sociedade, revelando as afinidades, atrações e repulsões que operam entre as pessoas e entre pessoas e objetos.

MODALIDADES METODOLÓGICAS SOCIOMÉTRICAS

Todas as modalidades descritas a seguir podem ser aplicadas a qualquer grupo, qualquer que seja o nível de desenvolvimento dos indivíduos que o compõem. Se o método aplicado estiver, em grau de articulação, abaixo do nível exigido por determinada estrutura social, os resultados não vão refletir senão apenas uma infra-estrutura daquela comunidade. Um procedimento sociométrico adequado não pode ser nem mais nem menos diferenciado do que a estrutura social que está tentando medir.

Uma das modalidades do método consiste em desvelar a estrutura social entre os indivíduos, por meio do simples registro de seus movimentos e suas posições no espaço, uns em relação aos outros. Essa estratégia de mapear o grosso dos movimentos foi aplicada, por exemplo, em um grupo de bebês (nessa fase do desenvolvimento, nenhuma técnica mais diferenciada poderia ter sido aplicada frutiferamente): esse método revela a estrutura que está em desenvolvimento entre os bebês, entre eles e seus atendentes, e entre eles e os objetos a sua volta, em dado espaço físico. No nível mais precoce do desenvolvimento, as estruturas sociais e físicas de espaço sobrepõem-se e são congruentes. A certa altura, a estrutura das inter-relações começa a diferenciar-se cada vez mais da estrutura física do grupo, e desse momento em diante o espaço social, em sua forma embrionária, começa a diferenciar-se do espaço físico... Quando as crianças começam a andar, aparece uma estrutura mais desenvolvida: elas podem mover-se na direção de uma pessoa de quem gostam ou afastar-se de uma pessoa de quem não gostam, na direção de um objeto que desejam ou na direção contrária à de um objeto a ser evitado. A participação espontânea não-verbal começa a influenciar a estrutura de forma mais definitiva.

Outra versão do método é utilizada em grupos de crianças pequenas que (antes ou depois de andarem) têm condições de fazer uso inteligente de símbolos verbais simples. O fator simples "participação" do sujeito torna-se mais complexo, pois ele pode escolher ou rejeitar um objeto sem mover-se corporalmente. Quando as crianças são influenciadas, ao associarem-se, pelas características sociais ou físicas de outras pessoas, tais como sexo, raça e condição social, começa uma fase mais avançada do método. Esse fator de associação diferencial expressa uma nova tendência no desenvolvimento da estrutura; até este ponto, somente indivíduos destacavam-se e tinham uma posição nela, daqui em diante, são as associações de indivíduos que se destacam e têm uma posição como grupos. Esse fator de diferenciação é chamado critério do grupo: à medida que as sociedades de indivíduos desenvolvem-se, aumenta rapidamente o número de critérios em torno dos quais essas associações são ou podem ser formadas; quanto mais numerosos e mais complexos os critérios, mais complexa torna-se também a estrutura social da comunidade.

Esses exemplos deixam claro que o método sociométrico não é um conjunto rígido de regras, mas deve modificar-se e adaptar-se a qualquer situação de grupo, à medida que ela aparece, devendo ser moldado de acordo com as potencialidades momentâneas dos sujeitos, de modo a despertar neles o máximo de participação espontânea e o máximo de expressão. Se o método sociométrico não se harmonizar com a estrutura do momento de dada comunidade, o conhecimento que se pode obter dela fica limitado ou distorcido e o observador participante do laboratório social, equivalente ao observador científico no laboratório físico ou biológico, experimenta uma profunda mudança.

Se a estrutura básica for conhecida, a observação de movimentos e associações voluntárias de indivíduos tem um valor suplementar; mas, se o observador tentar ser um parceiro íntimo de todos os indivíduos ao mesmo tempo, em cada papel que eles desempenham na comunidade, como poderia ele aprender alguma coisa sobre a estrutura básica de uma comunidade de mil pessoas? Ele não poderá observá-las como se fossem corpos celestiais, mapeando seus movimentos e suas reações, e se assumir o papel de espião científico, a essência das situações ficará perdida. O método precisa ser aberto e transparente: os habitantes da comunidade devem tornar-se, em alguma medida, participantes do projeto; o grau de participação é o mínimo possível, quando os indivíduos que compõem o grupo desejam apenas responder a perguntas uns sobre os outros.

Qualquer estudo que tente revelar os sentimentos que as pessoas têm, umas em relação às outras, com menos do que o máximo de participação possível dos membros do grupo, é quase-sociométrico. Os métodos quase-sociométricos de pesquisa ou diagnóstico são muito importantes no presente estágio da sociometria, podendo ser aplicados em larga escala e, dentro de certos limites, sem incômodos para os participantes. As informações adquiridas em estudos quase-sociométricos baseiam-se, entretanto, em uma motivação inadequada dos participantes: eles não revelam integralmente seus sentimentos (nessas situações, eles raramente são espontâneos e não se aquecem rapidamente). Se se perguntar a um indivíduo "Quem são seus amigos nesta cidade?", com muita freqüência ele pode deixar fora uma ou duas pessoas, pessoas mais importantes de seu átomo social ou com quem tenha algum tipo de amizade secreta, que ele não queira que seja conhecida.

O sociometrista não descarta o método observacional de pesquisa de grupo, ou seja, o estudo da formação do grupo de *fora* para dentro. Ele constitui, entretanto, apenas uma parte de uma técnica mais abrangente: o método sociométrico. Na verdade, este método é operacional e observacional ao mesmo tempo; o sociometrista bem treinado acumula continuamente outros dados observacionais e experimentais, que podem ser subsídios importantes para sua investigação da estrutura social *interna* de um grupo, em dado momento. De procedimentos sociométricos podem derivar estudos estatísticos e observacionais, que suplementam e aprofundam a análise estrutural.

O método utilizado no intuito de se conseguir motivação para uma participação mais adequada é que vai definir a transição de procedimentos quase-sociométricos para procedimentos sociométricos. Se o observador participante consegue tornar-se cada vez menos um observador e cada vez mais alguém que ajuda os demais participantes do grupo, em suas necessidades e seus interesses, esse observador transforma-se... em ego-auxiliar. As pessoas que estão sob observação, em vez de revelarem mais ou menos involuntariamente alguma coisa a respeito de si mesmas e de terceiros, tornam-se promotoras abertas do projeto que, por sua vez, torna-se um esforço cooperativo. Elas se transformam em participantes e observadoras dos problemas dos outros, tanto quanto de seus próprios; elas passam a ser contribuidoras-chave da pesquisa sociométrica, sabendo que quanto mais precisas e explícitas forem, ao expressarem o que desejam, melhores serão suas chances de conseguir uma posição no grupo mais próxima de seus desejos e suas expectativas. Isso vale na condição de parceiros de jogo, de companheiros de mesa de jantar, de vizinhos na comunidade ou de colegas de trabalho numa fábrica, por exemplo.

O primeiro passo decisivo para o desenvolvimento da sociometria foi a revelação da organização concreta de um grupo. O segundo passo foi a inclusão de medidas subjetivas para definir essa organização. O terceiro foi um método que conferisse aos termos subjetivos o mais alto grau possível de objetividade, por meio da função do ego-auxiliar. O quarto passo decisivo foi a consideração do critério (uma necessidade, um valor, um alvo) em torno do qual se desenvolve uma estrutura. A verdadeira organização de determinado grupo só pode ser evidenciada se o teste for construído levando-se em conta o critério em torno do qual o grupo forma-se. Por exemplo, se desejamos determinar a estrutura de um grupo de trabalho, o critério é o relacionamento como funcionários da fábrica, e não a resposta a uma pergunta a respeito de com quem gostariam de sair para almoçar. É preciso distinguir, entretanto, entre um critério essencial e um critério auxiliar. Os grupos complexos constroem-se freqüentemente em torno de vários critérios essenciais. Se um teste é quase-sociométrico, ou seja, inadequadamente construído, ele revela, em vez de organização real do grupo, uma forma distorcida, menos diferenciada, um nível inferior de sua estrutura.

No trabalho sociométrico, podem ser identificadas várias abordagens: (1) o procedimento de pesquisa, que busca estudar a organização de grupos; (2) o procedimento diagnóstico, que objetiva classificar as posições dos indivíduos dentro dos grupos e as posições dos grupos dentro da comunidade; (3) procedimentos políticos e terapêuticos, que buscam auxiliar os indivíduos ou grupos para um melhor ajustamento; e finalmente, (4) o procedimento sociométrico integral, em que todos esses passos são unidos sinteticamente e transformados numa operação única, em que um procedimento depende do outro. Este último é também o mais científico de todos, não por ser mais prático; ele é mais prático porque é mais cientificamente preciso.

As respostas que cada indivíduo dá, no decorrer de um procedimento sociométrico, por mais essenciais e espontâneas que possam parecer, constituem apenas um material e não ainda fatos sociométricos em si. Temos de primeiro representar e visualizar como essas respostas articulam-se em seu conjunto. O astrônomo tem seu universo de estrelas e outros corpos celestes visivelmente espalhados por todo o espaço, sua geografia é dada. O sociometrista encontra-se na situação paradoxal de ter de construir e mapear seu universo antes de poder explorá-lo. O sociograma foi concebido como um processo de mapeamento que é, como aliás deveria mesmo, mais do que um simples método de apresentação, é antes de tudo um método de exploração, tornando possível a investigação de fatos sociométricos. No sociograma podem ser retratadas a exata localização de cada indivíduo e todas as suas inter-relações. Ele é, hoje, o único esquema disponível que possibilita a análise estrutural de uma comunidade.

Como o padrão do universo social não é visível para nós, o mapeamento o torna visível: o mapa sociométrico é, assim, tanto mais útil quanto mais exata e realisticamente retrata as relações descobertas. Como todo detalhe é importante, a apresentação mais detalhada é a mais recomendável. O problema não é somente apresentar o conhecimento de forma simples e concisa, mas apresentar as relações de modo que elas possam ser estudadas.[1] Como a técnica de mapeamento é exploratória, os sociogramas são concebidos de tal forma que se pode destacar pequenas partes do mapa primário de uma comunidade, redesenhá-las e estudá-las como se estivessem num microscópio.

---

1. Ver exemplos de sociogramas no Capítulo 15. (Org.)

Se destacarmos do mapa da comunidade grandes estruturas, tais como as redes psicológicas, por causa de seu significado funcional, teremos outro tipo de derivativo, ou um sociograma secundário. O mapeamento de redes indica que podemos criar formas de mapeamento que nos permitam explorar, com base nos sociogramas primários, grandes áreas geográficas.

ÁTOMO SOCIAL

A sociometria começou praticamente assim que conseguimos estudar, ao mesmo tempo, a estrutura social inteira e em partes. Isso era impossível quando a principal preocupação estava, ainda, no problema do indivíduo, suas relações e sua adaptação ao grupo. Uma vez que a estrutura social inteira possa ser vista como uma totalidade, ela pode ser estudada em seus mínimos detalhes; tornamo-nos, destarte, capazes de descrever os fatos sociométricos (sociometria descritiva) e de considerar a função de estruturas específicas, ou seja, o efeito de umas partes sobre as outras (sociometria dinâmica).

Quando observamos a estrutura social de determinada comunidade inteira, o fato de ela estar relacionada com um local específico, com determinada geografia física (uma localidade com casas, escolas, oficinas e as respectivas inter-relações entre seus habitantes nessas situações), leva-nos ao conceito de geografia psicológica da comunidade. Observando a estrutura detalhada de uma comunidade, podemos ver a posição concreta que cada indivíduo assume dentro dela, assim como um núcleo de relações em torno de cada pessoa, núcleo esse que é "mais espesso" em torno de um, "mais delgado" em torno de outros. Esse núcleo de relações é a menor estrutura social de uma comunidade: o átomo social.

Do ponto de vista da sociometria descritiva, o átomo social é um fato, não um conceito (exatamente como, em anatomia por exemplo, o sistema de vasos sangüíneos é antes de tudo um fato descritivo), e somente adquiriu importância conceitual quando os estudos de desenvolvimento sugeriram que ele tinha uma função importante na formação da sociedade humana.

Enquanto determinadas partes desses átomos sociais permanecem escondidas entre os indivíduos que os compõem, outras partes ligam-se a partes de outros átomos sociais, e esses, por sua vez, com partes de outros átomos sociais, formando cadeias complexas de inter-relações, que são denominadas, no âmbito da sociometria descritiva, redes psicológicas. Quanto mais antiga a rede e quanto mais se amplia, menos significativa parece ser a contribuição individual para ela. Do ponto de vista da sociometria dinâmica, essas redes têm a função de moldar a tradição social e a opinião pública.

É diferente e mais difícil, entretanto, descrever o processo que atrai os indivíduos um para o outro, ou que os repele, aquele fluxo de sentimentos de que se compõem, aparentemente, o átomo social e as redes. Esse processo pode ser denominado *tele*.

Estamos habituados à noção de que os sentimentos surgem dentro do organismo individual e vinculam-se com maior ou menor força a pessoas ou coisas do ambiente imediato. Costumamos pensar não só que esses conjuntos de sentimentos originam-se exclusivamente no organismo individual, de uma de suas partes ou do organismo todo, mas também que esses estados mentais e físicos, depois que surgem, habitam para sempre esse organismo. A relação sentimental com uma pessoa ou um objeto é denominada vinculação ou fixação, mas as vinculações ou fixações são consideradas puras projeções individuais. Isso era coerente com o conceito materialista de organismo individual, com sua homogeneidade e, talvez se possa dizer, com sua independência microcósmica. Parecia incompatível com esse conceito a idéia de que sentimentos, emoções ou idéias, poderiam "sair" ou "entrar" no organismo; os pleitos da parapsicologia eram facilmente descartados, por não apresentarem evidência científica; e as idéias de unidade coletivista de uma pessoa pareciam místicas e românticas. A resistência contra qualquer tentativa de quebrar a sagrada unidade do indivíduo tem uma de suas raízes na concepção de que sentimentos, emoções e idéias devem residir em alguma estrutura dentro da qual podem emergir ou desaparecer e dentro da qual possam funcionar ou desaparecer. Se esses sentimentos, emoções e idéias "deixam" o organismo, onde poderiam, então, estar situados?

Quando constatamos que os átomos sociais e as redes apresentam uma estrutura fixa e se desenvolvem em certa ordem, temos estruturas extra-individuais – e provavelmente há muito mais a ser descoberto – em que esse fluxo poderia residir.

Mas deparamos com outra dificuldade: à medida que (como egos-auxiliares) obtemos de um indivíduo as respostas e o material necessários, inclinamos-nos, por causa de nossa proximidade com o indivíduo, a conceber o tele como fluindo dele para outros indivíduos e objetos. Com certeza, isso é correto para o nível individual-psicológico, na fase preparatória da exploração; mas assim que transportamos essas respostas para o nível sociométrico e as estudamos não individualmente, mas em suas inter-relações, importantes razões metodológicas sugerem que deveríamos pensar esse sentimento fluente, o tele, como interpessoal, ou falando mais exata e claramente, como uma estrutura sociométrica. Devemos assumir, por enquanto, até que um conhecimento posterior nos force a modificar e apurar esse conceito, que algum processo real na situação de vida de uma pessoa é sensível e corresponde a algum processo real na situação de vida de outra pessoa, e que há numerosos graus, positivos e negativos, dessas sensibilidades interpessoais. O tele entre dois indivíduos quaisquer pode ser apenas potencial e nunca se tornar ativo, a menos que eles se aproximem ou que seus sentimentos e suas idéias encontrem-se à distância por meio de algum canal, como a rede. Temos observado que esses efeitos à distância, ou tele, são estruturas sociométricas complexas, produzidas por uma longa cadeia de indivíduos, cada um com um grau diferente de sensibilidade ao mesmo tele, variando da indiferença total a uma resposta máxima.

O átomo social é, então, composto por numerosas estruturas de tele; os átomos sociais são, por sua vez, partes de um todo ainda maior, as redes psicológicas, que unem ou separam grandes grupos de indivíduos devido às suas relações tele. As redes psicológicas são partes de uma unidade ainda maior, a geografia psicológica da comunidade. Uma comunidade é, por sua vez, parte da configuração maior, a totalidade psicológica da própria sociedade humana.

SOCIOMETRIA E CIÊNCIAS SOCIAIS

Não podemos fazer uma avaliação completa do significado da sociometria para as ciências sociais se não levarmos em conta algumas manifestações mais características dos anos recentes. Uma delas alinha-se com o marxismo, na perspectiva especialmente de Georg Lukács e Karl Mannheim,[II] cuja filosofia social é pródiga em conjeturas quase-sociométricas, enfatizando a existência de classes sociais e a dependência da ideologia em relação à estrutura social, além de fazerem referência à posição dos indivíduos em seu grupo e às dinâmicas sociais que resultam das mudanças de posição dos grupos dentro de uma comunidade. A discussão prossegue num nível dialético e simbólico, dando ao leitor a impressão de os autores terem um conhecimento íntimo e autorizado das estruturas psicológicas e sociais que descrevem, apresentando os processos psicológicos e sociais que se supõe ocorrer em grandes populações, mas o que brilha é seu conhecimento intuitivo... Essas grandes generalizações ensejam visões pseudototais do universo social. As estruturas psicológica e social básicas do grupo permanecem um produto mitológico de sua mente, uma mitologia que representa um obstáculo ao progresso de uma velha para uma nova ordem social, como o foi o fetiche da mercadoria antes da análise que dela fez Marx. Os totalitários dialéticos e políticos chegaram a um beco sem saída. É impossível que ocorra um avanço verdadeiro, em teoria política, antes que se consigam maiores conhecimentos sociométricos concretos a respeito da estrutura básica dos grupos.

Não temos condições de compreender plenamente a situação econômica de um grupo nem a influência dinâmica que ela exerce sobre suas estruturas psicológicas e sociais, a menos que conheçamos também essas características psicológicas e sociais e que investiguemos a influência dinâmica que elas têm sobre a situação econômica. A bem dizer, o critério econômico é, do ponto de vista sociométrico, apenas um dos critérios em torno dos quais se desenvolve a estrutura social. O método sociométrico é um procedimento sintético que, só por estar em operação, já evidencia os relacionamentos factuais, se eles têm derivações econômicas, sociológicas, psicológicas ou biológicas, sendo executado como uma operação, mas apresenta vários resultados: ele assegura conhecimentos sobre a estrutura social concreta, em relação a cada critério a ela dinamicamente relacionado; permite classificar os *status* social, psicológico e econômico da população que produz essa estrutura; permite também reconhecer com antecedência mudanças no *status* da população.

O conhecimento da estrutura social fornece uma base concreta para uma ação social racional. Isso não deveria surpreender nem mesmo os que acreditam piamente nos velhos métodos dialéticos: à medida que parecia certo que tudo o que interessava era o conhecimento da estrutura econômica, todas as outras formações estruturais dentro da sociedade eram consideradas, de maneira geral, demonstrações aleatórias de como o motivo econômico as determinava. Uma análise econômica de cada grupo concreto era tudo o que parecia necessário. No entanto, desde que foram desenvolvidas técnicas sociométricas mais abrangentes de análise social, que atacaram a estrutura social básica, despontou no horizonte a possibilidade de uma nova linha de desenvolvimento. Do ponto de vista sociométrico, o globalismo dos neomarxistas parece tão superficial e irreal quanto o globalismo de Hegel pareceu a Marx. Comparado com o elã das escolas globalistas de pensamento, o esforço sociométrico pode parecer insuficiente, pois em vez de analisar classes sociais compostas de milhões de pessoas, faz análises minuciosas de pequenos grupos. Isso significa voltar-se do universo social para sua estrutura atômica. Com o decorrer do tempo, entretanto, com base no esforço conjunto de muitos pesquisadores, chegar-se-á novamente a uma visão global da sociedade humana, porém mais bem fundamentada. Isso poderia parecer um retrocesso, depois de tantos conceitos dialéticos, mas é um recuo estratégico, um recuo em busca de uma maior objetividade.

Um tipo diferente de simbolismo advém de outras linhas de desenvolvimento que se ocupam basicamente da teoria psicológica. Um bom exemplo dessa tendência é a fase recente da escola da Gestalt: J. F. Brown propôs um esquema de estruturas e barreiras sociais que ninguém pesquisou empiricamente. Para o crescimento de uma ciência experimental jovem e em desenvolvimento, um esquema conceitual pode tornar-se tão nocivo quanto um esquema político. Há muitos elos na cadeia de inter-relações que não podem ser adivinhados; têm de ser explorados concretamente no grupo concreto. O que nos interessa aqui não é o resultado de um estudo (por exemplo, se ele se aproxima ou não das relações factuais prováveis), mas a diferença entre procedimentos simbólicos e empíricos. Aprendemos, no decorrer do trabalho sociométrico, o quanto são inadequadas nossas melhores adivinhações em relação à estrutura social. Por isso, preferimos deixar que nossos conceitos emerjam e cresçam com o crescimento do experimento, em vez de buscá-los em qualquer fonte apriorística ou não-sociométrica.

CONSCIÊNCIA SOCIOMÉTRICA

O melhor teste do prejuízo ocasionado por qualquer espécie de conceito simbólico de estrutura social acontece no momento mesmo do experimento crucial: um pesquisador entrando num grupo, pequeno ou grande, com o objetivo de aplicar métodos sociométricos. A introdução de um procedimento sociométrico, mesmo numa comunidade muito pequena, é um problema psicológico extremamente delicado, quanto mais complexa e diferenciada for a comunidade, tanto mais intrincado é esse problema. Num primeiro momento, a tendência é minimizar as dificuldades envolvidas. Os procedimentos sociométricos deveriam ser bem-vindos, ajudando a reconhecer e descobrir a estrutura básica de um grupo, mas nem sempre é esse o caso, com freqüência deparam com a resistência de alguns e a hostilidade de outros. Por isso mesmo, o grupo deve ser cuidadosamente preparado antes de ser submetido ao teste.

As técnicas sociométricas devem ser planejadas de acordo com a prontidão de determinada população para o grupamento sociométrico... que pode variar em diferentes momentos. Chamamos esse status psicológico dos indivíduos de grau de consciência sociométrica. A resistência a procedimentos sociométricos deve-se, em geral, a limitações psicológicas e educacionais, sendo importante que o pesquisador de campo considere as dificuldades uma a uma e tente resolvê-las.

A primeira dificuldade que geralmente se encontra é a ignorância a respeito do que seja esse método. Uma apresentação clara e completa ajuda muito, primeiro talvez para grupos íntimos e pequenos, e depois, num grande encontro, se necessário (abrir discussão pode ocasionar mal-entendidos em relação a ele). Uma reação encontrada com freqüência é a idéia que algumas pessoas têm de que existem em seu grupo muitos processos psicológicos e sociais que passam ao largo de uma integração democrática. Outra reação é de medo e resistência, não tanto em relação ao método, mas em relação às suas conseqüências. Essas e outras reações definem o grau de consciência sociométrica de um grupo. Elas determinam, também, a quantidade e as características da preparação de que os membros do grupo necessitam, antes que o procedimento seja colocado em prática.

No decorrer do trabalho, podemos ficar sabendo, com base nas respostas espontâneas dos indivíduos envolvidos, alguma coisa a respeito das causas subjacentes de seus medos e de sua resistência. Em uma das comunidades testadas, alguns indivíduos fizeram a escolha e deram as justificativas sem hesitar; outros hesitaram muito antes de escolher; um ou dois recusaram-se totalmente a participar. Quando os resultados do teste foram utilizados com o grupo, um indivíduo que tinha tido um número elevado de escolhas ficou muito aborrecido, pois não tinha recebido, para ser seu vizinho, a pessoa com quem tinha tido uma primeira escolha recíproca. Levou semanas para que ele superasse sua raiva. Um dia ele disse, rindo, que estava gostando do novo vizinho e que não o trocaria pela sua escolha original, mesmo que pudesse. Houve outro que não se deu ao trabalho de fazer nenhuma escolha, e quando foi mostrado o mapa da comunidade, verificou-se que, por sua vez, nenhum dos outros membros do grupo o haviam escolhido. Ele era um isolado. Foi como se tivesse adivinhado que sua posição no grupo era a de um isolado; por isso não quis saber muito. Ele não tinha no grupo a posição que gostaria de ter, daí ter pensado que seria melhor talvez manter velado esse fato.

Outros indivíduos também mostraram temer as revelações que o método sociométrico poderia fazer. O medo varia de pessoa para pessoa. Uma pessoa pode estar querendo muito arranjar seus relacionamentos de acordo com desejos reais; outra pode estar com medo das conseqüências. Por exemplo, uma pessoa afirmou que lhe seria desconfortável explicitar com quem gostaria de trabalhar: "Não dá para escolher todos e eu não quero ofender ninguém". Outra pessoa disse: "Se a pessoa de quem eu gosto não for minha vizinha, ou seja, se ela morar longe, nós vamos ficar amigos por mais tempo. É melhor não ver um amigo com muita freqüência". Esses e outros comentários revelam um fenômeno fundamental, uma forma de resistência interpessoal contra a expressão dos sentimentos preferenciais que uma pessoa tem em relação às demais. Essa resistência parece à primeira vista paradoxal, à medida que aborta uma oportunidade concreta de ver satisfeita uma necessidade fundamental. É possível encontrar uma explicação para essa resistência do indivíduo *versus* grupo. Ela representa, por um lado, o medo de o indivíduo saber que posição tem no grupo (pode ser desagradável e doloroso tomar conhecimento pleno da posição que se tem). Outra fonte de resistência é o medo de que possa tornar-se manifesto perante os outros de quem gosta e de quem não gosta, e que posição no grupo uma pessoa realmente deseja e necessita. A resistência é produzida pela situação extrapessoal do indivíduo. Ele sente que a posição que tem no grupo não é o resultado de seu modo de ser individual, mas principalmente o resultado de como as pessoas a quem ele está ligado sentem-se em relação a ele, podendo até mesmo ter uma sensação vaga de que existem, além de seu átomo social, tele-estruturas invisíveis que influenciam sua posição. O medo de expressar os sentimentos preferenciais que uma pessoa tem em relação às outras é, na realidade, um medo dos sentimentos que os outros têm para com ela. Com a análise quantitativa da organização grupal, foi possível identificarmos o processo objetivo subjacente a esse medo. O indivíduo teme as correntes poderosas de emoções que a "sociedade" pode dirigir contra ele. É o medo das redes psicológicas. É o medo de estruturas poderosas cuja influência é incontrolável e ilimitada. É o medo de que elas possam destruí-lo se ele não ficar firme.

O sociometrista tem a missão de quebrar, gradativamente, as incompreensões e os medos que existem ou que estão desenvolvendo-se no grupo com o qual está trabalhando. Os membros do grupo vão querer muito ponderar as vantagens que o método sociométrico pode oferecer-lhes, ou seja, uma organização mais harmoniosa de sua comunidade e uma situação mais harmoniosa de cada indivíduo dentro dela. Pelo menos duas razões para o sociometrista usar sua habilidade para conseguir plena colaboração deles: quanto mais espontânea a colaboração, mais valiosos serão os frutos de sua pesquisa e maior a utilidade dos resultados.

CAPÍTULO 4

PSICOTERAPIA DE GRUPO*

1945

> Nota do organizador: Neste texto, Moreno ocupa-se basicamente de um grupo de 26 pessoas. Ele se interessava por grupos maiores, tais como populações institucionais e comunidades políticas, tendo também trabalhado freqüentemente com casais e famílias. Todos eles são exemplos de seu comprometimento com a abordagem grupal, que ele chamou de "terceira revolução psiquiátrica".

Quando consideramos o desenvolvimento da moderna psiquiatria, com base na medicina somática, podemos encontrar uma explicação plausível para o advento tardio da psiquiatria e psicoterapia grupais: a premissa da medicina científica tem sido, desde o início, que o *locus* da doença física é o organismo individual; e seu tratamento é aplicado ao *locus* da doença, definida por um diagnóstico. A doença física que acomete o indivíduo "A" não requer tratamento paralelo de sua esposa, nem de seus filhos, nem de seus amigos. Se "A" sofre de uma apendicite e indica-se uma apendicectomia, só o apêndice de "A" é removido: ninguém pensa em retirar também o apêndice da esposa e dos filhos dele.

---

* De Scientific Foundations of Group Psychotherapy, in *Group Psychotherapy: a Symposium* (1945), 77-84.

Quando, na nascente psiquiatria, começaram a ser utilizados métodos científicos, os axiomas herdados do diagnóstico e do tratamento físicos foram automaticamente aplicados também aos distúrbios mentais. A influência extra-individual, como o magnetismo animal e a hipnose, foi deixada de lado como sendo superstição mítica e folclore. Na psicanálise – o mais avançado desenvolvimento da psiquiatria psicológica do começo do século XX – a idéia de um organismo individual específico como o *locus* da doença psíquica atingiu sua mais triunfante confirmação e o "grupo" foi implicitamente considerado por Freud um epifenômeno do psiquismo individual. Isso significava que se cem indivíduos de ambos os sexos fossem psicanalisados, cada um por um analista diferente, com resultados satisfatórios, e fossem colocados juntos num grupo, o resultado seria uma organização social tranqüila: as relações políticas, econômicas, sociais, sexuais e culturais decorrentes não ofereceriam a eles nenhum obstáculo insuperável. A principal premissa era que não havia *locus* de doença além do indivíduo; que não havia, por exemplo, nenhuma situação de grupo que exigisse um diagnóstico e um tratamento especiais. A alternativa, entretanto, é de que cem psicanalisandos curados podem produzir juntos um manicômio social.

Embora houvesse, durante o primeiro quarto de nosso século, discordâncias ocasionais quanto a esse ponto de vista individualístico exclusivo, elas eram mais silenciosas do que explícitas, e vinham principalmente de antropólogos e sociólogos, os quais não tinham nada para contrapor às demonstrações específicas e tangíveis da psicanálise, a não ser grandes generalizações, como cultura, hierarquia e classes sociais. A mudança decisiva veio com o desenvolvimento das metodologias sociométrica e psicodramática.

A mudança no *locus* da terapia, por elas iniciada, significou literalmente uma revolução naquilo que foi sempre considerado uma prática médica correta. Marido e mulher, mãe e filho passaram a ser tratados como um conjunto, muitas vezes cara a cara, um com o outro, porque separados eles podiam não ter nenhuma doença mental tangível. O encarar um ao outro os privava daquela coisa impalpável que é comumente chamada de "privacidade"; na realidade, o que permanece "privado" entre marido e esposa ou entre mãe e filha é o lugar onde alguma das dificuldades entre eles podem florescer: segredos, falsidades, suspeitas e desilusões. A perda da privacidade pessoal significa, portanto, a perda do respeito e é a razão pela qual pessoas que estão intimamente ligadas a determinada situação... preferem tratamento individual. É óbvio que, uma vez que a privacidade de uma das pessoas envolvidas na situação seja valorizada (como um postulado do psiquismo individual), seria uma questão de grau saber para quantas pessoas se poderia abrir a cortina. Numa sessão psicodramática, entretanto, "A", o marido, pode permitir que, ao lado da esposa, sua parceira na doença, esteja presente o outro homem (o amante dela); mais tarde, sua filha e seu filho; e algum dia, talvez, eles não objetariam (de fato, eles poderiam até mesmo convidar) contra a presença de outros maridos e esposas que tenham um problema parecido, sentados na platéia e observando a encenação desses problemas, para aprenderem como tratar ou prevenir os deles. É claro que o juramento hipocrático tem de ser reformulado para proteger o grupo de sujeitos envolvidos na mesma situação terapêutica; o estigma que decorre de uma doença e de um tratamento desagradáveis é muito mais difícil de controlar quando se trata um grupo de pessoas do que sendo apenas uma.

Mas a mudança do *locus* da terapia apresenta outras conseqüências nem sempre agradáveis. Ela revoluciona o agente da terapia, que tem sido tradicionalmente uma única pessoa, o médico, aquele que cura. Considera-se, em geral, que a confiança nele – o *rapport* (Mesmer) ou a transferência (Freud) – é indispensável para a relação paciente–médico.

Os métodos sociométricos mudaram radicalmente essa situação. No grupo, o sujeito pode ser utilizado como instrumento de diagnóstico e como agente terapêutico para tratar dos outros sujeitos. O médico, como fonte última da terapia, não deu certo. Os métodos sociométricos demonstraram que os valores terapêuticos (tele) estão distribuídos entre todos os membros do grupo, um paciente podendo tratar do outro.

O papel de curador deixou de ser o de dono e ator da terapia, para tornar-se o de cedente e depositário dela. Enquanto o agente da psicoterapia era determinado indivíduo especial, o médico ou o sacerdote, a conseqüência era que ele era tanto o meio da terapia quanto o catalisador do poder de cura... O sujeito respondia sempre a suas ações, à elegância de sua lógica, ao brilho de seu discurso, à profundidade de suas emoções, ao poder de sua hipnose, à lucidez de sua interpretação analítica...

Nos métodos psicodramáticos, o meio está de certa forma separado do agente. O meio pode ser tão simples e amorfo como uma luz fixa ou em movimento, um mesmo som repetido, uma marionete ou uma boneca, uma foto parada ou em movimento, uma dança ou uma produção musical, até alcançar as formas mais elaboradas do psicodrama, por meio de uma equipe constituída de diretor e egos-auxiliares, colocando sob seu comando todas as artes e todos os meios de produção. A equipe de egos (auxiliares), no palco, não são pacientes, mas somente o meio pelo qual se conduz o tratamento. O psiquiatra, assim como a platéia de pacientes, permanecem em geral fora do meio.

Quando o *locus* da terapia mudou do indivíduo para o grupo, este se transformou no novo sujeito (primeiro passo). Quando o grupo foi dissolvido em seus pequenos terapeutas individuais e eles se tornaram os agentes da terapia, o terapeuta principal tornou-se uma parte do grupo (segundo passo). Finalmente, o *medium* da terapia foi separado do curador, da mesma forma que os agentes terapêuticos grupais (terceiro passo)...

EFEITO SOCIODINÂMICO

Todos os métodos de grupo têm em comum a necessidade de uma referência para testar a validade de suas descobertas e de suas aplicações. Um de meus primeiros esforços foi, portanto, construir instrumentos por meio dos quais pudesse ser determinada a constituição estrutural dos grupos, como o teste sociométrico, concebido de modo a poder tornar-se facilmente um padrão e um guia para o desenvolvimento de instrumentos similares.

Minha idéia era, também, que se um instrumento fosse bom, suas descobertas poderiam ser corroboradas por qualquer outro instrumento que tivesse o mesmo objetivo, ou seja, o estudo da estrutura resultante da interação de indivíduos em grupos. Depois de terem sido estudados grupos sociais de todos os tipos, como grupos formais e informais, grupos familiares e profissionais, a questão da validade da estrutura grupal foi testada pela primeira vez, com o uso de desvios como referência básica, secundada por experimentos de controle de grupamento e reagrupamento de pessoas.

Tomou-se uma população de 26 indivíduos concretos e considerou-se como uma unidade adequada para se fazer uma comparação com a distribuição casual de um grupo de 26 indivíduos fictícios, cada um fazendo três escolhas.[1] Para nossa análise, qualquer tamanho de população, pequena ou grande, poderia ter sido satisfatória, mas o uso de 26 pessoas permitiu uma amostra não selecionada de grupos já testados. Entre os grupos que tinham o mesmo tamanho de população, foram escolhidos sete grupos de 26 indivíduos, sem incluir o mesmo grupo mais de uma vez. As escolhas do teste utilizaram o critério "companheiros de mesa", não se permitindo escolher ninguém de fora do grupo, tornando possível, dessa forma, fazer comparações.

O estudo dos dados das configurações grupais (resultantes da interação dos indivíduos), necessitava de alguma referência básica comum, para que se pudesse medir os desvios e comparar um resultado com outro. Pareceu que a base mais lógica para estabelecer essa referência seria investigar as características das configurações típicas produzidas por escolhas casuais, numa população do mesmo tamanho, com um número igual de escolhas. Com isso, foi possível elaborar um sociograma (gráfico das relações interacionais) para cada experimento, de modo que cada pessoa fictícia fosse vista em relação a todas as outras pessoas fictícias do mesmo grupo. Foi também possível mostrar a variação no tipo de estrutura dentro de cada configuração casual.

As primeiras questões a serem respondidas eram: Qual o número provável de indivíduos que, por seleção meramente casual, seriam escolhidos por seus companheiros, ou nenhuma vez, ou uma, duas, três vezes, e assim por diante? Quantos pares (dois indivíduos que se escolhem mutuamente) deveriam ocorrer? Quantas escolhas incongruentes (não recíprocas) deveriam ser esperadas na base do mero acaso? Os resultados experimentais aleatórios confirmaram as probabilidades teóricas: o número médio de pares no experimento aleatório foi 4,3 e, na análise teórica, 4,68 (para a mesma condição de três escolhas, numa população de 26 pessoas); o número de escolhas incongruentes nos experimentos casuais foi 69,4 enquanto a expectativa teórica era de 68,64, nas mesmas condições.

Entre os vários achados importantes, dois foram mais significativos. Primeiramente, uma comparação dos sociogramas aleatórios com os sociogramas reais mostrou que a probabilidade de estruturas recíprocas foi 213% maior nas configurações reais do que nas aleatórias, e as estruturas incongruentes foram 35,8% mais raras na realidade do que no acaso; nos sociogramas casuais não apareceram estruturas mais complexas, como triângulos, quadrados e outros modelos similares, das quais havia sete nos sociogramas reais. Em segundo lugar, uma maior concentração de muitas escolhas em poucos indivíduos e uma fraca concentração de poucas escolhas na maioria dos indivíduos enviesaram a distribuição da amostra de indivíduos reais mais do que ocorreu nos experimentos casuais, numa direção que não ocorreria necessariamente por acaso. Este aspecto da distribuição é chamado de efeito sociodinâmico: a distribuição de freqüência real comparada à distribuição casual mostrou uma quantidade de isolamentos 250% maior; a quantidade de indivíduos superescolhidos foi 39% maior, enquanto o volume das escolhas que receberam foi 73% maior. Essas constatações estatísticas sugerem que, se o tamanho da população aumenta e o número de relações de escolha permanece constante, a distância entre a distribuição de freqüência casual e a distribuição real aumenta progressivamente...

[Em outro caso] dois grupos de indivíduos foram comparados. Num dos grupos, "A", o encaminhamento para determinado chalé foi feito por sorteio. No segundo grupo, "B", os encaminhamentos foram feitos com base nos sentimentos dos indivíduos, quando entravam, em relação ao monitor e aos outros moradores do chalé, e vice-versa. Foram, então, aplicados testes sociométricos em intervalos de oito semanas, de modo que foi possível comparar a estrutura do grupo de controle ("A") com a do grupo experimental ("B"). Entre outras coisas, detectou-se que os indivíduos que se submeteram aos testes tiveram uma evolução social e uma integração ao grupo mais rápidas do que os indivíduos que foram locados na base do sorteio. No fim de um período de 32 semanas, o grupo de controle mostrou quatro vezes mais indivíduos isolados do que o grupo experimental; e o grupo experimental "B" apresentou duas vezes mais reciprocidades do que o grupo de controle.[*]

---

[*] Este experimento é apresentado com detalhes no Capítulo 12, sob o título "Métodos autoritários e democráticos de grupamento". (Org.)

PARTE II:

Técnicas e Conceitos Avançados

> O primeiro passo a ser dado deve contar com a anuência e a cooperação dos indivíduos interessados. Deve ser feito por eles, como se fosse seu próprio projeto, seu próprio plano de vida. Não dá para imaginar outro caminho, se se quer atrair a espontaneidade, a inteligência crítica e o entusiasmo de pessoas crescidas e pensantes.
>
> (*Sociometry, Experimental Method, and the Science of Society*, 187)

CAPÍTULO 5

ESPONTANEIDADE E CATARSE*

1940

> Nota do organizador: Moreno acreditava que o que caracteriza a natureza humana é uma capacidade ilimitada para a ação criativa e espontânea. Como tal, sua perspectiva é otimista. Entretanto, a espontaneidade é bloqueada pelos desequilíbrios emocionais que decorrem do próprio viver no mundo, a menos que experimentemos uma catarse ativa, que libere as "emoções e os sentimentos puros e verdadeiros". Em muitos casos, há outra pessoa envolvida, quando então, para atingir o núcleo do problema, "ambas as pessoas são necessárias... e devem ser reunidas para uma situação que é crucial para elas". Temos aqui uma expressão pioneira da orientação sistêmica em psicoterapia.

... As conservas culturais serviram a dois propósitos: elas foram úteis em situações ameaçadoras e asseguraram a continuidade da herança cultural, no entanto, quanto mais se desenvolveram e quanto mais se deu atenção ao seu acabamento e aperfeiçoamento, mais raramente as pessoas foram sentindo

---

* De "Mental Catharsis and the Psychodrama", in *Group Psychotherapy, Psychodrama & Sociometry*, 28 (1975), 5-32. Existem outras versões em *Sociometry* 3 (1940) e em *Psychodrama*, vol. 1 (1946).

necessidade da inspiração momentânea; assim, o próprio componente espontâneo da conserva cultural foi sendo enfraquecido em seu cerne. Apesar de seu nascimento ser conseqüência da operação de processos espontâneos, seu desenvolvimento começou a ameaçar e extinguir a centelha que reside em sua origem. Essa situação produziu, talvez como forma de resgate, o fenômeno diametralmente oposto: a categoria do momento, que só poderia ocorrer em nossa época, quando as conservas culturais alcançaram um tal ponto de desenvolvimento e massificação que se tornaram um desafio e uma ameaça à sensibilidade dos padrões criativos do homem.

Da mesma forma que eu tive de analisar e reavaliar a conserva cultural, dada a aparente decadência da função criativa do homem, diante dos problemas de nosso tempo, fui, por outro lado, forçado a dirigir minha atenção, baseado em um novo ponto de vista, para os fatores espontaneidade e criatividade. O desafio era substituir um sistema de valores antiquado e desgastado, as conservas culturais, por um novo, mais adequado às demandas contemporâneas, o complexo espontaneidade-criatividade.

Meu primeiro passo foi reexaminar os fatores espontaneidade e criatividade e definir seus lugares em nosso universo. Embora fosse evidente que a matriz e o estágio inicial de qualquer conserva cultural (seja ela uma invenção tecnológica, um trabalho de arte ou uma forma de religião) era um processo criativo espontâneo, a própria confirmação desse fato estava imunizada contra qualquer espécie de progresso. Isso apenas colocou em pauta a relação entre momento, ação imediata, espontaneidade e criatividade, em contraposição à tradicional vinculação de espontaneidade com resposta automática. Mas esse primeiro passo terminou num beco sem saída.

O segundo passo foi mais gratificante. Eu parti da idéia de que a matriz criativa espontânea poderia ser considerada o foco central do mundo humano, na superfície mesmo da vida real, e não apenas como fonte subjacente; e mais, que a transformação da matriz em conserva cultural, por mais indispensável que possa parecer, é apenas uma das muitas possibilidades abertas ao desenvolvimento histórico da criatividade e uma rota diferente talvez fosse mais desejável, uma rota que pudesse levar a matriz criativa espontânea à periferia da realidade do homem, ao seu cotidiano.

Nessa altura, surgiram numerosas perguntas que não podiam ser respondidas por meios intelectuais. Por exemplo: será que é por causa da falibilidade da natureza humana que a matriz criativa espontânea tem de sempre desembocar numa conserva cultural? A esta e outras perguntas havia somente uma resposta possível: fazer experimentos sistemáticos que possibilitassem a uma teoria da espontaneidade evoluir para uma teoria da ação.

Foram realizados vários estudos teóricos preliminares e tomadas muitas precauções. Todos os pressupostos dogmáticos foram descartados, exceto aqueles imediatamente necessários para garantirem condições satisfatórias ao experimento. Alguns dos dogmas que foram postos de lado podem ser discutidos aqui, uma vez que mostram a atmosfera da qual tivemos de nos libertar. Um desses dogmas, por exemplo, é a consideração da espontaneidade como um espécie de energia psicológica, uma quantidade que se distribui num campo e que, se não se atualiza em dada direção, flui para alguma outra, a fim de manter o "equilíbrio". Tome-se, por exemplo, o conceito de libido na teoria psicanalítica. De acordo com essa teoria, Freud pensou que se o impulso sexual não encontra satisfação em seu alvo direto, ele tem de deslocar a energia não utilizada para qualquer outra parte: ou o impulso encontra caminho na sublimação ou vai se dirigir a um foco patológico. Em nenhum momento ele concebeu a possibilidade de esse afeto não utilizado desaparecer, porque estava enviesado pela noção física de conservação de energia.[1]

Se fôssemos seguir esse modelo da energia padrão, na compreensão da espontaneidade, teríamos de acreditar que uma pessoa tem certa quantidade de espontaneidade armazenada, à qual ela vai adicionando mais, ao longo da vida, porém, em quantidades cada vez menores, quanto mais for dominada por conservas culturais. À medida que vai agindo, vai sacando dessa reserva; se não tomar cuidado, a pessoa pode ou usar tudo, ou retirar em excesso! Considero mais plausível outra possibilidade: a pessoa recebe um treinamento para não depender de nenhum reservatório de espontaneidade; ela não tem outra alternativa senão produzir as quantidades de emoção, pensamento e ação exigidas em cada situação nova. Poderia acontecer de algumas vezes ela produzir mais, digamos, dessa espontaneidade, e em outras, menos, de acordo com as exigências da situação ou tarefa. Mas, se ela for bem-treinada, não vai produzir menos do que a quantidade exata de espontaneidade necessária (porque, do contrário, precisaria de uma reserva de onde tirar) nem vai, igualmente, produzir mais do que a situação exige (porque seria tentada a armazenar o excedente, completando dessa forma um círculo vicioso que acabaria numa conserva cultural).

Outro dogma cuja aceitação conseguimos evitar, por termos acreditado que configuraria apenas uma meia-verdade, foi que o clímax de intensidade de uma experiência se dá no momento do nascimento, e que ela vai sendo dessensibilizada à medida que a vida vai avançando e chega ao seu ponto mais baixo quando a vida acaba. Isso pode parecer plausível no caso de uma pessoa que seja comparativamente passiva, mas para aquela que age ao sabor do momento, que não tem nenhum reservatório do qual retirar energia, pelo menos não conscientemente, e que ao mesmo tempo defronta-se com uma situação nova, essa circunstância é, para ela, muito parecida com a do nascimento. Ela foi treinada a colocar-se em movimento, por meio do processo de aquecimento, para conseguir a quantidade de espontaneidade exigida pela emergência que esteja enfrentando. Todo esse processo é repetido muitas vezes, não importando a rapidez com que uma situação de emergência se segue a outra. A todo momento, seu treinamento permite-lhe responder a uma situação com a espontaneidade correta.

TREINAMENTO DA ESPONTANEIDADE

Essa preliminar teórica ensejou vários métodos experimentais, no campo da espontaneidade. Num deles, o sujeito lança-se numa situação em que funcionam como estímulo uma emoção, um papel ou um relacionamento com outro sujeito.... Isso não significa que se espera que os componentes da situação sejam absolutamente novos e sem precedentes para ele; significa apenas que o experimento pretende levar o sujeito, como uma totalidade, a conectar-se com seu ato, a aumentar o número de combinações e variações possíveis e, por último mas não menos importante, a alcançar uma flexibilidade tal que seja capaz de se prover com qualquer quantidade de espontaneidade que se faça necessária, em qualquer situação com que venha a defrontar-se. É claro, portanto, que o fator (espontaneidade) que habilita o sujeito a aquecer-se para tais situações não é um sentimento, uma emoção, um pensamento ou um ato, em si, que se acrescenta a uma cadeia de improvisações, à medida que ocorre o processo de aquecimento. A espontaneidade é uma prontidão do sujeito para responder, de acordo com o que for necessário. É uma condição (um condicionamento), é o sujeito estar preparado para agir com liberdade, o que não se alcança por um ato de vontade, mas desenvolve-se gradativamente, como resultado do treinamento da espontaneidade. Parece certo, dessa forma, que com o treinamento da espontaneidade o sujeito torna-se relativamente mais livre das conservas, passadas ou futuras, do que ele era antes, o que demonstra que a espontaneidade é um valor tanto biológico quanto social.[1]

Outro método experimental partiu do pressuposto de que o sujeito é freqüentemente controlado, quando age, por resíduos de papéis que ele desempenhou alguma vez, no passado, e que essas conservas interferem ou distorcem o fluxo espontâneo da ação; ou o sujeito, depois de se ter libertado de velhos clichês, durante o trabalho com a espontaneidade, revela uma tendência a conservar o melhor do pensamento e do discurso que improvisou, repetindo-se a si mesmo. Para poder superar esses obstáculos a uma espontaneidade ilimitada e evitar, tanto quanto possível, que sejam mantidos pela influência das con-

---

1. A definição de espontaneidade de Moreno mais citada pode ser encontrada em *Who shall survive?*, 42: " (a espontaneidade) conduz o indivíduo a uma resposta adequada para uma situação nova ou a uma resposta nova para uma situação antiga". (Org.)

servas, o sujeito tem de ser periodicamente desconservado. Esses e muitos outros passos foram dados, antes que pudéssemos ter certeza de que os nossos sujeitos tinham alcançado o ponto em que poderiam começar a agir de forma verdadeiramente espontânea.

É muito comum utilizar-se o termo "espontâneo" para descrever um sujeito cujo controle de suas ações está diminuído, entretanto, esse uso não está de acordo com a etimologia: a palavra deriva do Latim *sponte*, "de livre vontade". Ficou claro, desde que demonstramos a existência de uma relação entre estados espontâneos e funções criativas, que o aquecimento conduz a (e é esperado em) padrões de comportamento com um alto nível de organização. O emocionalismo e o comportamento desordenado que resultam de atos impulsivos estão longe de ser o objetivo do trabalho com a espontaneidade; muito ao contrário, eles se enquadram mais no âmbito da patologia da espontaneidade.

Pensa-se, equivocadamente, que a espontaneidade está mais estreitamente ligada à emoção e ao movimento do que ao pensamento e ao repouso. Essa distorção desenvolveu-se provavelmente por causa do pressuposto de que uma pessoa não pode sentir realmente alguma coisa sem, ao mesmo tempo, ser espontânea e, inversamente, que uma pessoa que pensa pode ter uma experiência genuína sem espontaneidade. Não é esse o caso, entretanto. Parece que existe uma noção falsa similar, de que a pessoa que está agindo necessita de uma espontaneidade contínua para que possa seguir em frente, e que para aquela em repouso o que se espera é a não-espontaneidade. Sabemos, hoje, que são falácias: a espontaneidade pode estar presente em uma pessoa quando ela está pensando, da mesma forma que quando ela está sentindo, quando está em descanso tanto quanto em ação.

É preciso esclarecer outra confusão, que é a diferença entre uma conserva cultural e a matriz criativa espontânea dessa conserva no momento de seu nascimento. Um exemplo pode ajudar a esclarecer: imaginemos a música da *Nona Sinfonia*, no momento em que estava sendo criada por Beethoven, e imaginemos a mesma música como uma obra de arte, um produto acabado, à parte do compositor. Numa visão superficial, poderia parecer que as unidades criativas que compõem a *Nona Sinfonia*, seus temas musicais, seu clímax, suas harmonias etc., deveriam estar também em sua matriz original, não existindo diferença, a não ser de *locus*, entre uma, no estado em que estava na mente de Beethoven, e a outra, em seu estado conservado. Aparentemente, seria uma mera transposição do mesmo material, o mesmo conjunto de unidades criativas, de um *locus* temporal (a mente de Beethoven) a outro (a partitura musical). Um exame mais cuidadoso mostra, entretanto, que isso não é verdade. Conforme Beethoven caminhava em seu jardim, buscando intensivamente se aquecer para suas idéias musicais, sua personalidade inteira estava tumultuada. Ele utilizou todos os iniciadores mentais e físicos possíveis, para conseguir encontrar o rumo certo. Essas visões, imagens, pensamentos e modelos de ação, tanto as inspirações musicais como as não-musicais, eram o fundo indispensável para que a música da *Nona Sinfonia* pudesse ganhar forma, mas todo esse fundo (que não pode, a rigor, ser separado do estado em que Beethoven encontrava-se quando estava de fato criando) não pode ser encontrado no produto final, seja a partitura, seja a execução por uma grande orquestra. Só o resultado está aí. O fato de esse fundo ter sido apagado da idéia que temos de Beethoven atualmente é resultado de uma armadilha intelectual que nos foi preparada por séculos de doutrinação da conserva cultural. Se encararmos a fase criativa espontânea inicial (da composição, por Beethoven, da *Nona Sinfonia*) como uma fase positiva e não como uma transição para um produto final, será possível identificar, em suas composições musicais, seus conceitos a respeito de Deus, do Universo, do destino da humanidade, os amores, os prazeres e as dores de sua vida privada e, especialmente, nos gestos e movimentos de seu corpo, um padrão uniforme, do qual se pode destacar uma camada superficial, a conserva cultural, para satisfazer a certas demandas pragmáticas.

No momento da composição, a mente de Beethoven experimentava esses conceitos, visões e imagens em conjunção com a sinfonia em desenvolvimento. Eles eram parte integrante de um ato criativo, de um conjunto de atos criativos. Ele fez um cruzamento deles, de modo tal que só foi incluído o material que poderia ser encaixado na conserva prospectiva; o sentido do cruzamento foi determinado por seu enquadramento. Nesse caso particular, o enquadramento foi uma notação musical; em outro, poderia ter sido uma notação lingüística; em outro ainda, poderia ter sido uma invenção mecânica.

É exatamente neste ponto que nossa teoria da criatividade espontânea pode tomar posição contra o que Beethoven fez e provavelmente estava tentando fazer. Se conseguíssemos imaginá-lo mantendo-se sempre naquele estado criativo inicial, ou pelo menos enquanto o estado durasse, recusando-se a dar à luz uma conserva musical, mas tão determinado como nunca em seus esforços no sentido de criar novos mundos musicais, então poderíamos alcançar o significado psicológico da criatividade espontânea pura no palco psicodramático, em que os experimentos confirmaram, por meio de centenas de testes, a validade dessa análise conjectural, dos processos iniciais interiores vividos por gênios criativos. Confirmou-se que os estados espontâneos são de curta duração, extremamente tumultuados e, muitas vezes, lotados de inspiração.

Os testes de espontaneidade abriram duas vias de experimentação. Numa delas, o meio pelo qual pudemos estudar a estrutura dos estados de espontaneidade e dos atos criativos foi submetê-los a testes; na outra, os testes de espontaneidade nos permitiram avaliar a prontidão de um sujeito dado para responder a uma nova situação. Quando se descobria que para determinado sujeito faltava prontidão, que seu organismo não dava conta das demandas, aplicava-se o treinamento de espontaneidade. A dificuldade que o sujeito encontra reside no fato de que o motivo pode surgir apenas uma fração de segundo antes do gesto que lhe corresponde; com isso se desintegram as partes componentes do ato. Portanto, o organismo do sujeito deve tornar-se uma espécie de reservatório de espontaneidade livre, para que possa estar em constante prontidão sua capacidade de realizar o maior número possível de movimentos e atos rápidos, variados e aproveitáveis.

Do ponto de vista da pesquisa sistemática, talvez a fase mais significativa tenha sido a mensuração da espontaneidade e o desenvolvimento de escalas para ela.

A pesquisa mais antiga sobre escalas de espontaneidade tinha como objetivo calcular o quociente de espontaneidade de uma conserva cultural; por exemplo: um filme cinematográfico tem, no momento de apresentação, um quociente de espontaneidade igual a zero; uma apresentação de marionetes tem certo grau de espontaneidade, pequeno, porque esse fator revela-se pela personalidade das pessoas que ativam os fios; um espetáculo teatral tem um quociente mais alto que um *show* de marionetes, porque os atores estão lá, ao vivo.

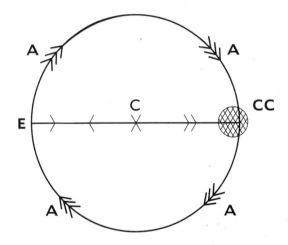

FIGURA 5-1   Esquema da criatividade. Campo de operações entre espontaneidade, criatividade e conserva cultural. CC= conserva cultural; A = aquecimento, a expressão operacional da espontaneidade; E = espontaneidade; C = criatividade.

Operação 1: A espontaneidade gera a criatividade.
Operação 2: A criatividade recebe a espontaneidade.
Operação 3: Da interação das duas, resulta a conserva cultural.
Operação 4: O catalisador espontaneidade revitaliza a conserva cultural.
A espontaneidade não opera no vácuo; ela se movimenta na direção da conserva.

Outra escala de espontaneidade tentou o caminho inverso: determinar o quociente de conserva relativa em vários modelos quase-espontâneos, como a Commedia dell'Arte. Essa modalidade teatral tinha fortes componentes de conserva subjacentes ao seu caráter de improvisação. Os tipos como Arlequim, Colombina e Pantaleão, e os diálogos repetiam-se, em grande parte, em todas as apresentações.

Outras escalas de espontaneidade baseiam-se no grau de prontidão mostrado por vários sujeitos em diferentes situações de *impromptu*, ou no desvio em relação a uma resposta normal, estatisticamente estabelecida, em circunstâncias de vida padronizadas.

A primeira conseqüência significativa dos trabalhos com a espontaneidade é uma revitalização da conserva cultural... Uma reza, por exemplo, consiste de quatro componentes: a fala, o conteúdo do pensamento, o sentimento e um modelo de ação. Sua essência é a verdadeira repetição; pode-se considerar sacrilégio modificar a fala, o pensamento e os gestos prescritos nela, mas no que diz respeito ao sentimento, o sujeito pode transcender a conserva, anulando na prática seu caráter repetitivo, pela introdução de um fator espontâneo. O sentimento é a cunha por meio da qual o treinamento da espontaneidade pode entrar numa experiência religiosa. Pela introjeção de um fator espontâneo, a variação e a intensidade do sentimento com que o sujeito acompanha uma oração podem levar um estereótipo (literalmente a mesma oração para milhões de pessoas) a uma profundidade tal capaz de diferenciá-lo de todas as outras pessoas que estão rezando naquele momento.

Outro exemplo é o teatro. O diálogo e os pensamentos do dramaturgo são sagrados e invioláveis, mas o ator treinado em espontaneidade consegue criar uma nova peça a cada apresentação. Os sentimentos e, muitas vezes, os gestos, constituem os veículos do revigoramento.

Para mais um exemplo, retomemos a apresentação de composições musicais. Podem-se utilizar inúmeras técnicas para estimular a fantasia dos músicos de uma orquestra, enquanto eles tocam uma das sinfonias de Beethoven, para que consigam atingir uma espontaneidade semelhante à do compositor, no momento em que ele estava criando a sinfonia. Como preparação para a apresentação, os músicos podem ser treinados a viver experiências auxiliares semelhantes às vividas por Beethoven no momento em que estava criando.[II]

Quanto mais uma conserva cultural se constitui, no momento da apresentação, numa recapitulação completa do mesmo processo, e quanto mais uma pessoa é condicionada a responder com o mesmo sentimento (em essência, o mesmo sentimento hoje que, digamos, dez anos atrás), mais coloca-se a questão do valor da conserva para o sujeito. Não se pode negar que a recordação de uma conserva pode vir acompanhada de uma grande satisfação e mesmo de prazer; a recapitulação periódica parece sussurrar ao ouvido do sujeito que tudo é a mesma coisa, tudo está bem, o mundo não mudou. A conserva cultural presta ao indivíduo um serviço idêntico ao que ela presta, como categoria histórica, para a cultura em geral, uma continuidade da herança, ou seja, garantir-lhe a preservação e a continuidade de seu ego. Essa provisão é interessante enquanto o indivíduo vive num mundo comparativamente igual; mas o que é que ele tem de fazer quando o mundo que o cerca está em processo de mudança revolucionária e quando mudar torna-se cada vez mais uma característica permanente do mundo do qual ele participa?

CATARSE MENTAL

Em qualquer momento da vida de uma pessoa pode acontecer uma mudança. Alguém pode sair de seu átomo social ou alguém pode entrar nele, ou pode ser compelido, por ter imigrado para um novo país, a abandonar todos os membros de seu átomo social e desenvolver novos relacionamentos. Podem ocorrer mudanças também em sua situação de vida, em função de determinados acontecimentos em seu átomo cultural. Ele pode, por exemplo, aspirar a um novo papel, como o de aviador, que o coloca, entre outras coisas, diante do problema de ter de dominar uma nova máquina. Ou pode ser tomado de surpresa por um novo papel de seu filho ou de sua esposa, que não parecia existir antes. Multiplicam-se os exemplos de mudanças capazes de pressioná-lo. Muitas coisas podem ameaçá-lo, com base nas redes psicológicas, econômicas e sociais que o cercam. É possível afirmar que, com a magnitude da mudança, aumenta proporcionalmente a magnitude da espontaneidade que uma pessoa deve alcançar para enfrentá-la. Se a oferta (a quantidade de espontaneidade) dá conta da demanda (a quantidade de mudança), fica mantido o equilíbrio relativo dela dentro de seus átomos cultural e social. À medida, entretanto, que não consiga atingir a espontaneidade necessária para encarar a mudança, ocorrerá um desequilíbrio, cuja maior expressão vai aparecer em suas relações interpessoais e interpapéis. Esse desequilíbrio tem um aumento diretamente proporcional à diminuição da espontaneidade e alcança um pico relativo quando a espontaneidade chega a seu ponto máximo. Constitui uma peculiaridade desses desequilíbrios seus efeitos recíprocos: eles desequilibram simultaneamente outras pessoas. Quanto maior o espectro de desequilíbrio, maior torna-se a necessidade de uma catarse.

Numerosos métodos foram desenvolvidos ao longo do tempo com o objetivo de produzir algum grau de purificação. É interessante rever, do ponto de vista de nossa teoria da espontaneidade, alguns desses instrumentos de produção de catarse.

Vejamos, em primeiro lugar, a situação que permitiu a Aristóteles introduzir o conceito de catarse: espectadores assistindo a uma tragédia grega. O que é que faz do teatro um produtor de catarse no espectador? Aristóteles explicava isso com uma análise brilhante das emoções dos espectadores, e ele estava certo até o ponto em que chegou. Mas, do ponto de vista da teoria da espontaneidade, ele omitiu o mais importante: o espectador está testemunhando e experimentando essa tragédia humana *pela primeira vez*; essas emoções, esses papéis, esses conflitos e esse resultado constituem para ele, nessas circunstâncias, uma novidade.

Para os atores que estão no palco, entretanto, a novidade diminui cada vez mais a cada repetição. Sua necessidade e suas possibilidades de catarse mental foram acontecendo ao mesmo tempo, no decorrer de suas leituras e ensaios inspirativos.

Quanto mais a peça torna-se para eles uma conserva, menos catarse eles podem dela obter.

Com o espectador, entretanto, acontece de forma diferente. O efeito da apresentação do espetáculo que ele presencia é semelhante ao efeito que a primeira leitura tem sobre o ator. Os eventos do drama podem mobilizar suas emoções e inquietá-lo em particular, e estão agora magnificadas diante dele, no palco. É o fator espontâneo da primeira vez que, por um lado, leva seu desequilíbrio a um alto grau de articulação (que ele por si mesmo não conseguiria atingir) e, por outro lado, faz dele um alvo aberto para a purgação de suas emoções impuras ou, em outras palavras, para sua catarse mental.

Da mesma forma que um espectador poderia ler um livro duas ou três vezes, poderia ver uma peça ou um filme mais de uma vez. Cada vez que vê, ele pode experienciar partes do espetáculo que antes tinham sido passadas por alto e que vão influenciá-lo como se fosse outra "primeira vez", por assim dizer, funcionando como uma espécie de agente perturbador e provocador de catarse. Mas, assim que ele se familiariza com o espetáculo inteiro, passa a reagir como a uma conserva. Acima de tudo, tornam-se praticamente nulas, nesse momento, suas necessidades e possibilidades de catarse.

Os espectadores, como pessoas privadas, não têm nenhuma experiência e nenhum conhecimento das provações e das dores pelas quais tiveram de passar o dramaturgo, o diretor e os atores, para tornar possível uma apresentação no palco ou num filme, ou das ansiedades e constrangimentos que os atores enfrentam no momento em que os espectadores os estão observando.

Em termos comparativos, os espectadores estão numa situação mental isenta de dor e de medo, num contexto estético, totalmente inativos, dispostos a permitir que seus sentimentos acompanhem os estímulos que recebem do palco, e a permitir que suas idéias fluam de tal forma que consigam encaixar-se no "espírito" da peça. Trata-se, em outras palavras, do processo de aquecimento do sujeito inativo. Quanto mais o espectador aceitar as emoções, o papel e os acontecimentos do palco como correspondentes ao seus próprios sentimentos, papéis e acontecimentos pessoais, mais sua atenção e suas fantasias serão arrebatadas pela *performance*.

O paradoxo é, entretanto, que ele se identifica com alguma coisa com a qual, de fato, não é idêntico. O espectador pode simpatizar-se com atos que ocorrem no palco como se eles fossem seus próprios atos, mas eles não são seus; ele pode experimentar com os atores a dor e a tortura, toda a miséria e alegria que eles representam e, ainda assim, liberar-se deles. A medida da catarse que é capaz de conseguir nessa ocasião depende do quanto o espectador consegue entrar na vida do palco e ajustar seus sentimentos ao que é ali retratado.

A peça escrita de hoje é o produto mental organizado de uma pessoa específica, o dramaturgo. Para ele, os estados criativos e os papéis que introduziu em seu texto podem corresponder, em alguma medida, a algumas de suas idéias e de seus papéis não realizados. Por esse ângulo, poderíamos afirmar que o processo de escrita pode ter sido acompanhado de uma catarse, no mínimo durante o momento de escrever.

Mas, para os atores, para quem as idéias desse homem são estrangeiras, a situação é inteiramente diferente. Se acontecer de um ator ter certa afinidade com a parte que lhe é atribuída, se o dramaturgo conseguiu expressar suas emoções melhor do que ele o faria, podemos esperar que ocorra alguma catarse na pessoa privada do ator. Todavia, não se deve esquecer o efeito que tem sobre o ator o grande número de vezes que ele tem de repetir sua apresentação do papel ao longo dos ensaios e, mais tarde, representar, noite após noite, no palco, diante de uma platéia.

Há atores que têm suas melhores atuações na primeira leitura de um papel, e daí para a frente suas *performances* tornam-se cada vez mais conservadas. Num primeiro momento, parece que eles são mais espontâneos na primeira leitura e, havendo uma tele-relação entre suas emoções e papéis na vida e aqueles que são veiculados pela parte que lhe coube, eles são espontâneos proporcionalmente à novidade da experiência com o conhecido. Quanto mais têm de ensaiar e representar sua parte, mais perdem em sinceridade, espontaneidade e interesse pessoal. A medida do interesse pessoal que um ator tem numa parte corresponde à espontaneidade que ele é capaz de demonstrar nela. A quantidade de espontaneidade é, por sua vez, uma medida da quantidade de catarse que a personalidade privada do ator obtém do processo de representação dessa parte. Aristóteles e a maioria dos teóricos posteriores do teatro, como Diderot, Lessing e Goethe, foram aparentemente influenciados, em suas reflexões sobre a catarse, por uma referência comum, a conserva teatral.[III] Sua visão seria muito diferente se eles tivessem abordado o problema do ponto de vista discutido neste trabalho, o ponto de vista do teatro espontâneo.

CATARSE NO PSICODRAMA

Historicamente, houve duas vias que conduziram à visão psicodramática da catarse. Uma delas vai do teatro grego ao teatro convencional de hoje, e com isso a aceitação universal do conceito aristotélico de catarse. A outra começa nas religiões orientais e do Oriente Próximo. Essas religiões afirmam que um santo, para transformar-se num salvador, tem de esforçar-se; ele tem, primeiro, de salvar a si mesmo. Em outras palavras, no caso grego, o processo de catarse mental foi concebido como algo localizado no espectador, uma catarse passiva. No caso religioso, o processo de catarse foi localizado no próprio indivíduo, uma catarse ativa. No conceito grego, o processo de realização de um papel acontecia num objeto, numa pessoa simbólica, no palco. No conceito religioso, o processo de realização tem lugar no sujeito, a pessoa viva que procura a catarse. Pode-se dizer que existe aqui um confronto entre a catarse passiva e a catarse ativa; entre a catarse estética e a catarse ética.

Esses dois desenvolvimentos, que até então trilharam caminhos independentes, foram levados a uma síntese pelo conceito psicodramático de catarse. Dos gregos antigos ficamos com o teatro e o palco; do Oriente Próximo, adotamos a perspectiva na qual o ator tornou-se o *locus* da catarse. O antigo *locus* (o espectador) tornou-se secundário. Além disso, agora temos como atores em nosso palco pessoas particulares com tragédias particulares, em vez de os velhos "tragediantes" gregos, com suas máscaras, sua maquilagem e sua separação em relação ao tema da peça.

Essas tragédias particulares podem ser causadas por várias experiências desestabilizantes, das quais uma das fontes pode ser o corpo. Elas podem ter como causa a relação do corpo com a mente, ou vice-versa, e, como resultado, uma inadequação da *performance* no momento. Elas podem ser causadas, também, pelos pensamentos e pelas ações do indivíduo em relação a outros, e pelos pensamentos e pelas ações desses em relação a ele. Outra possibilidade é que elas se devam a um projeto de vida complicado demais para o montante de espontaneidade que o indivíduo é capaz de prover.

Praticamente falando, não há esfera imaginável do universo, seja social, mental, físico ou cultural, da qual não possa emergir, uma vez ou outra, alguma causa de desequilíbrio na vida de uma pessoa. É quase um milagre que alguém consiga alcançar e manter qualquer grau de equilíbrio. O homem vive o tempo todo em busca de recursos que o habilitem a atingir ou ampliar seu equilíbrio.

Um dos meios mais eficazes de produzir esse resultado é a catarse mental. Ela pode acontecer e proporcionar alívio para a tristeza ou o medo, sem necessidade de qualquer mudança na situação externa. Economizam-se grandes quantidades de energia que, de outro modo, seriam utilizadas no esforço para mudar a realidade. Todo desequilíbrio, entretanto, tem sua matriz e seu *locus* e, para alcançar-se o efeito pretendido, o agente produtor de catarse tem de ser aplicado no *locus* da dor.

Não se pode produzir catarse mental por atacado e, num plano simbólico, para atender a todas as situações e relacionamentos em que exista alguma causa de desequilíbrio para uma pessoa.[2] Ela tem de ser aplicada concreta e especificamente.

---

2. Se o termo catarse "mental" parece estranho a um processo que descreve liberação física e emocional, a terminologia de Moreno pode talvez ser mais bem compreendida se se tiver em mente sua época histórica, em que "higiene mental" era um conceito novo. Como psiquiatra, diretor de um sanatório para doentes "mentais", ele sem dúvida utilizou termos que poderiam tornar seu trabalho aceitável. (Org.)

O problema é, portanto, encontrar uma forma, a mais realista possível, porém exterior à realidade, de cuidar dos fenômenos desequilibrantes; uma forma que inclua uma realização assim como uma catarse do corpo; uma forma que torne a catarse tão possível ao nível de ações e gestos quanto ao nível de discurso; uma forma que prepare o caminho para a catarse não apenas dentro do indivíduo, mas também entre dois, três ou tantos indivíduos quantos estejam envolvidos em dada situação de vida; uma forma que abra para a catarse o mundo de fantasias, papéis e relacionamentos irreais. Para todos esses e muitos outros problemas, encontrou-se uma resposta numa das mais antigas invenções da mente criativa do homem: o teatro.

Uma das características problemáticas dos relacionamentos humanos, como nós os vivemos, é sua qualidade de frouxidão. Um relacionamento amoroso, por exemplo, leva tempo para desenvolver-se. Todas as experiências que valem a pena, na vida, demandam muito tempo para chegar-se à fruição. Do ponto de vista do senso comum, a vida é cheia de tensões, desilusões e insatisfações.

Todas as situações de vida, conforme elas existem em nossa cultura hoje, têm um aspecto patológico, independentemente das condições mentais, normais ou anormais, das pessoas nelas envolvidas. Bem poucos relacionamentos são permanentes e contínuos e mesmo estes poucos terminam prematuramente, com a morte de um dos parceiros. A maioria dos relacionamentos é fragmentária e termina de uma maneira insatisfatória. Num caso, a situação de vida é deturpada, porque os parceiros ficam juntos tempo demais; em outro, porque eles ficam muito pouco tempo juntos; em outro, ainda, porque eles têm de viver num espaço muito pequeno; enquanto em outro, porque eles têm espaço livre demais, onde quer que estejam.

Esses fenômenos não são conseqüência da estrutura econômica de nossa sociedade mas, como constatamos nas pesquisas sobre fenômenos (como o efeito sociodinâmico), eles são inerentes às correntes psicológicas que subjazem a todos os relacionamentos inter-humanos.

Por conseguinte, salvo casos raros, poucas iniciativas nossas conseguem deslanchar... A maioria de nossos papéis permanece no estágio do "sonho", nunca são tentados nem implementados, e quaisquer (raras) tentativas de concretizá-los permanecem, como a maioria de nossos relacionamentos, fios soltos inconclusos, fragmentários. São tantos os desequilíbrios, grandes e pequenos, que decorrem de casos como esses, que até mesmo alguém com recursos morais sobre-humanos pode ficar confuso e perdido.

Esses fenômenos estão associados, no pensar dos sociometristas e psicodramistas, aos conceitos de átomos cultural e social. São estes conceitos que ilustram sistematicamente, e de forma mais dramática, o quanto a organização e a direção das vidas humanas são incertas e mutáveis.

Estudando os átomos culturais, encontramos, com muita freqüência, duas categorias de pessoas em particular.

Numa delas, as exigências dos papéis e das tele-relações do grupo em que vivem sobrepujam tanto seus recursos ou seus interesses, que elas prefeririam transferir-se, se possível, para uma sociedade cujo projeto total fosse mais simples e em que fosse reduzido o número de papéis em que teriam de funcionar. Essa tendência não pode ser equiparada ao comportamento infantil; a razão para esse desejo, de viver menos papéis e menos relações, pode ser a vontade de viver mais plenamente poucos papéis, em vez de menos plenamente um número maior deles.

A outra categoria deseja desenvolver e concretizar muito mais papéis do que o padrão da sociedade em que elas vivem pode lhes proporcionar. Elas prefeririam uma expansão e não uma redução, um enriquecimento do projeto e não uma simplificação.

Entre esses dois extremos, existem grupos de pessoas que prefeririam uma redução em alguns aspectos da vida e uma expansão em outros.

MUNDO SIMPLIFICADO DO PALCO PSICODRAMÁTICO

Vejamos como funciona o princípio da redução. O átomo cultural de um monge, quando ele ingressa no mosteiro, revela uma mudança drástica, quase revolucionária, em comparação com seu átomo cultural da época em que vivia em sociedade. Enquanto estava no mundo exterior, ele atuava, por exemplo, nos papéis de esposo em relação à sua esposa, de pai em relação aos seus filhos, de apoio para seus pais e de patrão para os empregados de sua fazenda. Se desejou outras mulheres que não sua esposa, então ele pode ter atuado no papel de Dom Juan; pode ter sido um aventureiro, um jogador, um beberrão. Em outras palavras, ele atuava em determinados papéis que eram adequados ao modelo de sociedade em que vivia. Ao entrar no mosteiro, ele mudou para uma sociedade que reduziu ao mínimo o número de papéis; os papéis de marido, pai, empregador etc. foram eliminados de um só golpe. Quanto maior o número de papéis em que um indivíduo opera, em qualquer sociedade, maior é o número de conflitos em que ele pode envolver-se. A comunidade monástica, pelo contrário, oferece ao recém-chegado uma cultura desenhada da forma mais simples possível. Por reduzir o número de papéis, o desequilíbrio decorrente do sofrimento é também reduzido: é uma catarse por redução.

Se considerarmos o mosteiro um dispositivo puramente psicoterápico, desvinculado de seus adereços religiosos, podemos dizer que ele retira seus "pacientes" da sociedade em que vivem (e para a qual nunca deverão voltar) e os colocam numa sociedade modelada conforme princípios diferentes, porém mais de acordo com as necessidades dos "pacientes".

Já o psicodrama, com outros objetivos e baseado numa filosofia diferente, vale-se de uma versão moderna de um ponto de vista semelhante. Ele tira o paciente do mundo em que vive e o coloca no centro de um mundo novo, separado do restante de suas experiências. Este novo mundo é um palco teatral, equipado com todos os recursos para representar um novo padrão de sociedade, uma sociedade em miniatura, em que viver é diferente e muito mais fácil. Às vezes, ela é mais simples, outras, muito mais rica, do que a sociedade de que o paciente veio, mas, para ele, é tão ou mais real que o mundo lá fora. No palco, ele continua a viver sua própria vida, mas ela é mais compacta, porque reduzida ao essencial. Marido e mulher, depois de 25 anos de casamento, vão para o palco psicodramático e em poucas horas partilham experiências de uma profundidade tal que eles nunca antes haviam conhecido.

No palco psicodramático, as coisas acontecem muito mais rapidamente do que na vida real; o tempo é intensificado. Faz parte do projeto do psicodrama que as coisas comecem e terminem dentro do tempo e espaço a elas destinado. Ao sujeito (ou paciente) permite-se, no trabalho psicodramático, omitir muitas cenas e detalhes de sua vida, pelo menos para começar. Isso dá a ele, desde logo, certa liberdade em relação às dificuldades e complexidades de sua vida cotidiana, em casa. Às vezes, também é permitido enfatizar determinados momentos e situações-chave de sua vida e deixar de lado o que lhe parece insignificante e monótono. Isso também lhe proporciona alívio.

O sujeito é colocado no palco psicodramático e lhe é oferecida a oportunidade de viver sua vida exatamente como gostaria. Toda uma existência é condensada em uma hora ou duas e a qualidade fragmentária da vida fora do teatro é reduzida a proporções tais que se torna possível expressar as experiências essenciais de nossa vida. Assim, o palco psicodramático é capaz de proporcionar à vida de uma pessoa uma unidade e completude que um grande dramaturgo só apresenta para seu público num nível simbólico.

Alguns pacientes psiquiátricos mostram uma tendência acentuada à simplificação de seus projetos de vida e a uma redução do número de papéis que eles são chamados a jogar. Tomemos como exemplo o caso de uma mulher que sofria de uma forma progressiva de psicose maníaco-depressiva. Seu padrão era de um papel único.[IV] Embora concordasse em fazer, no palco psicodramático, o papel de princesa, quando se concretizava a dramatização ela não assumia o papel; em vez disso, começava a falar, em cena, com seu "pretendente", a respeito de sua queixa delirante, que envolvia desejo de morrer e uma compulsão para trabalhar e guardar dinheiro para enviar ao marido que estava na América do Sul. Colocada no papel de vendedora, dona de casa, enfermeira ou professora, embora aparentemente fosse sua intenção desempenhar esses papéis de acordo com a proposta, ela não tentava nenhum faz-de-conta, mas atuava sempre seu papel alucinatório.

Em função disso, tentamos reduzir as dimensões do mundo em volta dela e no palco também, para estar mais de acordo com sua espontaneidade. Quando conseguimos, pelo menos parcialmente, percebemos que uma catarse aberta tinha acontecido, seguida por um aumento na coerência das ações da paciente no palco, embora seu comportamento fora do teatro continuasse mostrando um alto grau de incoerência e confusão. Quando ela começou a melhorar, era ainda característica de sua atuação no palco psicodramático uma mistura de alguns elementos particulares com os papéis, mas, em intervalos lúcidos que chegavam perto do normal, ela conseguiu finalmente levar a cabo um papel simbólico, sem referência muito óbvia aos seus problemas pessoais.

Fui procurado por muitos pacientes que, no curso de uma forma paranóide de *dementia praecox*, tinham chegado à beira da extinção, um após outro, dos papéis que a vida normal exigia deles, mas não, aparentemente, por causa de qualquer tendência à redução. Pelo contrário, eles pareciam desejar freneticamente abrir espaço para outros numerosos papéis a que aspiravam, impossíveis de serem expressos dentro dos limites de sua vida normal.

Um exemplo desse fenômeno de expansão é o caso de um paciente cuja conduta mostrava a presença, pelo menos embrionária, de muitos papéis. Por ocasião do café da manhã, ele dizia que era um aviador; na hora do almoço, que era um membro da família real britânica; à tarde, ele se portava como um vaqueiro; e na mesa do jantar ele era um cidadão chinês. Num grupo normal, esses papéis permaneceriam no nível verbal, à medida que não recebiam nenhuma confirmação da realidade circundante[V]. Ele confundia as pessoas à sua volta e ficava ainda mais confuso pela falta de complementação delas. Com o tratamento psicodramático, foi dado um basta na imprecisão e na subjetividade crescentes de sua conduta paranóica; o trabalho no palco mostrou que o modelo de ação de seus papéis alucinatórios tinha uma coerência maior do que parecia na vida real e que havia neles, muitas vezes, mais organização do que meros símbolos verbais. Quando o paciente recebeu o apoio de parceiros adequados, constatou-se que esses papéis, que não podiam ser vividos no mundo externo, podiam adquirir para ele, no palco psicodramático, uma semelhança com a realidade. Como esses papéis tinham vida curta, ele conseguiu viver vários deles dentro de uma sessão de duas horas, no teatro, e satisfazer com a sua concretização. O palco psicodramático foi, na verdade, o único veículo possível para esses papéis e relações completamente alucinatórios. As alucinações acústicas e ópticas do paciente não apenas encontraram uma expressão, com base na ajuda dos parceiros, mas encontraram também, na platéia do teatro, um mundo que podia dar a elas uma realidade social, um mundo cuja flexibilidade tinha condições de dar espaço para a tendência do paciente de expandir sua constelação de papéis.

CATARSE E AÇÃO

Tornou-se um fato aceito, em terapia psicodramática, que a ação tem um valor claramente estabelecido no processo de catarse. O clímax do tratamento de um paciente ocorre, em geral, durante um trabalho psicodramático no palco e não durante a entrevista que o precede ou durante a análise que se segue a cada encenação. Entrevista, psicodrama e análise posterior formam um padrão contínuo, muitas vezes tão interligados que é difícil dizer onde termina um e onde começa outro. Todavia, por mais que uma análise possa servir como alívio para o paciente, é preciso que ele volte ao palco, para um teste final, com uma situação de vida real, podendo ficar claro rapidamente, ali, que o equilíbrio que ele pensava já ter obtido com a análise não é suficiente. O que parece faltar é uma "liga" entre o que a análise pode oferecer em termos de equilíbrio e a ação no momento de viver. Essa "liga" é a espontaneidade, que o paciente tem de mobilizar em fração de segundo, quando solicitado por uma situação de vida. Devem ser feitos vários retestes, para garantir que a catarse necessária o atingiu internamente. É a espontaneidade em suas várias expressões que, ao final, coroa os esforços do psicodrama e dá ao paciente a certeza final de um equilíbrio estável.

Em tese, o sujeito deveria conseguir mobilizar rapidamente a espontaneidade requerida, em qualquer situação dada, contudo, deparamos freqüentemente com pacientes que opõem uma enorme resistência, quando instados a representarem seus problemas. Pode também acontecer que suas mentes desejem e eles até consigam dar início verbalmente, mas com os corpos defasados: o corpo é levado a uma ação incompleta, resultando em gestos e movimentos espasmódicos, e a um desequilíbrio também da função discursiva; ou então a pressa indevida e a impulsividade podem levar o corpo a uma superatuação. Em situações como essas, a espontaneidade ligada a imagens mentais e verbais não tem a força necessária para levar junto o corpo. A análise não ajuda; o que se requer é ação.

A estratégia é aquecer o sujeito com o uso de iniciadores físicos e mentais e, se necessário, chamar alguém para ajudar. Se esse método for aplicado repetidas vezes, o sujeito aprende, mediante a auto-ativação, a preparar seu organismo para a ação espontânea, é um treinamento para mobilizar a espontaneidade. No processo de superação do desequilíbrio entre o somático e os processos mentais, segmentos cada vez maiores do organismo são colocados em jogo, obstáculos e tensões patológicas são removidos, dando lugar a uma catarse.

Encontram-se, com freqüência, experiências desequilibradoras envolvendo duas ou mais pessoas, em papéis e situações que elas são obrigadas a viver. Quando colocadas no palco psicodramático, parecem carecer de espontaneidade suficiente na relação entre elas para poderem realizar em conjunto uma tarefa comum. Os métodos psicodramáticos podem conduzi-las até o ponto em que possam alcançar uma à outra, num nível de profundidade que não existe em seu relacionamento, podendo trocar idéias e expressar emoções que lhes permitam esclarecer e remover as causas de seus conflitos.

Duas pessoas podem manter um relacionamento harmoniosamente por muito tempo, mas, de repente, elas começam a se ver como inimigas. Nem sabem por quê. É impossível identificar onde se localiza, de fato, o desequilíbrio, quando se entrevista ou se trata apenas uma delas; são necessárias ambas as pessoas reunidas numa situação que seja relevante para e na qual possam agir espontaneamente. No palco psicodramático, numa situação desse tipo, elas se flagrarão descartando evasivas, reticências e equívocos, revelando suas emoções e seus sentimentos nus e verdadeiros.

Ambas continuam sendo essencialmente as mesmas pessoas que, um momento antes, subiram ao palco, mas foram evidenciados alguns aspectos de sua natureza, que uma tinha esquecido da outra, se é que algum dia tinham-se revelado anteriormente.

É aqui, nesse nível, que se revela o ponto crucial do conflito. Os aspectos básicos da desavença podem ser gradativamente visualizados e, ao final, co-experienciados. Nenhuma solução permanente e saudável para sua dificuldade poderia ser alcançada enquanto esse nível de profundidade permanecesse desconhecido, enquanto o núcleo essencial do conflito permanecesse inexplorado. E, para que venha à tona, é necessário que uma personalidade estimule a outra, em interação espontânea.

CATARSE DO ESPECTADOR E DO GRUPO

Já vimos que as pessoas que assistem a uma *performance* psicodramática ficam, com freqüência, muito mexidas; algumas vezes, entretanto, deixam o teatro bastante aliviadas, quase como se tivessem visto seus próprios problemas sendo trabalhados no palco.

Experiências como essas nos fazem retornar à visão aristotélica de catarse, como algo que acontece no espectador, porém baseado em um ângulo diferente e sob uma perspectiva também diferente. A platéia era limitada, inicialmente, no teatro terapêutico, às pessoas necessárias para a realização do tratamento. Esta é considerada ainda a abordagem clássica.[3] Num primeiro momento, nossa preocupação era saber o que o grupo significava para os atores-pacientes que estavam no palco e logo descobrimos que eles representavam o mundo, a opinião pública. Também foram objetos de pesquisa a quantidade e a

---

3. Atualmente, o termo "psicodrama clássico" refere-se mais à natureza da catarse do protagonista do que à composição do grupo. (Org.)

qualidade da influência que o grupo exercia sobre a conduta do paciente no palco, mas com o tempo fizemos outra descoberta: o efeito do trabalho psicodramático sobre o espectador...

Por seu próprio potencial, a situação psicodramática leva as pessoas a representarem seus problemas num nível tal que podem ser expressos até mesmo os mais íntimos relacionamentos interindividuais e interpapéis. Esse potencial é um fator dinâmico que leva os sujeitos (e também os espectadores) a serem tomados de surpresa pela forma como, uma vez que tenham começado, acabam atuando e falando coisas.

Há uma diferença significativa entre a catarse experimentada pelo espectador no teatro convencional e a experimentada pelo espectador de uma apresentação psicodramática. A questão reiteradamente colocada é: em que consiste essa diferença e que fator a produz?

No palco psicodramático, as pessoas realmente não atuam na forma convencional. Elas apresentam a si mesmas, seus problemas e conflitos e, isso precisa ser enfatizado, não apresentam nenhuma tentativa de fazer cena baseados em seus problemas. Elas estão totalmente comprometidas, acossadas por um conflito, e tentam escalar um paredão, na tentativa de escapar.

O espectador no teatro convencional e o espectador de uma *performance* psicodramática podem ser comparados a uma pessoa que vê o filme de um vulcão em erupção e outra que observa a erupção no sopé da montanha. O que aparece, por meio do veículo do teatro terapêutico, é o drama da vida, em sua forma primitiva; de outro modo isso nunca acontece. A pessoa protege esses relacionamentos e situações íntimas contra qualquer tipo de ingerência, e para tanto utiliza todos os métodos de camuflagem possíveis.

O caráter radical, privado, anônimo mesmo, do psicodrama, faz de cada espectador na platéia um cúmplice silencioso de quem está no palco, não importando o que possa estar sendo ali revelado. O sentido de sua função como espectador vai-se dissipando gradativamente, tornando-o parte e parceiro silencioso do psicodrama. Isso pode explicar a diferença entre a catarse experimentada por um observador no teatro terapêutico, quando comparada com a que ele alcança num espetáculo teatral convencional.

Devemos considerar, agora, os efeitos ainda mais profundos do trabalho psicodramático em pacientes psiquiátricos na condição de espectadores. Aqui, em Beacon Hill, temos observado... que eles mostram no dia-a-dia uma notável sensibilidade, uns em relação aos outros, uma tele-relação para com as palavras e ações dos outros que, muitas vezes, surpreende a equipe profissional, permitindo-nos avaliar seus diferentes padrões ideológicos e emocionais. Essa sensibilidade exacerbada foi submetida a um verdadeiro teste, quando começamos a permitir aos pacientes verem uma experiência alucinatória, depressiva ou paranóica de outro paciente sendo reproduzida no palco psicodramático.

Do ponto de vista psicodramático, o comportamento de pacientes psiquiátricos pode ser classificado em três categorias: (1) recusa a entrar no teatro; (2) disposição para entrar no teatro, mas apenas como espectador; ou então (3) disposição para participar do que estiver acontecendo no palco. O intervalo entre as duas primeiras categorias é relativamente grande, porém, mais cedo ou mais tarde, todo paciente acaba sendo convencido a ser espectador e, uma vez superada esta etapa, torna-se possível uma aproximação terapêutica ao seu problema, mesmo que ele nunca suba ao palco.

O paciente que, de sua poltrona segura na platéia, observa um psicodrama, especialmente se a personagem central é um companheiro que ele conhece, vai evidenciar curiosidade e interessar-se por ir além do habitual e vai revelar, mais tarde, profundas repercussões. A explicação para esse efeito é que a dramatização de fenômenos psiquiátricos viabiliza uma expressão tridimensional dos padrões de experiência dos pacientes-espectadores, não permitida fora do mundo do teatro. O paciente psiquiátrico que está na platéia entra em contato com a parte alucinatória do mundo de outro paciente; ele vê isso trabalhado diante de seus olhos, como se fosse realidade. Há correlações ocultas entre a parte alucinatória da cena que ele viu representada e suas próprias alucinações, muitas das quais evita verbalizar; além disso, as reações do paciente diante do que o outro representa no palco revelam as relações existentes entre suas próprias alucinações e as que ele viu trabalhadas, que apontam tanto para o seu relacionamento fora do teatro, em nível psicótico, com aquele paciente específico, quanto para o tipo de catarse que ele experimentou no teatro.

A descoberta da catarse do espectador em pacientes psiquiátricos abriu a possibilidade de eles serem tratados simultaneamente com o paciente que está no palco. Este último torna-se cada vez mais, para todo o grupo de pacientes que fica na platéia, um protótipo dos processos mentais patológicos. Pacientes com queixas parecidas ou com tipos de alucinação semelhantes foram selecionados para ficarem sentados juntos na platéia; quando um paciente com um problema que lembrava o seu estava sendo tratado no palco, eles tinham experiências catárticas similares.

É evidente a importância dessa abordagem como método de psicoterapia de grupo. Algumas vezes, em vez de usar o paciente psiquiátrico como protótipo, foram utilizados assistentes psicodramáticos especialmente treinados, chamados egos-auxiliares, com resultados igualmente benéficos.

Metodologicamente, o uso do ego-auxiliar foi um avanço por causa da freqüente dificuldade de conseguir que pacientes mais ou menos não cooperativos escolhessem situações ou cenas que fossem benéficas não apenas para si mesmos, mas para o grupo todo. O emprego de egos-auxiliares, que estivessem sob nosso controle e que fossem suficientemente sensíveis às experiências do psicótico, marcou um passo importante na direção da técnica de "catarse grupal".

O retorno, via psicodrama, à visão aristotélica da catarse vitalizou a concepção original. O modelo de trabalho descrito a seguir pode ser utilizado em grandes hospitais psiquiátricos, clínicas de higiene mental, centros de orientação infantil e teatros comunitários, com o objetivo óbvio de tratar um grande número de pessoas ao mesmo tempo. Esse é, com certeza, um experimento especial dentro da esfera do psicodrama, devendo ser realizado sob a direção de alguém que seja altamente treinado em psiquiatria, psicodrama e teatro. Ele não exclui os métodos e técnicas aqui delineados e nunca vai conseguir substituí-los, mas pode tornar-se uma técnica auxiliar importante, quando o tratamento individual ou interpessoal for praticamente impossível e a catarse grupal seja o método de eleição.

O dramaturgo do teatro convencional é, nesse esquema, substituído por um mecanismo mais complicado. Investiga-se, primeiramente, a comunidade em que os sujeitos vivem, sejam eles pacientes psiquiátricos ou pessoas normais, e, por meio de entrevistas diretas ou outros métodos, determinam-se as ideologias dominantes, as emoções ou as ilusões da comunidade. Quanto mais exaustiva essa investigação preliminar, melhor; além disso, muitos dos sujeitos podem conseguir fornecer material pertinente a respeito de si mesmos. Todo esse material é, então, cuidadosamente estudado pelos egos-auxiliares definindo-se o projeto de um ou mais psicodramas, que devem ser construídos de tal forma que possam alcançar níveis profundos na maioria possível dos sujeitos. Eles podem ser auxiliados nesse processo até mesmo por alguns dos sujeitos. O psicodrama resultante será preferivelmente espontâneo, mas nessa situação pode-se pensar numa alternativa do tipo dramatização conservada. Nesse psicodrama, os atores do teatro convencional são substituídos por egos-auxiliares: se o objetivo for o tratamento de pacientes psiquiátricos, os egos-auxiliares devem ser treinados para representar ilusões, alucinações, ou quaisquer processos psicóticos que sejam pertinentes.

Em contraposição ao teatro convencional, os espectadores deste psicodrama vão assistir a uma *performance* cuja intenção explícita é o relacionamento (e que, de fato, se relaciona) com problemas individuais específicos. As reações dos espectadores durante e logo após a apresentação podem servir de base para tratamentos psicodramáticos individuais; assim, o conceito de catarse de Aristóteles é levado às suas conseqüências lógicas e legítimas.

O aspecto terapêutico do psicodrama não pode ser divorciado do aspecto estético nem, em última análise, de seu caráter ético. O que o teatro estético fez por divindades como Dioniso, Brama e Jeová, e por personagens representativos como Hamlet, Macbeth, ou Édipo, o psicodrama pode fazer por todos os homens. No teatro terapêutico, o homem comum, anônimo, torna-se algo que se aproxima de uma obra de arte, não apenas para os outros, mas para si mesmo. Uma vida pequena e insignificante é elevada a um patamar de dignidade e respeito; seus problemas particulares são projetados num plano elevado de ação diante de um público especial... O mundo em que vivemos é imperfeito, injusto e amoral, mas no teatro terapêutico uma pessoa pequena pode ficar acima de nosso mundo cotidiano. Aqui, seu ego torna-se um protótipo estético, ele se torna um representante da humanidade. No palco psicodramático, ele é levado a um estado de inspiração, ele mesmo é o dramaturgo...

CAPÍTULO 6

CONCEITO DE PAPEL: UMA PONTE ENTRE PSIQUIATRIA E SOCIOLOGIA*

1961

> Nota do organizador: Este artigo apresenta os conceitos de Moreno de *self*, inconsciente e papel. Em sua visão, todos os três são por natureza ativos e interativos.

Segundo Zilboorg, duas revoluções psiquiátricas aconteceram nos últimos três séculos,[1] cada uma acompanhada por um novo corpo de teorias e por novos métodos de prática clínica. A primeira revolução psiquiátrica relaciona-se ao nome de Philippe Pinel e à abolição dos grilhões para os internos em hospitais psiquiátricos (1792); a segunda revolução, ao de Sigmund Freud e o tratamento individual pela psicanálise (1893). Uma revisão de Zilboorg requer uma correção básica: a segunda revolução psiquiátrica teve pelo menos dois outros luminares: o reflexo condicionado de Ivan P. Pavlov (1904), e a psicobiologia de Adolf Meyer (1906).

Há um amplo consenso de que estamos, agora, em meio à "terceira revolução psiquiátrica". A psicanálise enfrenta sua maior crise: está em decadência no Ocidente e é rejeitada nos

---

* De *American Journal of Psychiatry*, 118 (1961), 518-23.

países comunistas do Leste. A nova era apresenta inúmeras inovações que impulsionam novos desenvolvimentos em psiquiatria e sua característica é a abordagem grupal. As teorias das relações interpessoais, a microssociologia e a sociometria (com as teorias da criatividade, da espontaneidade e do encontro) abriram vastas áreas de pesquisa em psiquiatria, psicologia social e antropologia social. Novos métodos de terapia foram introduzidos: psicoterapia de grupo, psicodrama, sociodrama, medicina psicossomática e psicofarmacologia. As idéias de sociedade terapêutica, comunidade terapêutica, hospital-dia, "abertura das portas" de prisões e hospitais psiquiátricos estão começando a substituir os velhos métodos coercitivos de administração de prisioneiros e doentes mentais...

Nos últimos 30 anos, tem-se desenvolvido um novo corpo teórico que visa estabelecer uma ponte entre a psiquiatria e as ciências sociais, procurando transcender as limitações da psicanálise e do comportamentalismo, por meio da investigação sistemática de fenômenos sociais. Um dos conceitos mais significativos dessa nova estrutura teórica é de "papel".

Os levantamentos recentes sobre a origem e o desenvolvimento da teoria de papel, assim como de seu conceito, ressaltam as contribuições feitas por sociólogos e psicólogos, enquanto desconsideram as contribuições dos psiquiatras. O leitor fica com a impressão de que esses nada contribuíram, mas os autores desses estudos são freqüentemente psiquiatras. Por que eles procuram a origem de novas idéias em outras ciências, negligenciando a sua própria, a psiquiatria? Na hora da teoria, eles ficam, em geral, em segundo plano, reagindo com sentimentos de inferioridade quando são acusados por psicólogos e sociólogos de serem menos científicos. Os sociólogos, ao contrário, sofrem freqüentemente de um viés de superioridade, sendo sua ocupação favorita escrever, mais do que observar e experimentar. É necessário ressaltar que, ao lado de autores não-médicos, numerosos psiquiatras têm tido uma importância significativa para o desenvolvimento do conceito de papel, influenciando muitos sociólogos e psicólogos nas formulações mais acadêmicas que eles fazem.

"Papel", originalmente um termo do francês arcaico que penetrou no francês e no inglês medievais, é derivado do latim *rotula*. Na Grécia e na Roma antigas, as "partes" do teatro eram escritas nesses "rolos" e lidas, pelos "pontos", aos atores que tentavam decorá-las, mas este significado parece ter-se perdido nos períodos menos letrados dos séculos iniciais e intermediários da Idade das Trevas. Só por volta dos séculos XVI ou XVII, com o surgimento da Idade Moderna, é que as partes das personagens teatrais passaram a ser lidas em folhas de papel – quando, então cada parte cênica tornou-se um "papel".

Papel não é, assim, um conceito sociológico; ele ingressou em seu vocabulário pelo teatro. Freqüentemente passa-se por alto que a moderna teoria de papel teve sua origem lógica e suas perspectivas no teatro, mas ela tem uma história e uma longa tradição no teatro europeu, do qual se desenvolveu gradativamente na direção social e terapêutica de nosso tempo. É da Europa que a semente dessas idéias foi transplantada para os Estados Unidos, em meados da década de 1920.

Com base em papéis e contrapapéis, de situações e de conservas de papel desenvolveram-se, naturalmente, suas extensões modernas: o jogador de papel, o jogo de papéis, a expectativa de papel, a representação e, finalmente, o psicodrama e o sociodrama.

Paralelamente, o conceito sociológico de papel, desenvolvido por G. H. Mead, tomou forma (1934) e foi posteriormente desenvolvido por R. Linton (1936); ambos não tinham consciência, aparentemente, do quanto o processo de tomada de papel relacionava-se, basicamente, com o teatro. Muitos sociólogos americanos, especialmente T. Parsons, monopolizaram esse conceito como se ele fosse propriedade da sociologia, mas a maioria dos termos e significados que Parsons e associados apresentam em seus escritos podem ser encontrados em publicações anteriores.[II]

DEFINIÇÃO DE PAPEL

O papel pode ser definido como as formas tangíveis e concretas assumidas pelo eu. Assim, podemos entendê-lo como as formas funcionais que o indivíduo assume no momento específico em que reage a uma situação específica, em que outras pessoas ou objetos estão envolvidos. A representação simbólica dessa forma de funcionamento, percebida pelo indivíduo e pelos outros, é chamada de papel. A forma é criada pelas experiências passadas e pelos padrões culturais da sociedade em que o indivíduo vive e pode ser completada pelo caráter específico de sua produtividade. Todo papel é uma fusão de elementos coletivos e privados. Todo papel tem dois lados, um privado e outro coletivo.

O conceito de papel atravessa as ciências do homem – a fisiologia, a psicologia, a sociologia, a antropologia – e as une num novo patamar. Os sociólogos G. H. Mead e R. Linton restringiram a teoria dos papéis a uma única dimensão, a social. A teoria psicodramática, que trabalha com uma orientação psiquiátrica, é mais inclusiva, levando o conceito a todas as dimensões da vida; ele começa com o nascimento e continua por toda a existência do indivíduo e do *socius*. Ela construiu modelos teóricos nos quais o papel aparece desde o nascimento, pois seu processo não pode ter início só quando começa o desenvolvimento da linguagem; para sermos consistentes, temos de transportá-lo para as fases não-verbais da vida. Assim, a teoria não pode ser limitada aos papéis sociais, devendo incluir três dimensões: papéis sociais, expressando a dimensão social; papéis psicossomáticos, expressando a dimensão fisiológica; e papéis psicodramáticos, expressando a dimensão psicológica do *self*.

São exemplos de papéis psicossomáticos o de ingeridor e o sexual. Determinados padrões característicos da interação entre a mãe e a criança, no processo de alimentação, produzem determinadas constelações do papel de ingeridor, que podem ser identificadas ao longo dos diferentes períodos da vida.

Formas psicodramáticas do jogo de papéis, como a inversão e a identificação de papéis, os jogos de dublê e de espelho, contribuem para o desenvolvimento mental do indivíduo.

Os papéis sociais desenvolvem-se num momento posterior e baseiam-se nos papéis psicossomáticos e psicodramáticos, como formas prévias de experiência. Sua função é penetrar no inconsciente, com base no social, ordenar-lhe e dar-lhe forma.

No livro *Quem sobreviverá?* são destacadas a relação dos papéis com as situações em que o indivíduo opera (*status*), assim como a relação de papel como significativamente vinculada ao ego.

Espera-se que todos vivam seu papel oficial na vida; um professor deve agir como professor, um aluno como aluno, e assim por diante, mas os indivíduos almejam desempenhar muito mais papéis na vida do que os permitidos, e até mesmo, dentro do mesmo papel, uma ou mais variedades dele. Todo indivíduo desempenha vários papéis nos quais ele deseja atuar e que estão presentes em estágios diferentes de desenvolvimento. É por causa da pressão ativa que essas unidades individuais múltiplas exercem sobre o papel oficial manifesto que se produz freqüentemente um sentimento de ansiedade.

Todo indivíduo, à medida que tem, o tempo todo, um conjunto de amigos e outro de inimigos, tem uma gama de papéis em que ele vê a si mesmo e enfrenta uma série de contrapapéis em que vê outros em volta dele, em vários estágios de desenvolvimento. Os aspectos tangíveis do que se conhece como "ego" são os papéis em que ele opera, o padrão de relações dos papéis que se concentram num indivíduo. Consideramos os papéis e seus relacionamentos como o desenvolvimento mais significativo em qualquer cultura específica.

O papel é a unidade de cultura; ego e papel estão em interação contínua. A percepção do papel é cognitiva e antecipa as respostas que estão por vir. Já o desempenho de papéis é uma habilidade de execução: um alto grau de percepção pode ser acompanhado por uma habilidade baixa para seu desempenho e vice-versa. O jogo de papéis visa tanto à percepção como ao desempenho de papéis e o treinamento, ao contrário, é um esforço, por meio do ensaio de papéis, para se obter um desempenho adequado em situações futuras.

O comportamento regressivo não é uma regressão verdadeira, mas uma espécie de jogo de papel. No comportamento paranóico, o repertório de papéis é reduzido a uma atuação distorcida em um único papel, o desviante é incapaz de levar a cabo um papel *in situ*. Ele superatua ou subatua sua parte; a percepção inadequada é combinada com um desempenho distorcido. A neurose histriônica de atores deve-se à interferência de fragmentos de papéis "alheios" à personalidade de papel do ator. Pela inversão de papéis, um ator tenta identificar-se com outro, mas ela não pode acontecer no vazio. As pessoas que se conhecem intimamente invertem papéis mais facilmente que as que são separadas por grandes distâncias étnicas ou psicológicas. A causa dessas grandes variações é o desenvolvimento dos estados co-conscientes e co-inconscientes. Nem o conceito de estados inconscientes (Freud), nem o de estados inconscientes coletivos (Jung) podem ser facilmente aplicados a esses problemas sem forçar o significado dos termos. As associações livres de "A" podem ser uma via de acesso aos estados inconscientes de "A"; as associações livres de "B" podem ser um caminho para os estados inconscientes de "B". Mas pode o material inconsciente de "A" ligar-se natural e diretamente ao material inconsciente de "B", se eles não compartilharem estados inconscientes? O conceito desses estados individuais torna-se insatisfatório para explicar ambos os movimentos, da situação presente de "A" e, em sentido contrário, à situação presente de "B".

Temos de buscar um conceito que seja construído de tal forma que a indicação objetiva da existência desses processos de mão dupla não venha de um único psiquismo, mas de uma realidade ainda mais profunda, em que os estados inconscientes de dois ou mais indivíduos estejam inseridos num sistema de estados co-inconscientes. Eles têm um papel importante na vida de pessoas que vivem em conjuntos íntimos, como pai e filho, marido e mulher, mãe e filha, irmãos e gêmeos, mas também em outros tipos de conjuntos íntimos, como equipes de trabalho, pelotões de combate, pessoas em campos de concentração ou grupos religiosos carismáticos.

As terapias de família e de casal, por exemplo, devem ser conduzidas de tal forma que o inter psiquismo do grupo todo esteja representado, de modo que todas as suas tele-relações, os estados co-conscientes e co-inconscientes, sejam trazidas à luz.

Os estados co-conscientes e co-inconscientes são, por definição, aqueles em que os parceiros experimentam e produzem conjuntamente e que podem, portanto, ser reproduzidos ou representados somente em conjunto. Um estado co-consciente ou co-inconsciente não pode ser propriedade de um único indivíduo, ele é sempre uma propriedade comum e não pode ser reproduzido senão mediante um esforço combinado. Se se deseja ou é necessária uma encenação de tal estado, co-consciente ou co-inconsciente, essa representação deve ocorrer com a ajuda de todos os parceiros envolvidos no episódio.

O método lógico de tal representação à *deux* é o psicodrama. Por mais genial que seja a percepção de um dos parceiros do conjunto, ele não pode produzir aquele episódio sozinho, porque os parceiros têm em comum seus estados co-conscientes e co-inconscientes, que são a matriz da qual tiram sua inspiração e seu conhecimento.

Um papel pode ser: (1) rudimentarmente desenvolvido, normalmente desenvolvido, ou super desenvolvido; (2) quase ou totalmente ausente em uma pessoa (indiferença); (3) pervertido numa função hostil. Em qualquer dessas categorias, o papel pode também ser classificado do ponto de vista de seu desenvolvimento no tempo: (1) nunca esteve presente; (2) está presente para uma pessoa, mas não para outra; (3) já esteve presente alguma vez para uma pessoa, mas está agora extinto.

Para medir papéis, um método simples é utilizar, como padrão, processos estabelecidos de forma permanente, que não permitem qualquer mudança, conservas de papéis como Hamlet ou Otelo, de Shakespeare; Fausto, de Goethe; ou Dom Juan, de Byron.

Para outro método, o padrão é constituído de papéis sociais rigidamente prescritos por costumes e fórmulas sociais e legais, como policial, juiz, médico e assim por diante.

Outra estratégia de medição consiste em deixar o sujeito desempenhar um papel *in statu nascendi*, colocando-o em situações que vão desde as menos estruturadas até as mais organizadas. As produções dos diferentes sujeitos serão muito diferentes entre si e nos fornecerão uma escala para medir o papel.

Outro jeito de medir é colocar alguns sujeitos que não se conhecem numa situação em que eles tenham de se relacionar. Exemplo: seis homens de mesma patente militar vão acampar.

De repente, eles vêem a aterrissagem de um pára-quedista inimigo na floresta próxima e têm de agir de acordo com o impulso do momento. Um júri observa como o grupo cresce *in statu nascendi* e pode discernir três tipos de coisas: (1) Que relacionamentos desenvolvem-se entre os seis homens; quem toma a iniciativa na primeira fase, na fase intermediária e na fase final da interação; e quem emerge como "líder"?; (2) Que atitude eles tomam diante do inimigo?; (3) Como a situação é finalizada e por quem?

Outro método significativo de medição é a análise de diagramas e sociogramas de papéis de indivíduos e grupos, do ponto de vista da interação e do enfeixamento desses papéis e da previsão de comportamentos futuros. Nos últimos anos, têm sido realizados, em quantidades consideráveis, estudos experimentais e de validação relativos a essa teoria.

RESUMO

O conceito subjacente a essa abordagem é o reconhecimento de que o homem é um jogador de papéis, que todo indivíduo caracteriza-se por determinada série de papéis que domina seu comportamento e que cada cultura caracteriza-se por determinado conjunto de papéis que ela impõe a seus membros, com variados graus de sucesso.

Ao contrário das teorias apresentadas por psicólogos e sociólogos, "a teoria psiquiátrica de papéis" desenvolveu-se muito com base em contextos clínicos, de métodos de prevenção e tratamento de psicoses e neuroses, de casais e grupos familiares, de relações interpessoais, de problemas de adaptação industrial, dos campos de higiene mental e educação.

A pesquisa e a terapia de papéis estão ainda em sua infância. O psicodrama representa um instrumento valioso para estudos experimentais e de controle a respeito do assunto, permitindo a observação de indivíduos em situações de vida nas quais eles estão concretamente envolvidos.

CAPÍTULO 7

NOTAS A RESPEITO DAS INDICAÇÕES E CONTRA-INDICAÇÕES DO *ACTING-OUT* NO PSICODRAMA*

1973

> Nota do organizador: Este artigo, embora breve, mostra a importância atribuída por Moreno a um diagnóstico preciso e a um tratamento adequado.

As concretizações psicodramáticas de fantasias suicidas ou homicidas implicam o risco de encorajar e preparar um paciente para que leve a efeito o suicídio na vida real.

Esse paciente pode estar já aquecido para o passo seguinte quando inicia o tratamento. É óbvio que este tipo de intervenção é contra-indicado, a menos que sejam tomadas maiores precauções no sentido de proteger o paciente contra ele mesmo. Antes de mais nada, ele deve permanecer num ambiente supervisionado de uma comunidade hospitalar, pois em hospitais-dia, consultórios e clínicas abertas seria contra-indicado.

É importante discriminar os indivíduos que tendem a ser sensíveis ao tele e aqueles que tendem a ser sensíveis à transferência. Muitos que são considerados "personalidades psico-

---

* De *Group Psychotherapy, Psychodrama & Sociemetry*, 26 (1973), 23-5.

patas" pertencem à primeira categoria e para eles se recomenda uma abordagem dinâmica e aberta. O psicodramista precisa, além de ter sensibilidade télica, conhecer os códigos dos alcoólatras e dependentes de drogas, assim como de presidiários, para poder relacionar-se eficientemente com eles. Qualquer tipo de jogo de papéis em nível fictício, sem relação com seus problemas dinâmicos reais, não os alcançará. Eles necessitam de um psicodrama direto e realista. Para preencher suas necessidades de extremo realismo, chegamos... ao ponto de ter um bar e um garçom no teatro, de modo que um grupo de alcoólatras pudesse agir tão livremente quanto em um bar real. Eles sentaram no balcão, pediram suas bebidas e as receberam; conversaram com os vizinhos, como num bar. Esse é, freqüentemente, o ponto de partida de um psicodrama alcoólico.

Essa tolerância, aparentemente extrema, dá ao psicodramista oportunidades ilimitadas para diagnosticar e participar das atividades dos pacientes, como se *in situ*, mas ainda sob condições que possibilitam a supervisão e o controle.

O *acting out* é utilizado em sessões de grupo somente quando há uma indicação clara para isso. Muitas vezes utiliza-se uma sessão inteira para discutir uma sessão anterior ou preparar um psicodrama para a sessão seguinte.

É preciso ter em mente que psicodrama e psicoterapia de grupo são dois procedimentos distintos. O psicodrama, ao contrário da opinião desinformada, é a categoria mais ampla. É possível um psicodrama individual, à *deux*, uma forma aceitável e valiosa de psicoterapia, mas é óbvio que seria uma contradição falar em psicoterapia de grupo "individual". O psicodrama individual pode ser combinado a um tratamento psicodramático grupal, nos casos em que não convém que certos tipos de problemas sejam revelados ao grupo ou quando o paciente sente que o nível de aceitação não é suficiente...

É bom lembrar que a psicoterapia de grupo verbal é a parte da platéia no psicodrama, sem a parte da ação; entretanto, devido à orientação não psicodramática de muitos psicoterapeutas de grupo que entraram na área, essa parte verbal tende a basear-se mais na análise e na interpretação, ou na discussão e na confrontação verbal.

A maior contribuição do psicodrama é ainda o fato de ter insistido que até mesmo as trocas verbais não deveriam ter essa natureza, fundamentando-se antes no encontro, em que os membros do grupo compartilham revelações a respeito de si mesmos em vez de analisarem e interpretarem. Esse compartilhamento tornou-se uma das mais importantes áreas de aplicação prática em terapia de grupo, preparando seus membros para a etapa seguinte, em que se passa da dimensão verbal à representação, sempre que esta for indicada e que o processo possa ser orientado por um psicodramista habilitado.

CAPÍTULO 8

TRATAMENTO PSICODRAMÁTICO DAS PSICOSES*

1939

> Nota do organizador: Quando Moreno escreveu este artigo, fazia apenas três anos que tinha sido aberto seu hospital em Beacon. O psicodrama estava ainda em fase de desenvolvimento. Contudo, o método funcionava. No relato que se segue, Moreno mostra o que pensa da natureza dos distúrbios mentais e do papel do psicoterapeuta no trabalho com pacientes psicóticos.

Tem-se afirmado que a psicose pode ser tratada por meio do psicodrama, mas o que se pergunta é como esse tratamento pode ser realizado e que efeitos tem sobre o psicótico e sua enfermidade.

Freud diferenciava os distúrbios mentais em que seria possível ocorrer uma transferência do paciente para o médico em contraposição àqueles de caráter narcisista, em que nenhuma transferência seria possível. Ele afirmou, insistentemente, que o tratamento psicanalítico só poderia ser utilizado em pacientes que conseguissem produzir uma transferência em relação ao analista; assim, tão logo descobria que um paciente estava

---

* De *Sociometry*, 3 (1940), 115-32.

sofrendo de uma esquizofrenia ou de um distúrbio narcisista similar, desistia de tratá-lo, acreditando que o tratamento psicanalítico não teria nenhum efeito.[1]

O fato de um paciente estar sofrendo de esquizofrenia ou de uma enfermidade de caráter predominantemente narcisista não impede, de forma alguma, o tratamento psicodramático, porque ele pode ocorrer muito bem quando a transferência do paciente para o psiquiatra é irrelevante ou mesmo ausente.

As experiências psicóticas do paciente não podem manifestar-se adequadamente no mundo da realidade, que lhe é estranho e incompatível. Enquanto permanece sem tratamento psicodramático, suas experiências psicóticas permanecem numa subjetividade confusa e vaga, sem qualquer ancoragem. O *princípio psicodramático* consiste em prover meios para sua objetivação, com o estabelecimento de uma realidade imaginária. Na realidade, o elemento narcisista do ego do paciente permite que ele aceite bem uma situação em que possa realizar-se numa extensão que excede, em muito, os vínculos com o princípio da "realidade", que o tem até então confinado. É exatamente tal situação que é fornecida pelo psicodrama e pelo palco psicodramático, onde os egos-auxiliares ajudam o paciente a desempenhar os papéis nos quais ele se vê e que talvez nunca tenha podido concretizar. Exatamente pela metodologia do psicodrama, facilita-se ao paciente projetar sua psicose tal como ela flui de seu ego, na forma de papéis delirantes, alucinatórios ou normais. Os egos-auxiliares não restringem o elemento narcisista do ego do paciente. Na fase inicial do tratamento, pelo menos, eles o ampliam e estabelecem (em seus vários papéis e ao nível desses) um relacionamento com os papéis do paciente.

A função que a transferência desempenha no tratamento psicanalítico das psiconeuroses, que ela não consegue desempenhar nos distúrbios narcisistas, é substituída, no palco psicodramático, por novos fatores que operam nos níveis interpessoais e de papel-para-papel (por importantes razões teóricas, como se tem discutido em vários contextos, esse sentimento interpessoal e entre-papéis tem sido chamado de *tele* em vez de *transferência*). Por meio desse tele, cria-se uma situação em que se pode fazer uma tentativa de orientar e de curar distúrbios psíquicos que a psicanálise abertamente eliminou de seu campo terapêutico.

Com base num número considerável de casos, estabeleceu-se uma hipótese de trabalho de que, independentemente das diferenças entre os indivíduos tratados, existem algumas linhas gerais de procedimento psicodramático comum a todos os pacientes psicóticos.

O paciente é o centro do tratamento, sempre, e a tarefa de desenvolver o processo psicodramático está, tanto quanto possível, em suas mãos. O diretor psiquiátrico e a equipe de egos-auxiliares agem como pontos teatrais e dão pistas ao paciente sempre que ele representa os vários papéis de sua psicose. Ele pode ser capaz de apresentar apenas fragmentos de um mundo imaginário, ou pode ter pronto um projeto ou sistema completo, com papéis e personagens definidos, ou qualquer grau de completude que se situe entre esses dois extremos. Em cada caso individual, cabe aos egos-auxiliares ajudá-lo a explicitar totalmente seu mundo imaginário, de acordo com suas exigências específicas.

Na verdade, o psicodrama funciona como um contexto que vai refletir a psicose do paciente, de tal maneira e em tal nível, que ele pode ver objetivada sua experiência psicótica. À medida que o tratamento avança, essa objetivação começa a interessá-lo e continua assim, cada vez mais. Para ele, o mundo da realidade e da ação socializada tornou-se tão instável, tão irreal, que se faz necessário um mundo novo e imaginário, como uma âncora, para que suas experiências não sejam permanentemente reduzidas ao nível de sinais e símbolos falsos.

PRINCÍPIO PSICODRAMÁTICO

Essa realidade imaginária é proporcionada pelo princípio psicodramático, que age sobre os pacientes psicóticos de forma mais ou menos idêntica à do "princípio de realidade" com sujeitos não psicóticos.

Nessa realidade imaginária, no palco psicodramático, o paciente encontra um espaço concreto em que todos os seus pensamentos, sentimentos e papéis alucinatórios e delirantes são válidos, e em que ele encontra, numa base comum, os papéis de outras pessoas que complementam o seu; seus átomos culturais e sociais tornam-se ricos e plenos, em vez de serem vazios e insatisfatórios; podendo viver num contexto muito mais convincente e verdadeiro do que a realidade em que viveu antes, e "construiu" nos primórdios de seu delírio. Essa realidade anterior lhe era incômoda porque não mais se adequava aos seus novos papéis, introduzidos por sua enfermidade. No palco terapêutico, entretanto, encontra uma nova "realidade", feita sob medida para ele.

Pode parecer, à primeira vista, ao participante ou espectador ingênuo, que a exposição permitida ao paciente desencadeie uma confirmação mais profunda de seus delírios, todavia, logo percebe-se que a organização montada pelo psicodrama dentro e em torno do paciente, pelo próprio fato de ser talhada exatamente para ele, age como uma restrição muito mais efetiva do que as restrições do mundo real. Essas, ele tinha sido forçado a pulverizar, e o resultado havia sido que elas tinham cessado de exercer qualquer controle sobre seus delírios. Em sua nova realidade imaginária, ele se sente confortável e em casa, canalizando, numa linha integrada com o que acontece no palco psicodramático, seus delírios e sua atuação em situações de vida. Ele não mais dispersa seus esforços em tentativas vãs de realizar algumas de suas fantasias, pois elas constituem, agora, uma base real de vida. Dando continente às suas alucinações e delírios, os egos-auxiliares podem mantê-los dentro dos limites da realidade imaginária, permitindo à equipe psicodramática conduzir o paciente de tal forma que ele possa conter-se, na realidade, e ao mesmo tempo ter garantias contra qualquer deterioração posterior em sua psicose. Manter essa posição em relação ao paciente psicótico requer vigilância constante, devendo-se ter atenção especial para quaisquer sinais de nova produção por parte dele.

Quando o paciente está numa fase produtiva, o tratamento psicodramático pode acompanhá-lo e impedi-lo de tomar o rumo de uma evolução delirante. Como se pode observar, uma vez que ele esteja aquecido para uma nova ordem de fantasias, o processo torna-se muito rápido, devido ao caráter infeccioso de uma associação em relação a outra. Para conectar-se com as novas fantasias do paciente e manter vivo o processo de orientação, assim que se inicia uma nova formação delirante, o trabalho psicodramático deve fornecer uma realidade, uma âncora, para ela. Estas âncoras tornam-se para ele, sempre que volta ao palco psicodramático, um ponto de apoio em torno do qual pode desenvolver suas novas fantasias. A catarse mental que tem lugar dentro do paciente não é uma satisfação momentânea nem uma mera liberação espontânea de experiências patológicas (*abreagieren*), é um sistema completo de relacionamentos, um mundo auxiliar ao qual pode retornar em fases posteriores do tratamento. Logo, os intervalos entre uma sessão psicodramática e outra devem ser flexíveis, cuidadosamente ajustados às atividades interiores do paciente. Nessa abordagem, os pacientes podem, muito facilmente, ser subtratados como também supertratados.

No decorrer de nosso estudo com pacientes psicóticos que vivem na atmosfera psicodramática da realidade imaginária por um período mais longo, temos freqüentemente nos perguntado se a presença e a intrusão da realidade comum (que, naturalmente, nunca pode ser inteiramente protegida dos pacientes influentes) não enfraquecem o efeito de uma boa parte do trabalho executado no palco psicodramático. Como resposta, chegamos à conclusão de que os pacientes não precisam estar o tempo todo dentro da realidade, no palco psicodramático, que foi feito sob medida para que eles se encaixem. Parece suficiente que eles sejam colocados dentro desse mundo imaginário em determinados momentos cruciais, com o propósito de estabelecer alguns pontos de coordenação entre a fantasia e a realidade correspondente. Não importa muito a duração dos intervalos entre esses pontos de coordenação, desde que eles se coadunem com a produtividade do paciente. Essa situação tem paralelo na vida da pessoa normal e quase-normal. Sabemos, com base no trabalho psicodramático, que uma pessoa "normal", em seus relacionamentos interpessoais, não participa o tempo todo da realidade de outras pessoas e objetos. Uma grande parte da vida de uma pessoa "normal" é vivida em fantasias, tão distantes do princípio de realidade quanto as fantasias de realidade de nossos pacientes psicóticos estão do palco, da equipe e de todo o método psicodramático. O conceito de "pontos de coordenação" mostrou ser significativo em todos os relacionamentos interpessoais e de papel-a-papel, como já comentamos em nosso estudo sobre o processo de aquecimento, como eles fluem entre as pessoas em qualquer situação interpessoal. Seu significado amplo é que uma relação entre duas pessoas, para ser adequada, não requer uma continuidade de contato télico, sendo suficiente que esse contato ocorra em determinados momentos, que denominamos pontos de coordenação. Esses pontos são uma expressão rítmica do padrão básico dos relacionamentos interpessoais, tornando possível uma grande economia no intercâmbio interpessoal de emoções. Por exemplo: para produzir-se um relacionamento marido–mulher adequado, não é necessário que esses papéis sejam atuados continuamente, mas apenas em determinados momentos, a partir dos quais a ilusão de continuidade irradia-se dentro dos intervalos entre eles. O mesmo é verdade, com certeza, nas relações de amizade, relações entre líder e seguidor, e assim por diante.

ÁTOMO CULTURAL DOS PACIENTES PSIQUIÁTRICOS

Um dos primeiros passos a serem dados com um paciente psicótico é descobrir até onde ele é capaz de construir, por si mesmo, uma realidade imaginária. Estamos, na verdade, interessados, em certo sentido, em seu átomo social, mas seu átomo cultural (os papéis em que ele vê a si mesmo e aos outros em relação com seus papéis) é de importância fundamental, porque é dele que podemos obter um retrato de seu mundo interior. Tendo esse retrato como base, podemos traçar os contornos desse mundo que criamos para ele, povoando-o com as pessoas e os papéis que seus delírios exigem, de modo a podermos encontrá-lo num terreno comum. Examinemos como esses papéis começam, crescem e transformam-se.

Todo papel em que um indivíduo atua tem certa duração, certo tempo de vida. Todos têm um começo, um amadurecimento e um ocaso. Um papel, depois de ter servido por um período em determinada função, pode desaparecer da vida manifesta do indivíduo, embora continue como um fator dinâmico em sua vida interior, tornando-se uma matriz da qual um novo papel pode retirar força e apoio, primeiro por imitação e depois por contraste, até que o novo papel se estabeleça autonomamente dentro de seu próprio âmbito.

Há, portanto, uma interdependência dinâmica entre determinada série de papéis na dimensão temporal, mas estaria em desacordo com a evidência psicodramática afirmar que um papel adquirido no início da infância atua compulsivamente e domina os papéis subseqüentes, controlando-os e submetendo-os ao seu próprio padrão, como afirmam pesquisadores psicanalíticos.

A evidência, no palco psicodramático, é de que um novo papel, quando está em sua infância, *aprende* com um papel mais velho, até que chegue a hora em que seja capaz de libertar-se e atuar sozinho. Poder-se-ia dizer que, como uma célula separa-se da célula-mãe, um papel, quando está atingindo seu desenvolvimento pleno e auto-suficiente, está separando-se do modelo materno. Com o decorrer do tempo, ele pode tornar-se padrão materno para outros novos papéis. Vários exemplos disso podem ser encontrados em artistas, escritores ou pintores que, em seus primeiros esforços, copiaram religiosamente determinada forma, aprendendo com ela, e mais tarde, gradualmente, desenvolveram suas formas próprias.

Às vezes, entretanto, um novo papel pode emergir instantaneamente, sem precedente e sem aprendizagem de nenhum modelo materno, em virtude de alguma situação que é, de alguma maneira, nova e original para o sujeito, que, por sua vez, é estimulado a mobilizar a espontaneidade necessária a uma realização específica.

Já vimos que os átomos culturais mudam rapidamente nas dimensões temporal e interpessoal (papel-contra-papel), não significando necessariamente que sua configuração, em dado momento, não tenha uma similaridade dinâmica, ou mesmo identidade, com sua configuração em outro momento. Temos observado, quando comparamos os átomos sociais de uma pessoa em diferentes momentos, que embora algumas desapareçam de seu átomo social, elas são substituídas por outras pessoas que preenchem necessidades semelhantes. É provável que aconteça o mesmo com os átomos culturais: os papéis e contrapapéis desaparecem e são substituídos por novos papéis e contrapapéis, que vão constituir uma configuração de papel com equilíbrio semelhante.

Temos observado, também, que essas mudanças raramente acontecem completa e instantaneamente. Há, na evolução do átomo cultural, uma transição na estrutura de uma fase temporal a outra, que serve para integrar o desenvolvimento cultural de um indivíduo.

TÉCNICAS PSICODRAMÁTICAS

No decorrer do trabalho psicodramático com indivíduos que apresentam disfunções mentais narcisistas, desenvolvemos um conjunto de técnicas, muito úteis para construir, com e para o paciente, essa realidade imaginária, esse mundo auxiliar, que nos habilita a tratar uma psicose dessa natureza. Essas técnicas são úteis não apenas no início do tratamento, mas também na seqüência, quando já se conseguiu alguma canalização das alucinações e dos delírios do paciente.

Quando, pela primeira vez, tentamos levar nosso paciente a representar a si mesmo no palco psicodramático, ele pode recusar-se a fazê-lo em qualquer papel que expresse algo privado, levantando suspeitas e ressentindo com qualquer invasão de sua privacidade. Essa dificuldade é superada por meio de uma técnica psicodramática simples: solicita-se ao paciente que represente o papel de seu pai, de seu irmão, ou de qualquer outra pessoa que esteja ligada a ele mais de perto. Ao expressar as personalidades e atitudes dessas pessoas, como ele as vê, revela uma grande quantidade de informações sobre si mesmo e, ao mesmo tempo, sobre o que sente em relação à pessoa que está retratando. Se o paciente recusa-se a atuar como qualquer uma dessas pessoas, em algum aspecto que seja considerado "privado demais" ou "muito pessoal", pode-se modificar a técnica, solicitando que ele represente algum papel simbólico, que lhe pareça distante daquele e de seus parceiros mais próximos. Na maioria dos casos, ele é convencido a escolher, ele mesmo, esse papel e se o faz, o papel certamente lhe interessa e, com toda probabilidade, trata-se de um dos papéis de seu átomo cultural. Sem ter consciência disso, ele nos mostrará muito a respeito dele mesmo e de seu relacionamento com esse papel. Esse processo de fazer um papel tornar-se um recurso para trazer à tona um papel suprimido é chamado de técnica do *papel substituto*.

Outro dispositivo útil no tratamento psicodramático de um paciente psicótico é a técnica de *espelho*. Às vezes, na ânsia de representar seu próprio papel, o paciente superatua e para que ele possa ver a si mesmo, sob uma perspectiva adequada, um ego-auxiliar representa o papel do paciente. Nesse caso, ele deve ser treinado para ver-se mais objetivamente, como num espelho, e aprende, observando o ego-auxiliar, como agir numa relação melhor com a realidade. A técnica do espelho pode também ser utilizada de outro modo: se o paciente recusa-se totalmente a agir, um ego-auxiliar toma seu lugar no palco e o retrata em uma série de situações de vida, se possível contracenando com alguém que esteja estreitamente relacionado com o paciente. Se a ação no palco e o retrato forem repugnantes ao paciente, podemos ouvir seus comentários, estando ele em seu lugar na platéia, assim como ele pode até ir ao palco e retomar do ego-auxiliar o papel de "ele mesmo".

Temos outra técnica quando o paciente, depois de projetar seu sistema de delírios num desenho, deseja vê-lo encenado pelos egos-auxiliares, visando criar uma realidade psicodramática para ele e as personagens imaginárias de seu sistema de idéias. Para ilustrar: um paciente sugeriu e orientou uma série de cenas em que os egos-auxiliares representaram seu pai, sua mãe e ele mesmo como garoto. Ele, menino pequeno, presenciou uma cena violenta entre o pai e a mãe; essa cena levou seu pai a sair de casa e, posteriormente, à separação dos pais. Estes se encontraram novamente em função da doença do filho e estavam na platéia quando as cenas foram representadas. Durante toda a representação, o paciente observou-os e percebeu como eles foram afetados pela atuação de seus representantes no palco. Isso lembra a cena de Hamlet, em que atores encenaram diante do rei (tio de Hamlet), e da rainha (sua mãe) o envenenamento do pai de Hamlet, como esse imaginava que havia acontecido. Essa técnica psicodramática é conhecida como *projeção*.

A objetivação de si mesmo pelo paciente pode também ser efetuada por meio da técnica da *inversão*. Pede-se a ele que se coloque no papel de alguém de seu átomo social, e um ego-auxiliar, ou se possível a pessoa real que ele vai retratar, assume o papel do paciente. Nessa situação, não apenas se estimula o paciente a objetivar-se, como na técnica de espelho, mas ele deve reagir a "si mesmo", da forma como pensa que a pessoa (cujo papel ele está jogando) poderia reagir. Um exemplo do funcionamento dessa técnica é o caso de um garoto que tinha revelado, a dois psiquiatras e a vários egos-auxiliares, estar vivendo a fantasia de tornar-se ou ser transformado em uma menina. Num ponto estratégico do tratamento, ele foi colocado no papel de um dos psiquiatras que tinham ouvido sua descoberta e, no papel do garoto, o psiquiatra deveria dirigir-se ao menino para receber conselhos a respeito de seus temores. Dessa forma, o paciente foi levado a atuar como conselheiro em relação a outra pessoa que estava exibindo as mesmas idéias anormais que aquelas com as quais ele estava obcecado, tendo a oportunidade de testar, por si mesmo, o grau de responsabilidade e estabilidade que tinha alcançado no decorrer de nosso tratamento, e nos dando também a oportunidade de verificar o grau de maturidade que ele tinha atingido. Pareceu que ele representou tanto a si mesmo quanto o psiquiatra simultaneamente mas, pela técnica de inversão, foi forçado a objetivar seu *self* real e sua obsessão, com base na qual ele imaginou ser o ponto de vista do psiquiatra.

O tratamento psicodramático pode ser iniciado com um papel que esteja bem distante daquele em que o paciente realmente vive, ou do papel para o qual desejamos futuramente conduzi-lo. Inicialmente, os papéis privados são propositadamente eliminados do foco de atenção, como na técnica do papel substituto. Nessa técnica particular, entretanto, o método está em progredir gradativamente, desde um primeiro papel mais distante, seguindo por meio de uma série de papéis que vão aumentando, pouco a pouco, sua semelhança com a realidade, até chegarmos ao papel em que desejamos vê-lo. Como exemplo do funcionamento dessa técnica, temos o caso de um menino de cinco anos que tinha compulsão de bater na mãe. Começamos o tratamento colocando-o no papel de um jovem príncipe, porque ele achava que um príncipe "com certeza não bateria em sua mãe, a rainha!". Reduzindo gradualmente a condição social dos papéis oferecidos, ele foi finalmente levado ao ponto em que, quando fez o papel de si mesmo, não bateu na mãe, embora ela fosse real. Essa técnica é chamada de *distância simbólica*.

Por vezes, encontra-se um paciente sofrendo por um conflito entre duas atitudes opostas. Um estado mental o aquece, por exemplo, para a idéia de autodestruição, mas quando ele está quase alcançando o clímax (ou correndo em paralelo), um estado mental contrário começa a argumentar que a vida ainda tem muito para lhe oferecer. Continuamente forçado de um extremo ao outro, ele se considera o cenário de um permanente conflito, uma parte de seu ego combatendo a outra. Nas neuroses obsessivas, assim como em algumas condições psicóticas que exibem padrões sintomáticos dessa espécie, a seguinte técnica tem funcionado para trazer alívio: os dois egos do paciente, por assim dizer, são representados. O ego superficial (o aspecto dele que se manifesta na vida ordinária e com o qual está comumente identificado) é representado por um ego-auxiliar. O ego mais profundo, que é invisível, tortura e tenta derrotar o ego "oficial", é representado pelo paciente. O primeiro, representado pelo ego-auxiliar, não somente dá expressão à conduta superficial comum do paciente, mas luta contra o ego mais profundo, representado por ele. O resultado é uma objetivação da violenta luta que se dá entre dois fatores alternativos na mente do paciente. Isso é conhecido como a *técnica do ego duplicado*.

Além de seu uso no tratamento de pacientes psicóticos com tendências narcisistas, essas técnicas, como deve estar claro para quem examina a literatura psicodramática, mostraram-se proveitosas, com algumas modificações, em muitos casos de neurose simples e, de modo geral, em todos os tipos de distúrbio mental em que se utilizam a terapia sugestiva, a psicanálise e outras formas de psicoterapia.

Ao longo de nossas vidas, desde que nascemos, estamos cercados ou cercamo-nos de ajudantes (e adversários) de todas as espécies: pais, irmãos, amigos, rivais, competidores etc. Sem saber, desde que são conduzidos pela mesma espécie de motivos que nós, eles operam como egos-auxiliares, extensões de nossos egos, ampliando (ou diminuindo) nossa força e nosso bem-estar.

Com os pacientes psicóticos, a situação é, obviamente, a mesma, mas os egos-auxiliares na vida real são, entretanto, muitas vezes, incompetentes e incapazes de proporcionar os resultados que o paciente está tentando alcançar. Isso é assim, provavelmente, porque na vida real essas pessoas só por acidente é que estão no papel de egos-auxiliares. Elas têm suas próprias personalidades e só são egos-auxiliares como um subproduto, por assim dizer. Elas estão procurando tirar proveito das outras pessoas, como egos-auxiliares, da mesma forma como o paciente faz com elas. Esses processos interpessoais funcionam para algumas de modo satisfatório, como demonstram os gráficos sociométricos. Essas pessoas de sorte ascendem a uma posição no grupo que é adequada às suas necessidades, se rodeadas por um número suficiente de ajudantes e seguidores.

Há um grupo de indivíduos, entretanto, que não vai assim tão bem em seu desenvolvimento. Aparentemente, a razão para isso não repousa numa falta de capacidade deles, mas relaciona-se a outros fatores... Estamos aqui interessados unicamente em que esses indivíduos fazem, como se comportam, como tentam ajudar a si mesmos quando se encontram em situações dessa natureza. Por um lado, temos o indivíduo que consegue ocupar uma tal posição no grupo que está, o tempo todo, fazendo o que quer e obtendo o que deseja. Por outro, temos o indivíduo cuja posição é tal que consegue pouca ajuda do grupo e, por sua vez, rejeita qualquer ajuda que lhe seja oferecida.

Os sintomas de afastamento de um paciente dessa última espécie são, assim, uma expressão periférica de um processo mais profundo que ocorre dentro dele, assim como entre ele e os membros do grupo. Quando as barreiras entre ele e alguém superior no grupo tornam-se grandes demais, e quando muitas tentativas inúteis de poder e reconhecimento social desiludiram-no (talvez rápido demais), ele decide utilizar... determinados padrões de personalidade criados e inventados por ele mesmo, produtos de sua imaginação, que lhe são muito mais satisfatórios do que as pessoas reais no mundo real. O resultado é que ele se torna hostil ou indiferente às pessoas reais de seu átomo social e, naturalmente, prefere suas próprias invenções que, como personagens de um conto de fadas, estão sob seu comando todo o tempo e podem ser multiplicadas ou mudadas sempre que necessário, e ao primeiro sinal. O fato de que o paciente não consegue existir, com êxito, sem a ajuda de pessoas reais – quer ele goste ou não – produz uma dificuldade que muitos dos pacientes paranóides estudados têm consciência (ao menos em parte), em um momento ou outro...

Quando nossos pacientes paranóides são colocados num contexto em que estão disponíveis egos-auxiliares profissionalmente treinados (mais indicados para suas tarefas do que os amigos ou pais dos pacientes), eles se dispõem a reconsiderar sua situação e a utilizar os egos-auxiliares em seu esforço por estabelecer um mundo novo e imaginário para si mesmos, mais adequado do que o mundo da realidade. Para os pacientes, esses egos-auxiliares parecem encaixar-se melhor nas criações de sua mente do que os egos-auxiliares da vida real, oferecendo a grande vantagem de proporcionarem uma ponte para o mundo exterior, que os pacientes ou rejeitam ou tinham abandonado.

O ego-auxiliar psicodramático desempenha duplo papel. No teatro terapêutico, ele é uma extensão ideal do ego do paciente, em seu esforço para estabelecer uma espécie de hierarquia psicótica, um mundo auto-suficiente; fora do teatro, funciona como intérprete entre o paciente e as pessoas do mundo real. É claro que a tentativa de auto-suficiência do paciente é, quando muito, só parcialmente bem-sucedida, a maior parte de seus papéis imaginários permanece rudimentar e distorcida. Aqui, outra vez, o ego-auxiliar pode atuar como um ajudante valioso, direcionando as próprias aspirações do paciente.

TÉCNICA DO MUNDO AUXILIAR

A maioria dos pacientes pode ser tratada no teatro terapêutico por meio de uma técnica ou outra. Só um número muito pequeno resiste a qualquer participação que seja no psicodrama. Nesse caso, entretanto, resta uma técnica psicodramática: o *mundo auxiliar*, em que todo o meio do paciente, onde quer que esteja no momento da abordagem, torna-se palco para o psicodrama. Isso pode significar que todas as pessoas com quem o paciente entra em contato, dentro e fora da instituição, podem ter de se imaginar vassalos do paciente, seus escravos, ou quaisquer que sejam os papéis que ele lhes atribui. A própria instituição pode tornar-se seu castelo ou sua tenda no campo de batalha. Em outras palavras, a técnica do mundo auxiliar consiste em transformar a instituição inteira e todas as pessoas nela em um grande palco psicodramático, com egos-auxiliares. Isso, por certo, exige organização e requer grande simpatia e compreensão por parte de todos os membros da equipe, inclusive de serviços auxiliares e manutenção. Uma vez alcançada essa transformação, portanto, a instituição como um todo passa a funcionar, para o paciente, exatamente como faria o palco psicodramático. Seu palco é a instituição toda e o tratamento (a intermediação, a orientação e tudo o mais) ocorre exatamente como se ele estivesse no teatro terapêutico.

Apresentamos, a seguir, três estágios típicos no tratamento de pacientes psicóticos, com tendências paranóides altamente desenvolvidas. Desde que, pela própria estrutura do psicodrama, o tratamento seja articulado com uma exploração clínica contínua dos pacientes, temos condições de, com uma descrição do tratamento, dar uma idéia de como os processos psicóticos podem ser interpretados por meios psicodramáticos e sociométricos.

Um menino de 14 anos de idade nos foi encaminhado, com um diagnóstico de esquizofrenia. Sua fantasia dominante era que ele estava se transformando, física e mentalmente, em uma mulher. O teste sociométrico revelou que, na escola, ele era isolado, não escolhido pelos outros meninos, enquanto ele escolhia homens mais velhos, fora da escola: seu pai, um tio etc. No palco psicodramático, preferiu representar papéis de caráter bélico, ou nos quais expressava masculinidade agressiva, como oficiais de exército e pequenos malandros. Ele rejeitou sua mãe, mulheres e moças em geral. Seus parceiros nas diferentes situações eram todos masculinos. Quando foi imposto a ele, no palco, um ego-auxiliar em papel feminino, não quis chegar perto dela ou tocá-la. Embora sua espontaneidade fosse surpreendentemente grande e expansiva em papéis maduros e situações complexas, quando apareceram papéis e experiências compatíveis com o seu nível de idade, sua espontaneidade foi fraca e imatura, mais de acordo com a de um garoto muito menor do que ele. No começo do tratamento, ele freqüentemente recusava-se a atuar em situações e papéis compatíveis com sua idade.

Os estudos sociométricos indicam que, em grupos de crianças entre 8 e 12 anos de idade, desenvolve-se, como tendência normal, uma divisão homossexual. Desde que é a primeira vez que os meninos juntam-se e tornam-se companheiros masculinos do mesmo nível de idade, numa ação grupal comum em papéis de caráter agressivo (como revelado em testes psicodramáticos), a sensibilidade tele pode tender a extremos e deixar os garotos vulneráveis a desenvolvimentos patológicos. Do ponto de vista do processo grupal, essa divisão homossexual do grupo parece ser muito significativa no desenvolvimento de processos psicóticos.

O tratamento desse menino foi realizado com sucesso, utilizando-se as técnicas psicodramáticas já discutidas (especialmente as técnicas de projeção e do espelho). Fomos bem-sucedidos na canalização dos papéis cruciais em que ele vinha atuando na fantasia, de vez em quando e por alguns anos, ou na realidade, porém escondido de todos. Na primeira fase do tratamento, esses papéis foram transformados de experiências vagas em concretizações no palco psicodramático. Na segunda fase, depois que esses papéis tinham-se tornado concretos por meio dessa objetivação, eles se tornaram abertos à correção, ampliação e orientação.

Podemos exemplificar o segundo estágio do desenvolvimento de um processo psicótico (que poderia muito bem, com o tempo, ter sido o do menino descrito, se ele não tivesse sido tratado enquanto era jovem) com o caso de um paciente de 35 anos de idade. Sua história sugeriu uma situação parecida, durante a adolescência, com a do menino anterior: um isolado sociométrico entre os 8 e os 14 anos, atraído para papéis que expressavam uma grande superioridade masculina, rejeitando meninos de sua própria idade, admirando homens mais velhos e indiferente ao sexo oposto. Quando nos procurou, como foi revelado por vários recursos psicodramáticos, ele vivia num mundo de papéis masculinos, um mundo do qual os papéis femininos foram totalmente eliminados. Esse mundo masculino foi organizado ao longo de linhas hierárquicas: primeiro vieram machos expressando a maior agressão e inspirando o maior medo; por último vieram machos sem armas e sem qualquer espécie de força e foram desdenhados. O paciente movia-se de papel em papel, como exigia seu apetite homicida, por seu desejo de inspirar medo; ele assumiu papéis como: membro de uma família real, comandante de uma esquadrilha aérea, vaqueiro do Velho Oeste com duas armas. Ele se cercou de símbolos de poder: armas e aviões de brinquedo, e canivetes que nunca foram colocados em uso real. Satisfazia-se completamente com atalhos simbólicos ao poder real e sua família foi totalmente apagada de sua vida.

A técnica aplicada nesse caso foi principalmente a do mundo auxiliar. Quando ele nos foi encaminhado com o diagnóstico de demência precoce em fase paranóica, suas fantasias mostravam-se, em muitos aspectos, rudimentares. Na primeira fase do tratamento, portanto, nós lhe permitimos não somente falar sobre suas experiências de vaqueiro, mas também vestir-se e agir no cotidiano como vaqueiro, dentro e fora da instituição. Permitimos que ele não apenas falasse sobre revólveres e armas, mas concretamente saísse e comprasse armas de brinquedo.

E assim, pelo menos nos atalhos que pareciam satisfazê-lo como sínteses da realidade, foi-lhe permitido vestir, conversar e agir como um aventureiro, um caçador, um homem de duas armas, um espião. Ele escolhia, preferencialmente, mulheres e crianças como egos-auxiliares, sendo os demais escolhidos para papéis fracos, como os de empregados. Ele era também delicado com os animais. Os egos-auxiliares que colaboraram nos devidos contrapapéis foram, para nós, agentes terapêuticos, e, para ele, pessoas reais que deram crédito às histórias de suas "experiências" e ajudaram-no na concretização de alguns de seus esquemas infantis. Os egos-auxiliares também atuaram como intérpretes e tradutores de suas idéias e seus esquemas para nossa linguagem e nossas intenções e, da mesma forma, de nossos planos terapêuticos e esquemas, em situações e cenas relacionadas com seus papéis e suas fantasias.

Na segunda fase do tratamento, tiramos todas vantagens possíveis dos canais de relacionamento existentes em seus delírios. Nossos egos-auxiliares, tendo sido projetados no mundo do paciente e aceitos por ele, dentro do âmbito do psicodrama, podiam agora funcionar numa tentativa de trazê-lo de volta para papéis e situações mais normais. O objetivo dessa forma de abordagem foi levar seu mundo imaginário, por meio do princípio psicodramático, a um equilíbrio com a realidade oficial, de modo que ele pudesse viver na comunidade aberta, sem dano para ninguém e sem qualquer frustração de suas próprias aspirações.

O terceiro estágio do desenvolvimento de uma psicose (que também poderia ocorrer nos dois casos precedentes em momento posterior, caso eles tivessem sido deixados sem tratamento) foi demonstrado pelo caso de uma mulher de 60 anos. Ela tinha sobreposto aos seus relacionamentos prévios (seus átomos sociais e culturais) um novo sistema de relacionamentos. Esse sistema estava já altamente organizado quando ela nos foi encaminhada com o diagnóstico de paranóia. Havia algo rudimentar em seu esquema: ela se baseava em sua capacidade de "flagrar o pensamento das pessoas" e, finalmente, de ouvir vozes; seu sistema era tão eficientemente organizado que ela podia recordar pensamentos de outras pessoas "com a maior precisão". Depois de ter convivido conosco um pouco de tempo, ela era capaz de ouvir os pensamentos da equipe e de outros pacientes. Enquanto o paciente descrito anteriormente tinha demonstrado, na segunda fase do desenvolvimento psicótico, incerteza e dúvida ao lado de medos e preocupações, esta paciente tinha alcançado um estado de convicção, de segurança, que permeava todos os seus relacionamentos.

Seu sistema era persecutório. Uma quadrilha de bandidos, liderada por um negro, tinha ameaçado atacá-la fisicamente e roubá-la. Ela adorou ir ao teatro e mostrar sua capacidade de descobrir a gangue que a estava perseguindo e, finalmente, revelar todas as injustiças que pessoas da instituição tinham tentado contra ela (que ela tinha descoberto "flagrando seus pensamentos"). Seu histórico a mostrava uma isolada sociométrica. Embora tivesse sido uma garota atraente, rejeitara persistentemente as abordagens masculinas e permanecera solteira. À medida que progrediu seu tratamento no palco, foi gradativamente abandonando suas fantasias de perseguição por parte da quadrilha do bairro onde morava e focalizando na instituição seu campo delirante. Tivemos, assim, muito mais condições de ajudá-la a objetivar e tratar seus delírios do que se eles fossem focalizados à distância...

CAPÍTULO 9

TRATAMENTO PSICODRAMÁTICO DE PROBLEMAS CONJUGAIS*

1940

> Nota do organizador: Moreno escreveu com freqüência a respeito do trabalho com casais. Este artigo analisa, com algum detalhamento, a abordagem psicodramática de um triângulo amoroso.

O psicodrama toma processos reais, situações, papéis e conflitos, levando-os para um contexto experimental, o teatro terapêutico, que pode ser tão amplo como as asas da imaginação consigam fazê-lo, incluindo aí cada partícula de nossos mundos reais. Aplicado à questão do casamento, ele abre novas perspectivas tanto para a pesquisa quanto para o tratamento. A abordagem, nesse caso, precisa ser muito cuidadosa, porque uma relação que começa com afeição e dignidade esvazia-se, muitas vezes, com uma quantidade de desgostos e desilusões tão desproporcional às intenções originais que justifica esse cuidado... Se o amor deve começar e se se deve entrar no casamento, por que não deveria o relacionamento começar de acordo com todas as máximas de genuína espontaneidade, de

---

* De *Psychodrama*, vol. 1 (1946), 328-47. Outra versão aparece em *Sociometry*, 3 (1940).

ambos os lados? E se eles devem terminar, por que não de uma maneira tão digna quanto humana? O psicodrama oferece esse método: as pessoas envolvidas vêm juntas para um espaço à parte da vida, buscando uma melhor compreensão de suas tensões e de seus conflitos interindividuais...

O teatro é um espaço objetivo, onde o sujeito pode atuar seus problemas ou suas dificuldades, relativamente livre das pressões e ansiedades do mundo exterior. Para isso, toda situação do sujeito no mundo exterior deve ser reproduzida, de maneira espontânea, no contexto experimental do teatro e, mais do que isso, devem encontrar uma expressão visível nos papéis ocultos e nos relacionamentos humanos invisíveis que ele possa ter experienciado, introduzidas determinadas funções: um palco, luzes, um sistema de registro, egos-auxiliares e um diretor.

Quando um casal em dificuldades conjugais procura uma consulta e um tratamento, realizam-se entrevistas separadas com cada parceiro.

O objetivo da primeira entrevista é ir rapidamente ao que interessa e encontrar a pista para o problema crucial. Assim, constrói-se a primeira situação psicodramática com a qual se inicia o processo de tratamento (não se faz, por enquanto, nenhum registro de caso elaborado). Os parceiros, em vez de colocarem abruptamente as dificuldades imediatas, podem voltar-se para situações passadas remotas; às vezes, o tema de uma primeira dramatização pode surgir exatamente de uma questão marginal, sendo extremamente importante que as pistas sejam oferecidas e sugeridas pelos próprios sujeitos. Em se tratando de uma experiência psicodramática confiável, em que os sujeitos trabalham no palco terapêutico e são levados, pelo potencial das dinâmicas psicodramáticas, da superfície de seu relacionamento a um nível mais profundo, uma primeira encenação pode ser construída em torno de qualquer tema que venha de forma espontânea às suas mentes, durante a entrevista.

Acontece, em geral, que cada parceiro apresenta um conjunto diferente de queixas, sendo que cada um, também, já formulou seus remédios para elas. Em outras ocasiões, somente um dos parceiros, a esposa, por exemplo, deseja o aconselhamento ou o tratamento, enquanto a outra parte, o marido, pode ser indiferente. Outros fatores, como problemas econômicos, podem entrar na situação conjugal, entretanto o mais importante são todas as outras pessoas que constituem concretamente uma parte integral do conflito em si, outro homem ou outra mulher, uma sogra, um filho adulto, os filhos de um casamento anterior. Esses fatores podem levar o consultor psicodramático a uma mudança em sua estratégia. Antes que se defina uma primeira dramatização, pode ser necessário mais material preparatório, ou uma entrevista com um terceiro, quarto ou quinto participante do conflito; portanto, depois das primeiras entrevistas com os parceiros imediatos, muitas fases podem ser necessárias antes que seja possível uma estréia adequada. Quando os parceiros tendem a usar táticas protelatórias nas entrevistas, é em geral aconselhável colocá-los diretamente no palco, sendo orientados a agir como se estivessem em casa, com a diferença de que podem agir e pensar em voz alta mais livremente. Esse recurso pode ser utilizado para se obter uma pista e colocar o processo em movimento.

Acontece, muitas vezes, que somente um dos membros do casal é entrevistado, enquanto o outro ou ignora ou é indiferente ao fato de que está sendo procurada uma ajuda. Nesse caso, o procedimento deve começar com aquela pessoa e incluir gradativamente a(s) outra(s) pessoa(s) envolvida(s). Como regra, antes que a primeira situação seja encenada, pode-se construir uma imagem aproximada do átomo social de cada uma das pessoas envolvidas, com os detalhes sendo preenchidos gradativamente, à medida que o tratamento prossegue. Da mesma forma, é interessante obter uma imagem aproximada dos papéis culturais dos envolvidos, sendo úteis quando a espontaneidade começa a diminuir e as situações devem ser construídas para eles.

Um dos conflitos conjugais mais freqüentes, levados ao psicodramista, é o triângulo psicológico de marido, esposa e uma terceira pessoa, homem ou mulher. Essa situação é tão delicada e pode trazer tantos sofrimentos e amarguras, que a mais leve falta de tato no curso da ação ou durante a análise da atuação pode levar a um beco sem saída. O diretor deve tomar todos os cuidados, para não fazer nenhuma sugestão a respeito do que seria preferível: o teatro terapêutico não é um tribunal, os egos-auxiliares que participam não são um júri, o diretor não é um juiz. Mais ainda, o teatro terapêutico não é um hospital na qual os sujeitos vêm para expor suas feridas e serem curados por profissionais habilitados; toda iniciativa, espontaneidade e decisão devem emergir dos próprios sujeitos. Na verdade, eles são mobilizados a uma iniciativa e espontaneidade maiores do que podem ter experimentado no dia-a-dia de uma vida doméstica monótona. Para o diretor, dada solução pode ser tão desejável quanto outra, desde que ela proporcione o máximo grau de equilíbrio possível aos participantes. Em determinado caso, isso pode significar uma reintegração da relação marido–mulher, em outro, a ruptura do relacionamento, uma catarse de divórcio.

Há um mal-entendido que deve ser cuidadosamente evitado: o psicodrama não é uma cura "pela ação", como alternativa a uma cura "pela palavra". A idéia não é que os sujeitos atuem, na relação com o outro, tudo o que imaginam, sem cuidado, num exibicionismo ilimitado, como se esse tipo de atividade, em si mesmo, pudesse produzir resultados. Na verdade, é nesse ponto que mais conta a experiência do diretor na arte do psicodrama. Exatamente como um cirurgião que sabe o estado físico de seu paciente e limita a operação à condição que o paciente pode resistir, o diretor psicodramático pode deixar muitos territórios da personalidade de seus sujeitos não expressos e não explorados se suas energias não forem, no momento, compatíveis com a exigência.

UM TRIÂNGULO PSICOLÓGICO NO CASAMENTO

Primeira Sessão:

O número de pessoas permitidas no teatro é limitado aos egos-auxiliares (escolhidos pelos sujeitos) e tantos outros quanto o diretor considere necessário. O caso a seguir é um exemplo típico.

Por ocasião das entrevistas, determinado casal, sr. e sra. T,[1] não conseguiu oferecer nenhuma pista satisfatória. Foi solicitado que subissem ao palco e fizessem de sua situação presente o tema para a dramatização, no teatro terapêutico. Tanto um quanto o outro poderiam ter sido a força impulsionadora da vinda deles ao teatro, para tratamento, ou talvez eles tenham discordado a respeito disso, por alguma razão. Qualquer que fosse o caso, deveriam escolher uma linha de pensamento e continuar conversando, como se estivessem em casa, mas com uma diferença: eles deveriam sentir-se livres para agir mais espontaneamente, quebrando alguns dos cuidados convencionais em relação aos sentimentos um do outro.

Depois de alguns segundos de hesitação, eles apresentaram uma discussão sobre as despesas do tratamento. Ela argumentou que qualquer despesa seria válida, desde que isso ajudasse a tornar o casamento feliz, novamente. Nesse ponto, ele explodiu e disse, pela primeira vez, que o seu teatro tinha chegado ao fim, de qualquer modo, porque ele estava amando outra mulher. Um segredo que tinha sido cuidadosamente guardado foi revelado repentinamente. O palco psicodramático funcionou como um meio para definir a situação com precisão. Foi, é claro, um choque para a jovem esposa. Ela gritou: "Quem é ela?". A encenação foi interrompida e um ego-auxiliar feminino foi escolhido para personificar a outra mulher (que chamaremos de srta. S) e a sra. T voltou à platéia. O sr. T contou que tinha marcado um jantar com a srta. S na noite seguinte. A primeira cena, então, projetada no palco terapêutico, foi essa situação do jantar. A auxiliar entrou em cena, atuando como se fosse a srta. S.

Na cena, como o sr. T montou no palco, ele disse à srta. S (auxiliar) que havia começado um tratamento em que os participantes de um conflito conjugal eram levados a atuar as dificuldades que tinham entre si. Ele prosseguiu dizendo que, quando representava com a sra. T, no dia anterior, ele tinha exposto seu sentimento em relação a ela, srta. S. Enquanto representava,

---

1. Respeitando a preferência do autor, mantivemos aqui a forma original de identificação dos membros do casal, "sr." e "sra.", embora não seja a maneira usual de fazê-lo em nossa linguagem corrente. (Trad.)

ele começou a se dar conta de que estava vivendo uma imaturidade, levando duas outras pessoas, além de si mesmo, a dificuldades cada vez maiores, e de que ele deveria chegar a uma decisão, qualquer que fosse. No próprio palco, ele chegou à conclusão de que o que verdadeiramente desejava era divorciar-se da esposa e casar-se com ela, srta. S. A auxiliar agiu de acordo com suas instruções e a cena terminou com o fortalecimento do vínculo entre o sr. T e a srta. S.

Segunda Sessão:

O sr. T tinha encontrado a srta. S para jantar, no dia anterior, e quando veio com a sra. T ao teatro terapêutico para a sessão, foi-lhe solicitado que reproduzisse no palco o encontro, tal como realmente tinha acontecido. A auxiliar substituiu novamente a srta. S e a sra. T permaneceu na platéia. O encontro tinha revelado algumas surpresas para ele. A srta. S tinha chegado a uma decisão própria, devolvendo-lhe um presente que ele lhe tinha dado, simbolizando com isso que tudo estava terminado entre eles. O sr. T parecia muito menos seguro de si do que na cena problemática representada na sessão anterior e quando a srta. S disse que não desejava roubar o homem de outra mulher, o sentimento de culpa dela encontrou eco nele.

A sra. T, que não tinha sabido de nada do que tinha acontecido no encontro deles, ficou agradavelmente surpresa e ficou contente ao ouvir que o sr. T voltaria para ela. Depois da cena, o sr. T cumprimentou a auxiliar por ter retratado tão bem a reação da srta. S. No entanto, quando viu a esposa exultante, ele ressalvou que, embora não fosse se casar com a srta. S, pretendia separar-se da esposa. Ele disse, também, que compreendia a crueldade desse encaminhamento, em vista dos sacrifícios feitos por sua esposa durante os muitos anos de casamento; ele tinha guardado silêncio sobre seu caso com a srta. S porque temia que ela pudesse desmoronar, se defrontada com essa situação, mas o tratamento psicodramático tinha trazido à tona os sentimentos e as relações subjacentes.

Terceira Sessão:

A srta. S participou desta sessão e a sra. T ficou fora. O sr. T e a srta. S representaram uma série de cenas, começando com seu primeiro encontro e mostrando, passo a passo, como tinha evoluído seu relacionamento. A srta. S tinha vindo contrariada ao teatro terapêutico; ela estava determinada a sacrificar seu amor pelo sr. T e a abandonar "toda essa confusão" com um gesto heróico, mas as cenas levaram-na a uma mudança total. As recordações, os sonhos e os planos que emergiram no decorrer da encenação levaram seu relacionamento no palco a um tal clímax que seu desejo e sua decisão de prosseguir e casar-se tornaram-se irrevogáveis e espontâneos. Em dois papéis, de poeta e aventureiro (em que ele e a esposa não tinham nenhum contato), o sr. T mostrou uma comunhão profunda de sentimentos com a srta. S, mas o ponto crucial foi que o sr. T desejava ter um filho (um menino) com a srta. S. Na análise que se seguiu às cenas, o sr. T afirmou que ele agora se dava conta do motivo pelo qual tinha insistentemente evitado ter um filho com sua mulher, embora se dessem bem como amantes e sua esposa fosse uma boa dona de casa. A srta. S foi a primeira mulher com quem ele tinha conseguido visualizar-se numa relação pai-mãe.[2]

Últimas Sessões:

Elas foram dedicadas a levar o relacionamento do casal "T" a um ponto ótimo de equilíbrio, em vista das conseqüências prováveis do conflito. A sra. T tentou de todas as formas uma aproximação que pudesse levar o sr. T a considerar a possibilidade de uma continuação do casamento. Cenas reproduzindo seu namoro inicial, os sofrimentos por que passou para favorecer a carreira profissional dele, a infância e a velhice deles. Não houve nenhum avanço. Entretanto, para ela, tudo isso teve um

---

2. O papel de aventureiro pode ser pensado como uma antítese do papel paterno, embora na realidade ambos tenham sido frustrados e tenham sido experimentados simultaneamente como não cumpridos. (Org.)

valor catársico, fortaleceu seu ego e preparou-a para uma nova vida, eliminado seu impulso de vingança em relação à srta. S. A delicadeza e a compreensão do sr. T aumentaram, mas não se alterou seu desejo de unir-se à outra. Chegou-se a uma catarse completa para a separação e o divórcio.

O material completo desse caso não pode ser apresentado aqui, uma vez que tomaria centenas de páginas. Além do casal "T" e da srta. S, duas mulheres e três homens subiram ao palco como egos-auxiliares. O tratamento durou três meses, sendo representadas sessenta cenas, nas quais foram assumidos mais de cem papéis.

INTERPRETAÇÃO

No caso do sr. T, um papel não realizado, o de poeta, ligou-se ao papel correlato de aventureiro. Mais tarde, eles se fundiram e despertaram um papel não realizado mais profundo, o de pai. A cadeia de papéis poeta-aventureiro-pai, despertada pela srta. S, reacendeu nele o papel de companheiro-amante, voltado para ela. Quanto mais inclusivo o processo de aquecimento de um papel (quanto mais amplo o território da personalidade que ele abrange), tanto mais satisfatório torna-se ele e mais inspirador é para o desenvolvimento da espontaneidade e da iniciativa, no esquema de vida global do sujeito. É esse importante mecanismo interindividual que funcionou no caso presente. Enquanto os papéis de poeta e aventureiro, isoladamente, estavam interagindo com os papéis complementares da srta. S, a situação era tolerável; tão logo eles se combinaram com os papéis de amante e de pai-filho-mãe, mesmo os papéis de amante e de dona de casa, que até então estavam bem ajustados entre o sr. e a sra. T, começaram a romper-se, parecendo chatos e monótonos, quando comparados aos papéis de sua nova experiência. O campo mais estreito, representado pelos mesmos papéis até o momento de seu encontro com a srta. S, foi agora substituído por um campo mais amplo, englobando um complexo de papéis.

No decorrer do estudo do triângulo, observou-se que, num relacionamento próximo, pode acontecer de um papel exigido por uma das pessoas estar ausente em seu companheiro, e também que a ausência de um papel pode ter conseqüências sérias...

Tomemos o papel de mãe das duas mulheres desse triângulo, que teve uma considerável importância nesse conflito. No caso da srta. S, o papel de mãe era altamente desenvolvido (no nível da fantasia) e, o que era mais importante, estreitamente ligado aos papéis de poetisa e aventureira. A combinação dos três papéis fez dela um complemento quase perfeito para o sr. T, em seus papéis não realizados. Na sra. T, o papel de mãe era rudimentarmente desenvolvido (no nível da fantasia). Isso coincide com a experiência, em muitos outros casos.

O papel de mãe é necessário quando uma situação fisiológica real, uma gravidez, por exemplo, o exige. Uma ausência total desse papel (tele zero), durante o período de gestação e depois do nascimento do bebê, deve ser considerada tão patológica quanto o seria um superdesenvolvimento desse papel.

Para tomar outro exemplo, é uma situação igualmente patológica o homem casado que não tenha desenvolvido totalmente o papel de marido, ou que o tenha insuficientemente, em termos da mulher com quem ele está casado.

Muitas situações e conflitos conjugais têm sido tratados pelo método psicodramático. Na maioria dos casos se tem conseguido um ajustamento entre marido e mulher. A duração do tratamento varia: em conflitos médios, obtém-se uma catarse depois de poucas sessões; em casos complicados, em que um ou o outro companheiro sofre de um distúrbio psíquico grave, pode ser necessário mais tempo do que no caso do sr. e da sra. T e da srta. S.

TÉCNICA DO EGO-AUXILIAR EM PROBLEMAS MATRIMONIAIS

Quando, por exemplo, o marido vem sozinho para o tratamento, a esposa ausente tem de ser substituída por um ego-auxiliar.

Solicita-se ao marido que prepare esse ego-auxiliar para o papel. Essa fase é, por si mesma, muito significativa para o trabalho, pois em alguns minutos, o sujeito deve aquecer a auxiliar, mostrando-lhe como sua esposa age e que tipo de coisas ela diz. Tudo isso, é claro, serve para informar o diretor sobre como o sujeito sente sua esposa e indica quais as características dela que se destacam em sua mente. Ele é informado de que não deve esperar do ego-auxiliar um retrato preciso, mas apenas uma base suficientemente sugestiva para que se possa começar.

Costuma ser uma boa estratégia deixá-lo trabalhar suas queixas e seus conflitos com uma "esposa" auxiliar e alternar, depois, uma sessão em que a esposa, por sua vez, trabalha seus problemas com um "marido" auxiliar, antes de eles começarem a trabalhar juntos. Quanto mais bem preparado o ego-auxiliar para os papéis necessários e quanto mais ele ou ela encontra as afinidades espontâneas do sujeito, tanto maior o sucesso em levá-lo a começar.

É muito importante o treinamento do ego-auxiliar, especialmente para trabalhar problemas de casamento. Em primeiro lugar, o ego-auxiliar deve aprender a desligar-se totalmente de qualquer coisa de sua vida particular que possa enviesá-lo para um ou outro dos cônjuges. Pode ser necessário um treinamento cuidadoso da espontaneidade, para que seus conflitos particulares não prejudiquem essa função de auxiliar em problemas matrimoniais; em alguns casos, somente determinados papéis e determinadas cenas lhes são acessíveis. O ego-auxiliar não conhece as pessoas que deve representar, dependendo do sujeito para direcionar a caracterização delas; mesmo em papéis simbólicos (Satanás, Deus, um juiz etc.) ele deve agir somente de acordo com o sugerido, e interpolar o mínimo possível sua própria personalidade. Mais tarde, no decorrer do tratamento, as pessoas reais – a esposa ou o(a) outro(a) – podem, elas mesmas, atuar no papel em que o auxiliar as substituiu. O contraste resultante, o quanto se desviou, é um fenômeno interessante; o ego-auxiliar pode ter simplificado demais a esposa; o marido pode ter tido muita facilidade ao relacionar-se com ela.

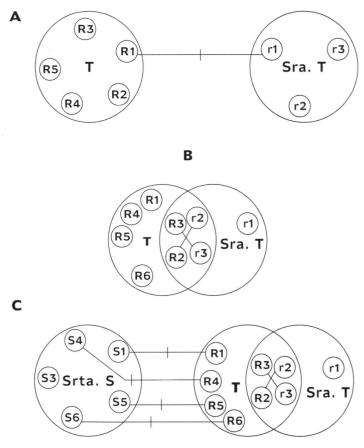

FIGURA 9-1 Desenvolvimento do átomo cultural, inter-relação de papéis no casamento.

A: Estado pré-conjugal. R1, papel de amante; R2, papel de apoiador; R3, papel de marido; R4, papel de poeta; R5, papel de aventureiro; r1, papel de amante; r2, papel de dona de casa; r3, papel de esposa. É no papel de amantes que o sr. e a sra. T atraíram-se mutuamente. Os outros papéis não integram o relacionamento nesta fase.
B: Estado conjugal, fase inicial. R6, papel de pai. Os papéis de marido e apoiador do sr. T estão encontrando realização nos papéis de esposa e dona de casa da sra. T... Os papéis de poeta e aventureiro não são realizados, e um novo papel não realizado aparece, o de pai. Ambos os papéis de amante estão como pano de fundo.
C: Estado conjugal, fase posterior. Uma terceira pessoa entra na situação, a srta. S. S1, papel de amante; S2, papel de esposa; S3, papel de poetisa; S4, papel de aventureira; S5, papel de mãe.

Ao longo do tratamento, pode-se conseguir estímulos bem próximos aos da vida, se o sujeito orientar a auxiliar para incluir em sua apresentação tantas características quanto possível da esposa real.

Às vezes, o marido pode ser difícil de agradar: nenhum dos egos-auxiliares disponíveis é capaz de atender a suas exigências, ou todos ficam aquém de sua imagem da pessoa que está sendo representada. O sujeito pode criticar exageradamente uma auxiliar, e mesmo insultá-la, se suspeitar que ela tenta deturpar propositadamente o caráter da pessoa ausente. Em tais casos, pede-se ao sujeito que atue como ego-auxiliar de si mesmo, mostrando como sua esposa fala e age e, se necessário, escolher um dos auxiliares para substituí-lo. Por exemplo, o sujeito pode representar seu sogro numa cena de discussão, enquanto um auxiliar o substitui; tecnicamente, ele está ausente e presente ao mesmo tempo. O uso do sujeito como seu próprio ego-auxiliar é uma técnica muito útil, para investigar nele a impressão que os diferentes membros de seu átomo social têm a seu respeito.

É óbvio que o ego-auxiliar pode tornar-se um instrumento para testar o comportamento psicodramático. Do ponto de vista terapêutico, ele é um alvo e às vezes um guia para os sujeitos. Pelo fato de estar sempre presente, ele se torna, do ponto de vista experimental, uma referência confiável. Seu equilíbrio de personalidade, seu conjunto de papéis e suas dificuldades pessoais são conhecidos pelo diretor; devendo ser cuidadosamente estudados e avaliados de tempos em tempos. Assim se estabelece uma base de comparação – um quadro de referência – em relação à qual os sujeitos podem ser medidos em seus movimentos de reverberações, inconsistências e extremos.

O valor metodológico da técnica do ego-auxiliar pode ser mais plenamente avaliado quando comparado à técnica do observador participante, no estudo do comportamento humano. Um observador participante observa as pessoas, faz perguntas sobre elas, investigando o interior de suas vidas íntimas, mas não pode ir além de certo ponto. Na técnica do ego-auxiliar, entretanto, as características do observador participante são meramente suplementares em relação às suas funções cruciais e têm seu lugar quando os egos-auxiliares estão sentados na platéia, observando o processo que se desenvolve no palco, ou circulando no meio dos sujeitos no intervalo entre as sessões...

CATARSE DO EGO-AUXILIAR

A auxiliar que fez o papel da srta. S, a "outra" em nosso caso típico, comportou-se no palco de uma maneira peculiar. Às vezes, ela agia de maneira que contrastava totalmente com as instruções que o sujeito lhe tinha dado. Aparentemente, ela não se dava conta disso. Na cena da mesa de jantar, quando o sr. T lhe revelou o quanto ficara feliz no dia em que ela havia dito que o amava, replicou asperamente: "Eu nunca fiz isso e nunca farei!", O sr. T. retrucou: "Mas você fez!", e em seguida, num aparte para a auxiliar, ele disse: "Qual é o problema?". Ela recuperou a calma e continuou de acordo com as instruções. Quando a dramatização terminou, ela explodiu em choro e continuou a chorar depois que voltou ao seu lugar. Após a sessão, ela foi chamada ao palco e o diretor perguntou o que lhe tinha acontecido. Ela disse que pensava ter agido como lhe fora solicitado, mas quando pressionada mais duramente, percebeu que estava naquele momento vivendo uma experiência similar; havia um homem que ela amava e havia também uma mulher que o estava tomando dela. Quando o sujeito esperava que ela agisse em cena da mesma forma, ela saiu do papel por um momento.

Esse processo pode ser chamado de efeito psicodramático, afetando os sujeitos e os egos-auxiliares. Esse tipo de experiência serviu de base para o tratamento da auxiliar, também. Seu próprio conflito conjugal foi tratado separadamente, em etapas, com a ajuda de dois outros egos-auxiliares da equipe. Sua experiência no palco é chamada de catarse psicodramática do ego-auxiliar.

Acontece também que um ego-auxiliar que esteja colaborando no tratamento de outro auxiliar apresente, ele próprio, dificuldades de personalidade. Ele deve, por sua vez, ser tratado, mais tarde.

O melhor meio de tratar um ego-auxiliar ocorre durante o próprio psicodrama. Quando ele evidencia qualquer comportamento estranho, a investigação a respeito é feita perante o sujeito; a rigor, na frente do grupo todo. O auxiliar pode explicar: "Sim, eu também estou numa situação triangular". Pode, ainda, fazer uma síntese de sua situação, em poucas palavras, e continuar trabalhando com o sujeito, mantendo o controle de suas ações e de seu discurso.

No decorrer do trabalho com o sujeito, sempre se faz uma dupla análise, uma do sujeito e outra deste. A análise deste é feita especialmente quanto à extensão em que suas ações diante do sujeito podem estar refletindo seu problema particular. Comparado ao outro tipo de procedimento, este tem muitas vantagens e é, por isso mesmo, preferível. O sujeito está presente quando o auxiliar cai numa armadilha, e como o problema é revelado e em seguida dramatizado, ele pode obter uma espécie de fotografia de como ele é, visto de fora, agora alcançando a catarse de espectador, da mesma forma que a de ator. Além disso, ele pode ser solicitado a atuar como ego-auxiliar do auxiliar que tem um problema, criando o que pode parecer uma situação paradoxal – o psiquiatra tornando-se paciente e o paciente, psiquiatra. Mas o sujeito tem a vantagem de ter a oportunidade de ajudar, com sua experiência, alguém que tentou ajudá-lo. Agora, é ele o orientado sobre como representar o papel de determinado homem – talvez um marido que esteja traindo a esposa (a auxiliar). O sujeito é ainda um espectador, mas que está em ação. Ele pode, então, experimentar uma dupla catarse: como o sujeito que veio buscar tratamento, e como o ego-auxiliar que é utilizado para ajudar outra pessoa.

Outra vantagem desse procedimento é que todos os outros egos-auxiliares presentes, assim como talvez outros sujeitos, vivem uma experiência que se constitui num importante treinamento. Eles estão sempre a meio caminho entre o espectador e o ator, e a meio caminho entre serem influenciados como pessoas privadas e serem estimulados como profissionais.

Como resultado claro, à medida que os sujeitos psicodramáticos emergem do tratamento como pessoas capazes de terem um desempenho mais adequado nas situações tratadas, também os egos-auxiliares tornam-se mais versáteis, mais sábios em suas próprias esferas de vida.

Problema da Condução

Um dos aspectos mais importantes do tratamento é a iniciativa e espontaneidade do diretor e dos egos-auxiliares, durante a dramatização. Muitas vezes, o casal tem de ser preparado, porque não estão prontos para o trabalho e essa preparação pode assumir várias formas. Pode acontecer que os sujeitos estejam vivendo um conflito interpessoal que não conseguem administrar e necessita ser tratado. Talvez eles nem mesmo soubessem que esse tipo de tratamento era possível, ou então que um dos parceiros não estivesse desejando submeter-se a ele. Ou, ainda, seu tipo particular de conflito pode necessitar de alguma preparação mais geral, como uma explicação a respeito do que é o tratamento, que resultados têm sido obtidos em outros casos e que efeito ou solução para seu problema eles podem esperar. Em outro caso, pode ser um parente de um amigo quem dá o primeiro passo, trazendo-os ao teatro terapêutico (funcionando, por assim dizer, como um ego-auxiliar dentro de seu próprio meio). Em outra situação, pode ser seu advogado quem dá instruções a respeito de como abordá-los.

Na fase que antecede a atuação no palco, outra técnica de condução se faz necessária. Os dois parceiros estão no palco, por exemplo, mas recusam-se a representar qualquer das situações cruciais que revelaram durante as entrevistas. O diretor tenta conseguir que comecem, alternando a atenção deles rapidamente de uma cena para outra, levando suas mentes a uma relativa tranqüilidade e estimulando-os a trabalhar. Se não der resultado, ele pode sugerir que escolham um tema qualquer, aleatoriamente, ou algo que eles gostariam de contar para o companheiro naquele momento. Se isso também não der resultado, o diretor pode sugerir que representem algum momento agradável que tenham vivido no passado (quando eles começaram a namorar), ou qualquer situação que expresse como eles gostariam que tivesse evoluído seu casamento (tendo um filho ou uma família numerosa, talvez), ou então alguma situação futura concretizando uma mudança que eles gostariam de ter em suas vidas. Se isso também não funcionar, ainda resta a escolha de situações e papéis simbólicos, com os quais eles tenham alguma afinidade ou que gostariam de construir. Se tudo isso não tem como efeito iniciar concretamente a dramatização, o diretor não critica nem insiste, mas encaminha os sujeitos de volta aos seus lugares. Permite-se, então, a eles, participarem de outra sessão, em que outros sujeitos estejam sendo tratados, com problemas semelhantes. Para todos os efeitos, eles são meros espectadores, mas pode acontecer, entretanto, durante a dramatização de outro casal, que um deles seja chamado a atuar como ego-auxiliar. Essa técnica de transformação do sujeito em ego-auxiliar, por razões terapêuticas, pode ser utilizada por um bom tempo, sendo ambos os sujeitos tratados de forma indireta. Ocorre freqüentemente que, após o tratamento ser meio completado dessa maneira, eles se apresentem espontaneamente para atuar, não se dando conta de que o que eles estão fazendo é o que o diretor tinha desejado o tempo todo.

A condução se faz necessária também quando o ego-auxiliar está recebendo as instruções para determinado papel. Aqui, o auxiliar é o agente. No caso anteriormente descrito, por exemplo, o sr. T teve de explicar à auxiliar que ia representar a srta. S como ela tinha agido quando a encontrou pela primeira vez, no entanto, ele parecia por demais hesitante e desarticulado para poder dar a informação adequada. A auxiliar mostrou, então, grande empenho e habilidade para conseguir que ele se abrisse aos poucos; discutindo poesia, e por outros caminhos deu-lhe confiança para começar uma cena da qual ele tinha, por algum tempo, tentado escapar. Esse tipo de condução também fortaleceu seu relacionamento especificamente com esta auxiliar; ele aprendeu que podia confiar no apoio dela (como uma extensão de seu ego).

Pode-se ilustrar outra forma de condução, com o seguinte incidente: o sr. T levou para o palco um sonho, em que ele e a esposa foram ao funeral de sua sogra. Contudo, era só isso que ele conseguia lembrar do sonho. Quando ele o estava dramatizando com a auxiliar, andando lado a lado, no cortejo fúnebre, ele parou repentinamente e disse: "Pelo modo como a auxiliar andou e me olhou, eu me lembrei de que, quando cheguei ao túmulo, era minha esposa que estava morta". A auxiliar tinha mostrado uma tal intensidade de dor no seu modo de andar e em seu olhar, que isso o aqueceu até o nível de experiência necessário para a rememoração. Às vezes, o trabalho no palco extrapola o controle dos parceiros; nesse caso, o diretor pode encarregar outro auxiliar de estimular a ação; ou, ainda, o trabalho fica lento ou carente de ação significativa, aí ele deve interromper a atuação e sugerir um novo começo. Outras vezes, o sujeito pode reiteradamente escolher representar a mesma situação. Se ela for muito repetida, acarretará um efeito indesejável e o diretor pode ter de delimitar o território do tratamento. Ele pode, ainda, preferir deixar inexplorados e não tratados determinados aspectos do conflito, deixando sua solução para a espontaneidade dos próprios sujeitos, entretanto, na condução, o uso correto dessa opção é a tarefa mais difícil.

UM QUADRO DE REFERÊNCIA PARA A MEDIÇÃO DE PAPÉIS

O psicodrama apresenta um novo método para o estudo de papéis, fornecendo um contexto experimental, livre das limitações de qualquer comunidade ou cultura em particular. Aqui não há necessidade de uma definição última de papéis (as informações sociais, legais e econômicas são meramente suplementares), pois são estudados em *statu nascendi*: eles não são dados, emergem ao vivo, são criados diante de nossos olhos. O poeta não se esconde atrás da obra; na verdade, ele está nos auxiliando ao longo dos processos de concepção, de fase em fase, por meio de todo o processo de encenação. Isso não apenas abre caminho para se estudar os papéis *in vivo*, desde o momento de seu nascimento, mas também representa a possibilidade de uma forma científica de referência e de evidência mensurável. Os papéis não precisam ser definidos: eles se definem a si mesmos à medida que emergem do *status nascendi* até alcançar a forma plenamente madura. Alguns são postos por uma situação legal (o advogado, o criminoso), outros são exigidos por uma situação tecnológica (tal como um locutor·de rádio), outros por uma situação fisiológica (o comedor), mas é somente durante o trabalho psicodramático que podemos investigar como eles tomam forma espontaneamente.

Já mostramos anteriormente como o ego-auxiliar é utilizado para fins terapêuticos. Em nosso teatro terapêutico, temos algumas pessoas, homens e mulheres, treinados para atuar em qualquer papel que o sujeito precise, representando uma situação de vida. Na ausência de uma esposa ou uma namorada, um dos egos-auxiliares femininos pode entrar e representá-la, após ser devidamente orientada pelo sujeito. Do ponto de vista do tratamento, isso abre três possibilidades: por um lado, tornar a situação tão concreta quanto possível ao marido, o sujeito; por outro, conduzi-lo habilmente pelos momentos de indecisão; e terceira, identificar os problemas de personalidade do próprio ego-auxiliar.

Depois de estudar egos-auxiliares em centenas de papéis, foi possível classificar seus repertórios de papéis e seus modos de representá-los. Determinado ego-auxiliar, por exemplo, era extremamente efetivo em dois ou três tipos de papéis de marido, mas em certa modalidade tinha de ser utilizado outro membro da equipe. Após alguns anos, aprendeu-se a classificar cada ego-auxiliar, não apenas em relação ao seu repertório de papéis, mas também ao seu comportamento psicodramático neles.

Para estabelecer um quadro de referência para todos os papéis que possam ser representados pelos sujeitos no palco terapêutico, foi elaborado um teste de egos-auxiliares. Entre as muitas situações, criou-se a seguinte, com o objetivo de testar pessoas para papéis conjugais: "Mostre como você agiria se seu marido (esposa) de repente lhe revelasse que ele (ela) estava namorando outra mulher (homem) e queria divorciar-se". Fez-se uma análise de desempenho, a fim de identificar que linhas de conduta foram seguidas pela maioria deles e a dimensão dos desvios de um para o outro. Os pontos de desvio mais importantes foram: (a) a duração do estado espontâneo; e (b) a intensidade do estado espontâneo, calculadas com base nas inter-relações dinâmicas entre os atos e as pausas. Um número maior de palavras, frases, gestos e movimentos, associados a pausas raras ou curtas, definidas por unidade de tempo, indicavam um alto grau de espontaneidade do sujeito.

Um grupo de observadores ficava sentado na platéia durante os testes. Depois que o papel de marido (esposa), naquela situação específica, tinha sido representado por vários egos-auxiliares, as *performances* foram, numa primeira aproximação, classificadas em várias categorias: A, B, C, D etc. Solicitou-se, então, que cada um dos observadores se enquadrasse numa das categorias de *performance*. Assim, obteve-se um padrão preliminar, estabelecendo como a maioria das pessoas deveria comportar-se naquela situação específica. Pode-se criar, dessa maneira, um quadro de referência para esse e outros papéis.

Todo sujeito que busca tratamento, e atua em todos os papéis que pertencem a ele e à sua situação, pode ser medido, tendo como base as normas estabelecidas, que foram construídas com nossos egos-auxiliares. Os desvios espontâneos da norma de um papel, que são evidenciados pelo sujeito, podem agora ser definidos e medidos, tendo como referência a direção geral do papel: o curso da ação, a duração do estado espontâneo, a quantidade de movimentação no palco, o vocabulário e a fraseologia, o caráter da voz e a gesticulação utilizada.

No decorrer de uma experimentação desse tipo, o próprio quadro de referência preliminar é continuamente testado e retestado para ser melhorado. Um projeto como esse produz respostas mais precisas a muitas questões: Como se pode medir um papel? Dentro de que categorias enquadra-se determinado sujeito, como marido ou como pai? Que espécie de esposa ou mãe complementa melhor um sujeito na vida ou no palco terapêutico? Como podemos prever sucesso ou fracasso no casamento?

PASSOS NO DESENVOLVIMENTO DE UM RELACIONAMENTO CONJUGAL TÍPICO

Nos estudos de casos de conflitos conjugais, pode-se estabelecer a seguinte seqüência no desenvolvimento de uma relação matrimonial típica: duas pessoas, antes de entrar no casamento, têm átomos sociais distintos, independentes um do outro ou, no máximo, parcialmente sobrepostos; uma parte maior ou menor de cada átomo social permanece desconhecida do outro parceiro, ou seja, alguns dos conhecidos da mulher permanecem desconhecidos para o homem, e alguns dele, por sua vez, permanecem desconhecidos para ela.

Quando os dois passam ao estado marital, ocorre uma mudança no comportamento e na organização de seus átomos sociais. Eles agora atuam, na relação com o outro, em papéis não desempenhados anteriormente, os de marido e esposa, de provedor e dona de casa; apesar de formarem um grupo de duas pessoas, o número de papéis em que interagem é muito maior e as mudanças no comportamento dos dois parceiros podem ser atribuídas a seus novos papéis e ao relacionamento entre esses.

A concretização de uma situação de casamento não apenas impõe novos papéis aos cônjuges como também enfraquece ou intensifica aqueles já estabelecidos entre eles, como o papel de amante, produzindo tanto novas satisfações quanto novos atritos. Em função disso, alguns dos desequilíbrios que existiam na fase pré-marital desaparecem, dando lugar a novos desequilíbrios.

Todo indivíduo, como ponto de aplicação de numerosas atrações e repulsões, aparece, também, como foco de numerosos papéis que se referem a papéis de outros indivíduos. Todo indivíduo, assim como tem constantemente um conjunto de amigos e um conjunto de inimigos, também representa uma série de papéis e enfrenta uma série de contrapapéis, e em vários estágios de desenvolvimento. Os aspectos tangíveis do que se conhece como "ego" são os papéis em que o indivíduo opera. O padrão de relações de papel que têm determinado indivíduo em seu foco central é chamado de átomo cultural... Obviamente, o termo é escolhido como correspondente a "átomo social". Justifica-se o uso da palavra "átomo", considerando-se o átomo cultural como a menor unidade funcional dentro de um padrão cultural. O adjetivo "cultural" pode ser justificado pelo fato de considerarmos os papéis e as relações entre eles os elementos mais significativos dentro de qualquer cultura específica (independentemente de qual definição se dê a cultura, por qualquer escola de pensamento). Os métodos sociométricos são o principal meio de estudar os átomos culturais.

Depois do casamento, duas pessoas conhecem-se em muito mais papéis do que antes e em alguns dos papéis pré-maritais elas se conhecem mais profundamente... É uma peculiaridade do casamento que os parceiros pensem que podem desempenhar *todos* os papéis mais significativos. Não se pode prever, antes do casamento, o grau em que os papéis de um indivíduo podem ser satisfeitos pelo companheiro, a menos que ambos participem de um treinamento psicodramático, o que parece ser o único meio para eles poderem aprender a antecipar ou prever as etapas da evolução de seu casamento.

Em circunstâncias normais, entretanto, para que dêem conta do modelo oficial de casamento, assim como do padrão de correção, eles devem desistir de viver determinados papéis que desempenhavam antes, ou podem mesmo proibir-se de desenvolver novos papéis, temendo que o companheiro não possa aceitá-los ou complementá-los. Esse fato costuma produzir um conflito típico na estrutura de papéis de dois cônjuges. No caso do sr. e da sra. T, eles conseguiram um entrosamento viável em dois papéis: a parceira fêmea tinha um repertório limitado a dois papéis, estando plenamente satisfeita e ajustada ao homem; ele, entretanto, tinha em vários papéis em que ela ou era uma companheira medíocre ou não era companheira de jeito nenhum (ver Figura 9-1B). Com o decorrer do tempo, como vimos, esse fato produziu uma rachadura em seu relacionamento. Os papéis não preenchidos do átomo cultural configuram um alvo fácil para qualquer outra pessoa que tenha melhores condições de satisfazê-los. O sr. T manteve esses papéis escondidos de sua esposa, ou então nunca deu força a eles quando estava com ela. O conflito entre eles manteve-se durante anos, sem produzir nada a não ser uma irritação difusa. Muitas pessoas casadas perdem seus companheiros muito antes que se manifeste qualquer ruptura aberta, como no caso do sr. e da sra. T. A perda, nesse caso, era parcial, num papel específico (o papel pai-filho-mãe), no qual o casamento não deu certo. Esta situação perdura, às vezes, sem maiores conseqüências, se os papéis que levaram os companheiros ao casamento estiverem bem-ajustados, entretanto, torna-se freqüentemente a cunha que pode evoluir para uma separação completa ou o divórcio.

A mudança de uma simples situação conjugal (em que não há filhos) para uma situação familiar implica alterações no comportamento de ambos os parceiros. O grupo original de dois é aumentado, por exemplo, para um grupo de cinco. Embora os parceiros possam continuar em seus papéis de marido e mulher, num nível estritamente privado, eles têm de atuar também como pai e mãe e os membros que entram na família assumem seus papéis de filhos e filhas. Esposo e esposa têm de agir diante deles como pai e mãe. Mais do que isso, quando na presença das crianças, eles têm de interagir nesses papéis (já os papéis de marido e mulher ficam cada vez mais restritos a situações que lhes permitam a privacidade dos tempos passados). A nova distribuição mascara o fato de que a família consiste de dois grupos: por um lado, o grupo original de dois (esposo e esposa e seu repertório de papéis específicos) e, por outro, o grupo de cinco (marido e mulher, agora nos papéis de pai e mãe, e seus rebentos, nos papéis de filhos e filhas). A duplicidade de papéis do pai-marido e da mãe-esposa explica a eterna confusão na mente dos filhos, que não conseguem compreender o fato de existirem papéis e relações familiares dos quais eles não participam.

Em outro nível, aparecem na situação de família conflitos parecidos com aqueles do casamento simples. Quando o filho é pequeno, seu repertório limitado pode ser facilmente satisfeito pelos pais, em vários papéis: enfermeira, protetor, educador e provedor. Mas à medida que a criança vai crescendo, expandem-se seus repertórios que precisam ser realizados, acrescentam-se novos papéis significativos, ligados ao indivíduo fora do seu círculo familiar, tanto em situações formais, a igreja ou a escola, quanto em situações informais, como a vizinhança, podendo ocasionar choques entre os dois pais, entre pais e filhos, ou entre os próprios filhos. Esses problemas podem não ser resolvidos até que os filhos estejam totalmente crescidos e separem-se dos pais, assumindo por si mesmos os papéis essenciais ao mundo dos adultos.

CAPÍTULO 10

PROGNÓSTICO E PLANEJAMENTO DO SUCESSO NO CASAMENTO*

1941

> Nota do organizador: No capítulo anterior, Moreno acentuou a importância de terminar bem um relacionamento. Aqui, ele oferece um plano, baseado em testes psicodramáticos de espontaneidade, para casais que estão começando a vida a dois. Essa discussão aponta a utilidade do psicodrama em períodos de transição da experiência humana.

Uma das maiores dificuldades metodológicas que as ciências sociais têm de enfrentar é a discrepância entre os comportamentos verbais (que se expressam em entrevistas, testes de associação livre, respostas a questionários etc.) e em situações de vida real (o modo de agir dos indivíduos), em que o conteúdo verbal torna-se um componente menor e seu próprio significado sofre mudanças significativas em decorrência do modelo de ação do qual se origina.

Quanto mais fundamental e central for dada situação ou relacionamento nas relações conjugais e familiares, maior será

---

* De *Sociometry, Experimental Method & the Science of Society* (1951), 111-4 (na publicação original aparece sob o título "1941", que indica o ano do esboço original).

a tensão social quando a discrepância aumentar. Negligenciar esse dado em situações pré-maritais implica equívocos graves na análise do material, na previsão de sucesso ou fracasso e, finalmente, porém não menos importante, no planejamento objetivo dos relacionamentos futuros.

A mim me parece que a pesquisa mais importante, no âmbito das questões conjugais e familiares, deve ter como foco, nos próximos anos, a identificação de teorias, procedimentos, métodos e testes capazes de levar esse problema a um ponto próximo da solução.

A dificuldade com que se defronta o pesquisador, no campo dos relacionamentos interpessoais, tem sido sempre a aparência de existirem apenas duas abordagens principais disponíveis: os estudos baseados no comportamento verbal e a observação de pessoas em situações de vida, por meio de técnicas do tipo observador/participante. Ambos os métodos têm seus méritos mas, quando se trata de um planejamento concreto dos relacionamentos interpessoais e da previsão de sua evolução, eles não parecem adequados. É necessário, por isso mesmo, encontrar uma terceira via entre esses dois extremos, que consiga chegar mais perto do modelo de atuação dos relacionamentos interpessoais em si. Com o tratamento psicodramático de muitos problemas de casamento, conseguimos desenvolver um método que, acredito, pode diagnosticar com facilidade e precisão as razões do fracasso de muitos relacionamentos conjugais, assim como oferecer meios de prevenção de futuros desajustes.

O psicodrama e sua aliada, a sociometria, abrem campos de pesquisa-ação que deveriam atrair fortemente os sociólogos jovens, tendo em vista as possibilidades quase ilimitadas de experimentação com metodologias novas, que vão muito além dos procedimentos e testes até hoje utilizados. Os métodos psicodramáticos permitem ao pesquisador observar relacionamentos interpessoais *em ação*. As fontes de conflitos, passados, presentes e futuros, tornam-se evidentes, num contexto em que podem ser diagnosticadas, trabalhadas, previstas e manejadas, muitas vezes com o resultado de que, se e quando esses conflitos ocorrerem, sua importância será minimizada, e serão vistos baseados em uma perspectiva "adequada". Se é possível prevenir conflitos num relacionamento interpessoal, esse tem uma boa chance de ser bem-sucedido. O pesquisador deveria concentrar-se, então, na previsão e prevenção de conflitos interpessoais.

O método psicodramático, nesse campo de pesquisa, volta-se antes de mais nada para situações concretas de vida e o investigador tanto pode dirigir sua atenção para a situação em si quanto para as pessoas nela envolvidas. O psicodrama não se baseia em entrevistas, questionários ou relatórios, os sujeitos são estudados, individualmente ou em duplas, enquanto concretamente movimentam-se, falam e agem numa situação dada. A abordagem é tridimensional e tem lugar no presente, sem deslocar-se no tempo. Dessa forma, o pesquisador pode observar, ao mesmo tempo, os sujeitos e as reações espontâneas de cada um, no exato momento em que se defrontam com as situações concretas de vida.

O fator espontaneidade é muito importante. Confrontado a uma situação de vida freqüentemente inesperada e desafiadora, o sujeito é instigado a reagir espontaneamente e a observação possibilita ao pesquisador definir seu *quociente de espontaneidade*. Um dos parceiros, por exemplo, pode ser lento em suas reações, enquanto o outro, que é mais rápido, torna-se cada vez mais impaciente. A constatação de que o quociente de espontaneidade do outro é maior ou menor que o seu pode ajudar o parceiro a levar isso em conta no futuro, dissolvendo-se uma fonte inconsciente de irritação.

Baseado no princípio de que, num relacionamento, cada parceiro desempenha um papel em benefício do outro, e que cada um vê a si mesmo, em diversos momentos e ocasiões, numa variedade de papéis, o psicodrama oferece-lhes a oportunidade de desempenharem juntos esses papéis.

Ao longo da investigação psicodramática da estrutura dos relacionamentos conjugais, pudemos identificar alguns conflitos típicos, presentes em quase todos os casais, cada um deles chegando a diferentes soluções: na verdade, pode-se dizer que uma grande parte do sucesso ou fracasso de um casamento depende da solução encontrada e da facilidade e rapidez com que ela é atingida. Em vista disso, o método psicodramático estabelece algumas situações típicas, padronizadas para uso nos vários relacionamentos que vão ser observados (tais situações, é claro, são baseadas em experiências psicodramáticas concretas com muitos casais). Cada situação simula uma experiência que poderia ocorrer em praticamente todos os relacionamentos conjugais; ela contém, no mínimo, as sementes de um conflito e leva invariavelmente a algum ponto crítico, no qual um ou ambos os parceiros serão chamados a responder de alguma maneira que contribua para a resolução da crise que se configurou.

Assim, não apenas os noivos potenciais são advertidos, por assim dizer, a respeito de alguns momentos difíceis que vão, com toda probabilidade, ter de atravessar no curso de sua vida de casados, mas as soluções possíveis para esses momentos difíceis são analisadas, apontando-se seus erros e inadequações. Em vez de verem um ao outro apenas no róseo entusiasmo que predomina, no mais das vezes, nos estados pré-maritais, eles são forçados a encarar algumas das realidades mais desagradáveis que devem sobrevir e das quais estão ainda provavelmente desligados.

Cada parceiro é revelado ao outro, não somente como amantes ansiosos por mostrarem seu melhor lado para a pessoa amada, mas sim numa variedade de papéis: como marido ou esposa, dona de casa ou provedor, pai ou mãe de uma família que se situa ainda num futuro distante; como companheiro que comete faltas, reagindo o outro com ciúme, complacência ou alguma outra forma espontânea que a encenação mobiliza. No decorrer desse processo, papéis até então ocultos vão emergir e muitas facetas não reveladas de ambas as personalidades vão aparecer e serão utilizadas na educação do casal e no esclarecimento do pesquisador. Os dois conseguem, num tempo razoavelmente curto, conhecer um ao outro e preparar-se para situações semelhantes ao longo do relacionamento planejado.

O tratamento psicodramático de problemas conjugais destaca a importância dos papéis ocultos nas personalidades dos dois parceiros. Em muitos casos de fracasso, a causa poderia ser relacionada à emergência, talvez muitos anos depois do casamento, de papéis como os de aventureiro ou de poeta. Se o outro tivesse consciência, desde o início, da presença desses papéis potenciais, embora subdesenvolvidos, eles poderiam ser levados em conta, oferecendo-se-lhes alguns contrapapéis.

Quando o fracasso ocorre por uma dessas causas, ele se funda na incapacidade de complementação de um papel desse tipo. O papel latente, que se evidencia, não encontrou satisfação no parceiro de casamento e procurou gratificação em alguma outra parte, mas o resultado poderia ter sido mais feliz se ele tivesse vindo à tona por meios psicodramáticos e, como conseqüência, talvez permanecesse assim até dado momento, quando então poderia emergir para encontrar satisfação no companheiro conjugal, em vez de em outra pessoa.

Não é difícil montar o ambiente psicodramático para um experimento desse tipo. Os resultados são duplos e simultâneos: por um lado, um material de pesquisa ilimitado, num plano de concretude e vida real, e de outro, uma preparação prática de (e por) futuros cônjuges para sua vida em comum.

CAPÍTULO 11

TESTE SOCIOMÉTRICO*

1934

> Nota do organizador: A criação do teste sociométrico, por Moreno, foi uma importante contribuição para a compreensão da dinâmica dos grupos. Com efeito, a expressão "conhece-te a ti mesmo" poderia ser aplicada a grupos em sua totalidade, desde que por meio de um processo em que cada membro se tornasse um "experimentador" ativo e em que os investigadores fossem também cuidadosamente investigados.

Teste sociométrico é o nome de um instrumento que mede o grau de organização apresentado pelos grupos sociais. Neste teste, pede-se ao indivíduo que escolha seus companheiros para o grupo do qual é ou pode vir a ser membro, esperando-se que ele faça as escolhas sem restrições e independentemente de os indivíduos escolhidos serem membros ou não do grupo atual, examinando-se as estruturas sociais e medindo-se as atrações

---

* De *Who shall survive?* (1953), 93-110. Encontra-se outra versão deste artigo também na primeira edição de *Who shall survive?* (1934); assim como em *Sociometry, Experimental Method and the Science of Society* (1951) e em *Group Psychotherapy, Psychodrama and Sociometry*, 26 (1973).

e repulsões que ocorrem entre os indivíduos dentro de determinado grupo.

Na área das relações interpessoais, costumamos utilizar conceitos mais limitados, como "aceitação" e "rejeição"; "atração" e "repulsão" são termos mais abrangentes, que vão além dos grupos humanos e indicam configurações sociais análogas em grupos não-humanos.

Até agora, esse teste foi aplicado em grupos familiares, profissionais e escolares, definindo a posição de cada indivíduo no grupo do qual participa. Revelou também que a estrutura psicológica subjacente de um grupo é muito diferente de suas manifestações sociais; que as estruturas grupais variam em correlação direta à faixa etária de seus membros; que diferentes critérios podem produzir grupamentos tanto diferentes quanto iguais das mesmas pessoas; que os grupos com funções diferentes, como os familiares e os profissionais, tendem a estruturar-se de maneiras diferentes; que as pessoas, se pudessem, se agrupariam de forma diferente; que esses grupos espontâneos e a função que os indivíduos exercem ou pretendem exercer dentro deles têm uma nítida influência sobre o comportamento de cada indivíduo e sobre o grupo como um todo; e que tanto os grupamentos espontâneos como as formas de grupamento impostas por alguma autoridade constituem uma fonte potencial de conflito. Verificou, ainda, que as relações escolhidas e as relações reais nem sempre coincidem e que a posição de um indivíduo não pode ser compreendida plenamente se não forem levados em conta todos os indivíduos e grupos aos quais está emocionalmente vinculado. Revelou, mais, que a organização de um grupo não pode ser estudada a fundo se não forem incluídos todos os indivíduos ou grupos que estão em relação; que os indivíduos e os grupos costumam estar interconectados de tal forma que o escopo do teste sociométrico deve ser a comunidade toda à qual eles pertencem...

SOCIOGRAMA

As respostas que cada indivíduo dá, no decorrer do procedimento sociométrico, por mais essenciais e espontâneas que possam parecer, são apenas dados: não são ainda fatos sociométricos em si. É preciso, primeiramente, visualizar e representar como essas respostas se juntam.

Na sociometria, elaborou-se um processo de mapeamento, o sociograma, que é mais do que um mero recurso de apresentação, constituindo-se, antes de mais nada, um método de investigação, que possibilita a exploração de fatos sociométricos. No sociograma, podem ser mostradas a localização exata de cada indivíduo e todas as suas inter-relações, sendo o único esquema disponível, até o momento, que torna possível a análise estrutural de uma comunidade. Haja vista que a estrutura do universo social não é imediatamente perceptível, ela se faz visível mediante o mapeamento. O gráfico sociométrico é, por isso mesmo, tanto mais útil quanto mais retrata, com exatidão e realismo, as relações identificadas (como cada detalhe é importante, a melhor apresentação é a mais precisa). O problema é, pois, não somente apresentar o conhecimento da maneira mais simples e concisa, mas apresentar as relações de tal forma que seja possível estudá-las.

A matriz de um sociograma pode ser concebida, em sua forma mais simples, como a estrutura de escolhas, rejeições e neutralidades. Num momento seguinte, essa matriz pode ser desdobrada nas correntes emocionais e ideológicas que atravessam esses padrões de atração e rejeição.

Vários tipos de sociograma têm sido imaginados, apresentando em comum o fato de retratarem o padrão da estrutura social em sua totalidade e a posição de cada indivíduo dentro dela. Um desses tipos mostra as configurações sociais, como elas se transformam no tempo e como distribuem-se no espaço; outros apresentam retratos transitórios e momentâneos do grupo. Como a técnica de mapeamento é um método de exploração, os sociogramas são estruturados de modo a que se possa isolar pequenas seções a partir do mapa básico de uma comunidade, redesenhá-las e estudá-las, como se estivessem sob um microscópio. Se se destaca uma estrutura grande do mapa de uma comunidade, por causa de seu significado funcional, como as redes psicológicas, tem-se outro tipo de sociograma, o derivado ou secundário. O mapeamento de redes indica que é possível inventar, com base nos sociogramas primários, formas de mapeamento que nos possibilitem explorar grandes áreas geográficas.

O que confere a todo grupo sociometricamente definido seu potencial de desenvolvimento é o critério, o motivo comum que leva os indivíduos a unirem-se espontaneamente para determinada finalidade. Esse critério pode ser, em dado momento, algo de importância básica, como a procura de casa e abrigo, comida e sono, amor e companheirismo, ou tão banal quanto um jogo de cartas. O número de critérios segundo os quais os grupos estão sendo continuamente formados atinge a casa dos milhões, conferindo à sociedade humana aberta e tangível uma infra-estrutura profunda, inconsciente e complexa, difícil de ser identificada, por causa de seu distanciamento em relação à experiência imediata e porque não há uma separação nítida entre estruturas infra e estruturas abertas, umas se entrelaçam com as outras. Às vezes, estruturas interpessoais genuínas podem ser percebidas na superfície; outras vezes, elas requerem um extenso estudo sociomicroscópico para que possam ser identificadas.

O trabalho sociométrico centrou-se, inicialmente, em testar todas as coletividades básicas que compunham uma comunidade. Os sociometristas interessaram-se particularmente por grupos constituídos com base em critérios fortes; os grupos formais e institucionais (grupos familiares, profissionais, escolares, culturais) foram os primeiros alvos, os mais compensadores. A sociometria passou a entrar em toda situação social de que uma comunidade era consistida, desde a mais simples até a mais complexa, desde a mais formal até a mais informal...

Durante a formulação dos testes sociométricos, logo cedo descobriu-se que havia, para cada grupo em particular, determinados valores, metas, padrões ou normas, em função dos quais, aparentemente, os grupos são formados, ou que emergem gradativamente ao longo de sua história. No caso de organizações oficiais, institucionais, é fácil detectar esses valores, mas eles são tanto mais difíceis de definir quanto mais casuais, informais e marginais forem os grupamentos.

Portanto, em vez de dirigirmos nossos olhares para os padrões e valores sociais como eles nos são dados, na superfície, tentamos adaptar uma cunha num nível que seja tão universal e tão livre quanto possíveis de um viés cultural. Tomando-se, por exemplo, o sociograma da estrutura oficial de uma instituição (de uma família, uma escola, uma hierarquia religiosa ou governamental) e substituindo-o pelos sociogramas das estruturas não oficiais, o resultado é uma variedade sempre mutante de perfis, uma gama de estruturas espontâneas e expansíveis, ínfimas e caleidoscópicas, invisíveis a olho nu, mas da maior significação para a estrutura social macroscópica que as circunda...

"Perto de quem você mora?" e "Perto de quem você gostaria de morar?" são duas das mais antigas questões sociométricas. Esses critérios são tão universais que podem ser utilizados com grupos de qualquer cultura, sexo, raça ou faixa etária, seja a estrutura familiar uma família cristã, um harém, uma família da tribo indígena Jibaro,[I] um casal não oficialmente casado, seja qualquer número de indivíduos que escolheram viver juntos e dividir as tarefas do dia-a-dia por um período razoável de tempo. Outros critérios são "trabalharem juntos" e "visitarem-se um ao outro". Critérios como esses três, nós os encontramos em todas as comunidades pesquisadas, porém, há critérios que são encontrados em algumas comunidades, mas não em outras, como caçar, pescar, passear de barco, jogar baralho, jogar beisebol.s

O número de critérios aumenta de acordo com a complexidade da sociedade da qual eles emergem e devem ser mantidos à parte das "motivações" e das utilidades que têm para os membros do grupo. Em determinada cultura, seus membros podem viver perto uns dos outros porque se gostam; em outra cultura, porque há membros de ambos os sexos; em outra, por serem todos do mesmo sexo. As questões-critérios têm valor exploratório quando são significativas para os membros do grupo no momento do teste; por exemplo, as perguntas "Com quem você gostaria de conversar?" ou "Quem você convidaria para uma refeição?" implicam que os indivíduos mencionados tiveram e ainda têm uma significação especial para quem as responde, pois se assim não fosse eles não seriam selecionados. Todos os critérios têm isso em comum: alguma experiência concreta entre eles, seja no presente ou *ex post facto*; em linguagem sociométrica, que estejam "aquecidos" para eles, pois sem isso as perguntas não ensejariam respostas significativas.

Outra consideração útil é a distinção entre critérios de ação e critérios diagnósticos. Um exemplo de critério diagnóstico seria: "Quem você convidaria para comer em sua casa?". É específico, mas não dá aos sujeitos a oportunidade de partirem para uma ação imediata e não autoriza o diretor sociométrico a estimular o sujeito a agir; em outras palavras, o teste proporciona apenas informação, mas não ação. O critério de ação envolve uma situação diferente, aquecendo os sujeitos de formas diversas, exigindo instruções também diferentes daquelas de um teste diagnóstico.

O planejamento sociométrico de um novo assentamento é um exemplo de critério de ação. Os futuros ocupantes vão a uma reunião na cidade e são indagados em grupo pelo conselheiro sociométrico: "Você está se preparando para mudar para um novo assentamento. Quem você desejaria ter lá como seu vizinho?". Essa situação é obviamente diferente da diagnóstica. As pessoas têm um objetivo imediato para o qual estão aquecidas e as escolhas que fazem são muito reais: elas não evidenciam apenas desejos, porque os indivíduos são estimulados a agirem no presente e na presença do grupo. No diagnóstico, apesar de crucial, a referência é o passado, mas a abordagem pode facilmente ser transformada em algo ativo; nesse caso, as escolhas são decisões de ações e não apenas relatos.

A teoria do teste sociométrico exige: (a) que os participantes da situação sejam escolhidos, uns pelos outros, medinate um ou mais critérios; (b) que se selecione um critério ao qual os participantes sejam levados a responder, no momento do teste, com um alto grau de espontaneidade; (c) que os sujeitos estejam adequadamente motivados, de modo que suas respostas possam ser sinceras; e (d) que o critério selecionado para testar seja forte, duradouro e definido, e não fraco, transitório e indefinido.

ORIENTAÇÕES SOCIOMÉTRICAS

Temos estudado de três maneiras a formação de grupos. A primeira pode ser chamada de observacional e interpretativa. Observamos as crianças correrem da sala de aula para o pátio, sem supervisão, notando a maneira como elas se unem espontaneamente. Constatamos certa regularidade em seu agrupamento espontâneo: dada garota acompanhada por várias outras, muitas garotas formando duplas e duas ou três, muitas vezes mais até, isolando-se (padrões similares formavam-se, quando elas brincavam no pátio sem supervisão). Conseguimos obter uma classificação rudimentar da posição dos indivíduos nos grupos (os isolados, os pares e o grupinho em volta de um líder), mas isso não ía além de uma avaliação superficial, na compreensão de sua organização.

Passamos a encarar a tarefa, então, por um ângulo diferente. Em vez de observarmos externamente a formação de grupos, entramos dentro deles, tornamo-nos parte deles, e registramos seus movimentos íntimos. Experimentamos, nós mesmos, a polaridade de relações entre os membros, a formação de gangues, a pressão sobre um ou outro indivíduo; todavia, quanto maior o grupo sob observação, mais nos tornávamos (nós mesmos) vítimas dessa pressão, mais nos víamos vinculados a alguns de seus subgrupos e mais cegos nos tornávamos para os demais. Por esse método de "participação", chegamos a uma classificação um pouco mais apurada de cada indivíduo do que conseguimos mediante mera observação.

Outras vezes, selecionamos um membro do grupo que estava em condições propícias para conhecer as relações subjacentes. Por exemplo, num grupo familiar, consultamos a mãe; numa classe escolar, o professor; num grupo de moradores de um chalé, numa instituição rural, a governanta; em uma unidade de trabalho, o supervisor etc. O informante selecionado, devido ao mecanismo de participação, tinha em geral uma visão distorcida do funcionamento do grupo.

Por meio da observação ou da participação, é impossível compreender-se adequadamente o sentido básico do desenvolvimento de um indivíduo; é preciso fazer dele um experimentador.

No caso da formação de grupos, temos de fazer dos próprios membros virtuais os autores do grupo ao qual pertencem.

Para alcançar-se um conhecimento mais preciso da organização do grupo, utiliza-se o teste sociométrico, em que o indivíduo escolhe seus parceiros para qualquer grupo do qual seja ou possa tornar-se membro. Como as escolhas são feitas pelas próprias pessoas, cada indivíduo é considerado na parceria (isso vale não só para ele, mas também para cada indivíduo em relação aos demais). Assim, conseguimos um quadro de como o grupo estrutura-se por si mesmo em comparação a estruturas de grupo impostas externamente. Esse método é experimental e sintético.

Nos grupos escolares, o teste foi realizado da seguinte forma. O examinador entrou na sala de aula e disse aos alunos: "Vocês todos estão sentados nos lugares que o professor mandou. O colega que fica perto não foi escolhido por vocês. Agora têm a oportunidade de escolher o garoto ou a garota ao lado de quem vocês gostariam de sentar-se. Escrevam abaixo quem vocês gostariam em primeiro lugar; depois, quem em segundo lugar. Olhem em volta e pensem. Lembrem-se de que, na próxima fase, pode ser que o amigo que vocês escolheram agora venha a sentar-se de seu lado". Foi dado um minuto para que decidissem, antes de começarem a escrever. O examinador procurou fazer um contato bom com eles e comunicar, com clareza, o particular significado das decisões.

Para os grupos de moradores, o teste precisou ser modificado. O examinador reuniu toda a população de uma comunidade [institucional] e disse: "Vocês moram numa casa com algumas pessoas, de acordo com as instruções que lhes foram dadas pela administração. As que moram com vocês na mesma casa não foram escolhidas por vocês e vocês não foram escolhidos por elas, embora pudessem até tê-lo feito. Agora têm a oportunidade de escolher as pessoas com quem gostariam de morar. Podem escolher à vontade quaisquer pessoas dessa comunidade, estejam elas morando ou não na mesma casa que vocês. Escrevam abaixo quem gostariam em primeiro lugar, em segundo lugar, em terceiro, em quarto, em quinto. Olhem em volta e decidam. Lembrem-se de que aquelas que escolherem poderão ser autorizadas a morar com vocês na mesma casa".

Três pontos são metodologicamente significativos: primeiro, todo indivíduo é considerado um centro de resposta emocional; segundo, não se trata de um exercício meramente acadêmico, o indivíduo torna-se emocionalmente interessado numa finalidade prática, que o examinador tem autoridade para fazer executar; terceiro, a escolha é sempre relacionada a um critério definido. No primeiro exemplo, o critério foi estudar junto, sentando-se concretamente perto do colega escolhido. No segundo, o critério foi viver junto, concretamente, dentro da mesma casa. Quando esse teste foi aplicado em grupos profissionais, o critério foi trabalhar perto, efetivamente, dentro da mesma unidade e participando da tarefa a ser cumprida; mas outros podem ser utilizados, variando de acordo com a característica de cada grupo estudado.

O teste é realizado em três fases: (1) escolha espontânea; (2) motivação das escolhas; e (3) causa das escolhas. A escolha espontânea revela quantos membros de seu grupo são desejados por um indivíduo como parceiros na atividade grupal, qualquer que seja o critério do grupo. As motivações, identificadas por meio de entrevista individual, revelam depois o número de atrações e repulsões a que determinado indivíduo está exposto, numa atividade grupal. As causas subjacentes para essas atrações e repulsões são estudadas em testes de espontaneidade e desempenho de papéis, adaptados aos objetivos sociométricos.

O teste de espontaneidade coloca o indivíduo numa situação de vida padronizada, que exige reações emocionais definidas fundamentais, chamadas de estados de espontaneidade, como medo, raiva etc. Se se permite que elas se ampliem, tornam-se um jogo de papéis. A seqüência de expressões mímicas e verbais durante os jogos é objeto de registro, oferecendo indicações precisas para a caracterização do funcionamento da personalidade, sua relação com a circunstância de vida encenada e com as pessoas com quem contracena no teste.

FORMULAÇÃO DO TESTE SOCIOMÉTRICO

O desafio era formular um teste de tal maneira que se constituísse, por si mesmo, uma motivação, um incentivo, um objetivo, mais para o *sujeito* do que para o examinador. Se o procedimento do teste coincidisse com uma meta de vida do sujeito, seria possível que ele não se sentisse vitimado ou abusado, ainda que a série de atos pudesse caracterizar, na mente do examinador, um "teste".

Desenvolvemos dois métodos em que o sujeito atua em função de finalidades que são suas. Um deles é o teste sociométrico: do ponto de vista do sujeito, não é exatamente um teste, o que é desejável, é apenas uma oportunidade que ele tem de tornar-se um agente ativo em assuntos que dizem respeito à sua própria situação de vida; mas, para o sociometrista, o teste revela a posição concreta do sujeito na comunidade, relacionada à posição concreta dos demais. O segundo teste que responde a esse desafio é o teste de espontaneidade e o jogo de papéis, nos quais se propõe uma situação de vida padronizada, que o sujeito improvisa como quiser; mas, para o examinador, significa uma fonte de informações a respeito do caráter, da inteligência, do comportamento e das relações sociais do sujeito.

Os testes psicométricos e a psicanálise da criança e do adolescente, embora difiram quanto aos métodos, têm uma coisa em comum: colocam o sujeito numa situação passiva que não tem motivo para ele, num papel de submissão. Isso tende a despertar uma atitude de suspeita e tensão por parte dele diante do examinador, atribuindo-se-lhe segundas intenções quando o induz a submeter-se ao teste.

Do ponto de vista da validade e da significação das evidências que podem resultar do teste psicométrico e da psicanálise, esse aspecto situacional pode ser considerado irrelevante, mas torna-se especialmente relevante se as conclusões forem utilizadas com o propósito de determinar alguma mudança na situação de vida do sujeito, como, sua transferência para uma instituição de deficientes.

Por intermédio dos testes sociométricos, de espontaneidade e de jogo de papéis, o contexto artificial da situação psicanalítica e dos testes de inteligência de Binet pode ser substituído por contextos naturais de vida.

Um ponto que merece ênfase é o uso correto do teste sociométrico. Só pode ser chamado de sociométrico o teste que procura determinar os sentimentos dos indivíduos em relação a cada um dos outros, tomando como base o mesmo critério. Por exemplo, se pedimos que os habitantes de uma comunidade escolham com quem desejam morar na mesma casa e motivamos essas escolhas, esse procedimento é sociométrico. Se, em vez disso, pergunta-se aos habitantes de uma comunidade de quem eles gostam ou desgostam, independentemente de qualquer critério, deveria ser chamado de quase-sociométrico. Não estando vinculadas a nenhum critério específico, essas preferências não são analiticamente diferenciadas; elas podem referir-se a um gostar sexual, a um gostar de trabalhar junto ou a outro gostar qualquer. Em segundo lugar, os indivíduos não têm nenhum interesse em expressar a verdade de seus gostos e desgostos, se dessas respostas não deriva para eles nenhuma conseqüência prática. É o mesmo que perguntar às crianças, numa sala de aula, de quem, entre seus colegas de classe, elas gostam ou desgostam, sem vínculo com qualquer critério e sem objetivo imediato para elas. Mesmo que essa forma de investigação possa, em alguma faixa etária, produzir resultados semelhantes aos obtidos por meio de nosso procedimento, ela não deveria ser chamada de teste sociométrico, já que não fornece uma base sistemática para a pesquisa sociométrica [...].

A sociometria em comunidades e o psicodrama em situações experimentais tentam deliberadamente levar os sujeitos a um estado experimental que os torne sensíveis à realização de suas próprias experiências e modelos de ação. Nesse estado de espontaneidade, eles podem dar sua contribuição ao revelarem dados quanto à rede de conexões sociais em que se movem e às situações de vida pelas quais passam. O condicionamento dos sujeitos para um conhecimento mais abrangente de sua própria situação social é conseguido por meio do aquecimento, assim como da aprendizagem da mobilização da espontaneidade, na quantidade necessária para dada situação.

INVESTIGADOR SOCIAL

Um segundo aspecto fundamental do problema diz respeito ao próprio investigador. Em ciências sociais, uma das maiores preocupações é a questão do investigador e das condições em que a experimentação deve acontecer; entretanto, a maior parte dos métodos que lidam com essa dificuldade fundamental tem sido, até o momento, insatisfatória.

O observador participante entra em contato, no decorrer de seu trabalho, com vários indivíduos e situações, mas ele mesmo, com suas tendências e preconceitos, sua equação de personalidade e sua própria posição no grupo, permanece sem exame e, portanto, constitui uma quantidade não mensurada. Não aparece nos resultados o deslocamento da situação sob investigação, produzido em parte pelo modelo social do próprio investigador; apesar disso, temos de partir do pressuposto da inviolabilidade de seus julgamentos e opiniões, assim, o investigador não investigado constitui um erro sempre presente.

É claro que isso é verdade apenas para os estudos sociais em que os investigadores são, como indivíduos, partes essenciais da investigação. É diferente nas pesquisas a respeito de produtos acabados, processos que se tornaram estereotipados e estacionários, que se prestam ao estudo atuarial e ao desenvolvimento de escalas. As medições sociais desses processos são, com certeza, uma parte da sociometria em seu sentido mais amplo, mas têm um significado prático limitado sem a abordagem frontal, sem a mensuração direta dos fenômenos interpessoais.

Para superar os graves erros que podem ocorrer e com base no pesquisador, recorremos a uma abordagem sociométrica especialmente adaptada ao estudo microscópico dos fenômenos sociais. O observador participante, não permanece, numa modalidade específica desse trabalho, "objetivo" ou distante das pessoas a serem estudadas: ele se torna amigo; identifica-se com a situação delas; torna-se uma extensão de seus egos. Em outras palavras, o participante "objetivo" torna-se "subjetivo". Como participante subjetivo ele pode entrar, simultaneamente e com sucesso, nas vidas de vários indivíduos, e então funcionar como um fator de equilíbrio entre eles. Esse é o primeiro passo.

Se considerarmos o investigador que aplica questionários como a situação de máxima objetividade formal, aquele que consegue identificar-se com cada indivíduo que integra a situação investiga com o máximo de subjetividade. Um profissional que atua dessa maneira consegue excelentes efeitos terapêuticos, mas o método não avança, no sentido da pretensa objetivação do próprio investigador.

O passo além é o método psicodramático, uma situação que proporciona um *setting* que é, ao mesmo tempo, experimental e terapêutico. Nele, o diretor de teatro está presente, mas fora da situação exploratória em si. Os investigadores que vão ser testados são colocados em papéis e situações de vida que podem ocorrer na comunidade ou em suas próprias vidas particulares, até que tenham sido adequadamente aferidos seu repertório de papéis e seus padrões de comportamento nessas situações. Esse procedimento continua até que cada um dos investigadores seja completamente objetivado. Retestes periódicos permitem acompanhar quaisquer mudanças que possam ocorrer em seus padrões de comportamento.

No decorrer desse trabalho, ficam claramente definidos a expansividade e o leque de papéis de cada investigador, da mesma forma que a influência que podem ter sobre os sujeitos de suas investigações torna-se uma quantidade conhecida. Assim, o método psicodramático oferece uma trena com a qual podemos medir e avaliar um número infinitamente grande de sujeitos em situações de vida específicas e em papéis específicos. O paradoxo é que o investigador, embora tenha sido objetivado por esse processo, um "observador participante controlado", continua a ser, ainda, o que ele originalmente pretendia ser, um participante subjetivo.

O processo de objetivação do investigador assume várias formas, de acordo com a situação a ser explorada. Tem-se uma situação ideal desse tipo com um grupo psicodramático no contexto experimental do teatro terapêutico. Num grupo psicodramático, permite-se aos seus elementos um grau de espontaneidade que não existe em nenhuma comunidade real e que, no entanto, estende-se a todos os papéis e as situações existentes na comunidade. Ao mesmo tempo, além da interação entre os membros do grupo, tanto no palco quanto fora dele, se faz o registro do comportamento de cada membro da comunidade, por mais espontâneo que seja, estabelecendo-se dentro do próprio grupo psicodramático o pano de fundo ideal para a tarefa atribuída aos examinadores.

Quando o investigador é testado dessa maneira, ele pode ser utilizado como instrumento para avaliar qualquer grupo de sujeitos em situações típicas, como já descrito. Além disso, ele pode ser utilizado para o tratamento de sujeitos, com sua nova qualificação como participante subjetivo objetivado até o ponto de poder ser considerado, metodologicamente, uma quantidade conhecida, tornando-se um ego-auxiliar, cujo comportamento no processo de condução, no palco psicodramático, está sob controle, em certa medida.

Esse método pode ser utilizado, com vantagens, como um avanço em relação à técnica do observador participante. Como resultado de uma avaliação cuidadosa das personalidades dos pesquisadores que iriam trabalhar como sociometristas ou como observadores na comunidade, estabeleceu-se, no centro de pesquisas ao qual eles deveriam retornar com seus dados e resultados, um quadro de referência. O uso desse quadro de referência fornece uma base mais objetiva do que a que existia até então, para avaliar o quanto as características de comportamento dos pesquisadores refletem-se sobre o que eles descobrem na comunidade.

Com isso, a investigação social de qualquer comunidade, quando baseada em princípios sociométricos, conta com dois quadros de referência complementares. Um é o investigador objetivado, tão preparado e avaliado que sua personalidade não é mais um fator desconhecido nos resultados. O outro são os membros da comunidade, que têm uma participação espontânea muito alta na investigação, segundo métodos sociométricos, e que revelam, assim, dados genuínos e confiáveis. Portanto, as estruturas sociais que realmente existem na comunidade no momento de investigação são trazidas ao nosso conhecimento, com um mínimo de erros por parte tanto dos investigadores como dos investigados.

CAPÍTULO 12

MÉTODOS AUTOCRÁTICOS/DEMOCRÁTICOS DE FORMAÇÃO DE GRUPOS*

1953

> Nota do organizador: Este artigo descreve a utilização da sociometria na Hudson School for Girls, relatando uma pesquisa sobre a distribuição de lugares à mesa, no refeitório e alojamento. Ela motivou outros cientistas sociais a seguirem pesquisando a liderança grupal.

Um exemplo simples de utilização da técnica sociométrica pode ser o agrupamento de crianças num refeitório.

Em cada chalé de nosso centro de treinamento moram 28 meninas e, no refeitório, existem sete mesas. Para distribuir as meninas nessas mesas, diferentes critérios podem ser utilizados. É possível, por exemplo, deixar que elas se distribuam como quiserem e observar o resultado: a garota "A" senta-se à mesa número 1; oito colegas, atraídas por ela, tentam sentar-se à mesma mesa, mas esta só comporta mais três. O resultado é uma briga e alguém vai ter de interferir e distribuí-las de maneira arbitrária. Já a garota "B" corre para a mesa 2, mas ninguém procura ficar com ela, sobrando três lugares.

---

* De *Who shall survive?* (1953), 652-73. Outra versão aparece em *Sociometry, Experimental Method & the Science of Society* (1951).

Nossa constatação é de que essa técnica de deixar as garotas distribuírem-se por si mesmas torna-se inviável, gerando dificuldades que condicionam uma ingerência arbitrária e autoritária, contra a vontade delas, justamente o contrário do que se deseja: um processo livre e democrático, que respeite o indivíduo.

Outra técnica de alocação baseia-se apenas no que acredita a supervisora autoritária do refeitório, distribuindo as meninas de modo que não criem dificuldades para ela, sem levar em conta como as garotas sentem-se ante esse arranjo. Ou então ela escolhe uma líder para cada uma das sete mesas, em torno da qual agrupa as demais meninas, sem levar em conta os sentimentos da líder a respeito delas e sem considerar se a "líder" é vista como tal pelas meninas.

MÉTODO SOCIOMÉTRICO DE AGRUPAMENTO

Uma técnica mais satisfatória é perguntar às garotas com quem elas querem sentar-se à mesa. Como cada mesa comporta quatro meninas, dá-se a cada uma delas três chances, com a promessa de que se fará todo empenho para que tenham em sua mesa pelo menos uma de suas escolhidas e, se possível, sua primeira escolha. Cada garota escreve, em primeiro lugar, a sua preferida número um; em seguida, quem ela deseja como segunda opção, para o caso de não poder ficar com a primeira escolha; e, por último, quem ela deseja em terceiro lugar, caso não seja possível ter nem a primeira nem a segunda. As respostas são coletadas e analisadas, mapeando-se a estrutura de afinidades mútuas. Considera-se *alocação ótima* o melhor relacionamento possível disponível dentro da estrutura de inter-relações, ou seja, a escolha recíproca mais alta do ponto de vista da garota. A ordem é a seguinte:

a) uma primeira escolha tem reciprocidade numa primeira escolha – 1: 1;

b) uma primeira escolha tem reciprocidade numa segunda escolha – 1: 2;

c) uma primeira escolha tem reciprocidade numa terceira escolha – 1: 3;

d) uma segunda escolha tem reciprocidade numa primeira escolha – 2: 1; e assim por diante, 2:2; 2:3; 3:1; 3:2; 3:3.

Quando não há escolha com reciprocidade, considera-se a melhor alternativa a primeira escolha da garota (1:0), pois é, do seu ponto de vista, a melhor alocação disponível para ela dentro da estrutura.

Essas regras simples aplicam-se a cada alocação, que podem ser colocadas em prática com um alto grau de eficiência. Mesmo quando acontece de algumas garotas não receberem o que consideram o melhor, com muita freqüência elas conseguem receber a segunda opção.

Este procedimento tem duas fases: análise das escolhas e análise da alocação.

A análise das escolhas identifica a estrutura do grupo e a posição de cada garota dentro dele: revela quantas garotas são desejadas espontaneamente pelas três parceiras com quem elas desejam estar à mesa, quantas são desejadas por duas das três, quantas são desejadas por apenas uma delas e quantas por nenhuma; mostra a alta porcentagem de garotas que precisam fazer alguma concessão ao grupo, por não conseguirem ter quem elas desejam.

A técnica de alocação é empregada para ajudar o máximo possível as garotas, nos casos em que sua posição espontânea no grupo as coloca num impasse. Suas afinidades cruzadas, mapeadas no sociograma, são guias simples e diretos que podem ser utilizados inteligentemente por qualquer técnica de alocação. Consideramos satisfação ótima para uma garota a concretização, na alocação, do que ela mais desejava, de acordo com a estrutura apresentada no sociograma.

Tabular a alocação é um cálculo estimativo, apresentando as alternativas de localização, em cada chalé. Descobrimos que algumas vezes é possível alcançar 100% de eficiência; na média, conseguimos atender a primeira escolha de mais de 80% das garotas. Se considerarmos que a porcentagem de meninas que consegue essa solução ideal, quando deixadas à sua própria sorte, não é em média maior do que 25% a 30%, a ajuda proporcionada pela técnica sociométrica é substanciosa.

Para nós é uma questão de princípio dar a cada garota a melhor localização possível, independentemente do prontuário de cada uma ou da experiência que a governanta possa ter tido em relação a uma dupla que quer ficar na mesma mesa. Não partimos de um preconceito, esperamos para ver como serão seus comportamentos.

Pode acontecer que duas ou mais garotas que têm afinidades entre si não se comportem de maneira conveniente, nem para elas nem para os demais. Nesse caso, uma alocação diferente acaba sendo recomendável.

Observamos que as escolhas espontâneas feitas pelas próprias meninas podem levá-las a um beco sem saída. Podemos vislumbrar, também, que elas podem ser forçadas, na vida real, a fazer um ajustamento que é muito arbitrário e completamente contra seus desejos. Esses impasses não são fáceis de ser superados espontaneamente, antes constituem algo que funciona, para a maioria dos indivíduos, como uma espécie de destino social. Foi por isso muito importante, não só do ponto de vista prático, mas também teórico, verificar se a técnica de alocação poderia ter, para as meninas, algum significado além da ajuda temporária dada a elas. Se, mediante nossa mediação, elas podem ficar, durante a refeição, com colegas que lhes interessam e aprendem a escolher melhor da próxima vez; se a técnica as ajuda a facilitar, treinar e melhorar sua espontaneidade social e a quebrar o bloqueio mais rapidamente do que se fossem deixadas à própria sorte, então o serviço do método pode encontrar muita utilidade.

O teste sociométrico para a escolha de mesa é repetido a cada oito semanas. Para estimar detalhadamente o progresso, a regressão ou continuidade das inter-relações sociais, fizemos alguns cálculos e um estudo comparativo em três aplicações sucessivas, a cada oito semanas, num período de 24 semanas. No primeiro teste, das 327 meninas que participaram, 23,9% tiveram reciprocidades na primeira escolha (1:1); 11,9% tiveram sua primeira escolha correspondida por uma segunda escolha (1:2); e 10,4% tiveram sua primeira escolha correspondida por uma terceira escolha (1:3). No segundo teste, das 317 meninas que participaram, 27,1 % tiveram reciprocidade na primeira escolha; 15,1% tiveram a primeira escolha correspondida por uma segunda escolha; e 11,4% tiveram a primeira escolha correspondida por uma terceira escolha. No primeiro teste, o total de reciprocidades na primeira escolha foi, para aquela população, 46,2%. A taxa de sucesso no segundo teste foi 53,6%. A diferença de 7,4% representa um aumento na eficiência das garotas, do primeiro para o segundo teste, em encontrar reciprocidade para sua primeira escolha, sem ajuda externa. O aumento da eficiência, do primeiro para o segundo teste, em relação às escolhas mútuas da classe 1:1, foi de 3,2%; em relação a 1:2, também 3,2%; e em relação a 1:3, 1%. Em outras palavras, o aumento da eficiência parece maior em 1:1 e 1:2, mas é menos notável nas escolhas 1:3. Em relação às segundas escolhas, o aumento de eficiência foi de 10,6%, e nas terceiras escolhas, 1,4%. O total do aumento de escolhas recíprocas, do primeiro para o segundo teste, foi de 19,4%.

Como decorrência desse aumento nas respostas de primeira escolha, houve um decréscimo correspondente, do primeiro para o segundo teste, nas escolhas incongruentes: 19,4%. Quando examinamos os resultados da terceira aplicação, vimos o número de reciprocidades de primeira escolha ainda aumentando (2,6% mais que no segundo teste), com uma queda na segunda e terceira escolhas. Isso traduz um acúmulo de benefícios na direção das primeiras escolhas, à medida que observamos uma diferença de 10% entre as primeiras escolhas incongruentes da primeira aplicação (53,8%), e os números da terceira aplicação (43,8%).

Para ver se essas escolhas distribuíam-se mais amplamente nos grupos dos diferentes chalés, calculamos a porcentagem de meninas isoladas em cada grupo, em cada período. No primeiro período, as isoladas eram 17,6% do total e, no terceiro período, 14,8%, o que representa uma diminuição da ordem de 2,8%.

A dúvida era se as descobertas relativas a esse período de 24 semanas representavam uma tendência significativa, mas essa questão não podia ser respondida senão por novos testes. Parecia razoável supor que a técnica de alocação devia aumentar a eficiência das escolhas espontâneas, pois colocava algumas garotas isoladas em contato com as desejadas que, em circunstâncias normais, não prestariam qualquer atenção a elas. A menina não escolhida, sentando-se perto de sua favorita tem uma oportunidade de mostrar-se, de melhorar suas chances e de ganhar a pessoa que ela deseja ter como amiga. Toda sorte de relacionamentos similares desenvolvem-se por intermédio de nossa "mistura", que estabelece um campo aberto para que possam ocorrer os encontros potenciais.

Sem o uso da técnica de alocação, as garotas que se conhecem bem entre si aprofundam esse conhecimento e as recém-chegadas tendem a ser excluídas. Uma série de controle de testes foi aplicada, a intervalos de seis semanas, por um período de 18 semanas, num dos chalés, cuja população era de 22 garotas no momento do primeiro teste e 23 por ocasião do terceiro.

Durante esse período, não se permitiu a utilização do método de alocação. Os resultados indicaram uma diminuição crescente na reciprocidade das escolhas (para as primeiras escolhas, uma queda de 10,3%; para as segundas, 14,2%; e para as terceiras, 31,9%) paralelamente a um crescente aumento das escolhas incongruentes, que chegaram a 56,4%. Em se tratando de um grupo muito pequeno, esses dados sugerem a necessidade da técnica de alocação sociométrica e confirmam as tendências mencionadas.

Desde que foram realizados esses estudos sobre controle sociométrico, em 1935, aconteceu um número cada vez maior de pesquisas semelhantes, levadas a efeito por diferentes investigadores. Todas elas corroboram minha hipótese original de que as *escolhas e decisões sociométricas, quando realizadas pelos próprios membros dos grupos: (1) favorecem a investigação concreta, ou seja, o valor de verdade das respostas obtidas; e (2) aumentam a coesão social, o moral e a força dos grupos.*

Deve-se acrescentar que o critério de escolha para os membros de um grupo de uma cultura pode não ser critério em outra. Os critérios, para serem comparáveis, devem ter uma força equivalente de motivação e, quando as escolhas são concretizadas, a catarse social deve ser igualmente forte e profunda...

DISTRIBUIÇÃO NOS ALOJAMENTOS

No decorrer de 1934, devido em parte a um influxo de população além da capacidade de nossa pequena comunidade, 16 novas moças foram colocadas em um ou outro chalé, sem o processo sociométrico usual, constituindo um grupo não selecionado. Como é raro acontecer, em Hudson, que as garotas sejam colocadas aleatoriamente, de qualquer jeito, sentimos que esse material poderia responder a algumas questões que tínhamos em mente desde o começo de nosso trabalho ali.

Foi analisada a evolução do posicionamento grupal dessas 16 moças não testadas, a cada oito semanas, seguindo nossa rotina para toda a comunidade. A seguir, apresentamos as primeiras 32 semanas de sua evolução social nos respectivos chalés. Tabulamos o número de garotas não-escolhidas ou isoladas, o número das que foram escolhidas, mas que não fizeram nenhuma escolha recíproca, e o número de meninas que tiveram uma ou mais reciprocidades.

Durante vários anos, a alocação das recém-chegadas em determinado chalé, em Hudson, foi feita com base na sociometria. São vários os fatores que definem uma alocação sociométrica: a organização psicológica de cada chalé, o ponto de saturação sociométrica para os grupos minoritários dentro deles, a história social da nova integrante, para mencionar alguns deles, mas o fator mais importante é a escolha espontânea. A afinidade de uma garota em relação a determinada governanta e vice-versa, assim como a afinidade da recém-chegada em relação à garota-chave de dado chalé e vice-versa, são cruciais para nossa busca de uma designação adequada.

A simples medida de convidar as governantas e as meninas-chave (estrelas sociométricas) para visitarem as recém-chegadas no chalé de recepção já proporcionava muita informação a respeito da atração imediata espontânea que elas sentiam umas em relação às outras. Na rotina inicial desse procedimento, fomos compelidos a atribuir a essas constatações uma classificação, ainda que arbitrária. Privilegiamos, por exemplo, uma afinidade forte (primeira escolha) em relação a uma afinidade mais fraca (segunda ou terceira escolhas); preferimos uma escolha recíproca a uma escolha unilateral; valorizamos a primeira escolha recíproca mais do que a segunda ou terceira escolhas recíprocas; demos um valor maior a uma primeira escolha recíproca da nova menina com a governanta e com a estrela do chalé do que a uma primeira escolha recíproca entre a novata e somente a governanta ou somente a estrela do grupo; utilizamos essa classificação como uma hipótese de trabalho, enquanto acumulávamos dados e esperávamos o momento oportuno para determinar sua validade. Este estudo de controle foi feito exatamente com esse propósito.

Para poder comparar com as 16 moças não-testadas, tomamos um grupo aleatório de 32 garotas que chegaram a Hudson posteriormente... Dezesseis delas tiveram uma primeira escolha recíproca com a governanta e com a garota-chave, tendo sido portanto colocadas no chalé respectivo. As outras 16 tiveram afinidades pior classificadas e também tinham sido alocadas em função delas. Como rotina, a evolução do posicionamento grupal das garotas testadas desses dois grupos foi acompanhada também a cada oito semanas. Esse período contínuo, as primeiras 32 semanas de sua permanência em Hudson, está representado em suas posições no grupo. Na Tabela 12-1, apresentamos as posições que essas moças reivindicavam, comparadas com as das garotas não testadas.

Os dados mostraram que as garotas alocadas com base no teste (grupo A) encontraram uma posição melhor no grupo, desde o começo. O grupo de controle, não testado, começou com quatro isoladas; o grupo testado A, que apresentava algum grau de afinidade, embora menor do que o máximo, começou com três isoladas; e no grupo B, que apresentava o máximo de afinidades, o número de isoladas no começo caiu para zero. O grupo de controle começou com oito moças que foram escolhidas, porém, sem nenhuma reciprocidade. Finalmente, em relação ao fator mais importante, a reciprocidade de escolhas, somente quatro do grupo de controle receberam desde o começo uma ou mais escolhas recíprocas, enquanto para o grupo A o número foi cinco e, para o grupo B, o número foi 11.

TABELA 12-1: Posições Psicológicas de Garotas Sociometricamente Alocadas em Comparação com Garotas Alocadas ao Acaso.

	Tempo decorrido (em semanas)			
	8	16	24	32
Grupo de controle [16 garotas não testadas, colocadas nos chalés sem procedimento sociométrico, ou seja, ao acaso]				
Isoladas	4	6	6	4
Escolhidas, porém sem nenhuma reciprocidade	8	4	6	4
Com uma ou mais escolhas recíprocas	4	6	4	8
Grupo A [16 garotas testadas, colocadas em chalés com base no procedimento sociométrico; algum grau de afinidade com a governanta e com a estrela do grupo]				
Isoladas	3	4	3	2
Escolhidas, porém sem nenhuma reciprocidade	8	5	3	1
Com uma ou mais escolhas recíprocas	5	7	10	13
Grupo B [16 garotas testadas, colocadas nos chalés com base no procedimento sociométrico; o máximo de afinidade (reciprocidade nas primeiras escolhas) com a governanta e com a estrela do grupo]				
Isoladas	0	1	1	0
Escolhidas, porém sem nenhuma reciprocidade	5	3	1	0
Com uma ou mais escolhas recíprocas	11	12	14	16

As meninas testadas mostraram integração e evolução social mais rápidas do que as que foram colocadas nos chalés sem passar pelo teste. No fim de 32 semanas, das 16 meninas de cada grupo, o grupo de controle mostrou quatro isoladas; o grupo testado A, apenas duas; e o grupo testado B, zero. O grupo de controle apresentou apenas oito garotas com escolhas recíprocas, enquanto o grupo A mostrou 13 e, no grupo B, todas as 16 meninas tiveram uma ou mais escolhas recíprocas.

Os dados mostram também uma diferença significativa entre os grupos A e B. As meninas que tiveram uma primeira escolha recíproca com a governanta e com a estrela do teste sociométrico aplicado no chalé de recepção, e que tinham sido colocadas com elas no pavilhão escolhido, mostraram-se melhores nas posições que conseguiram em seus respectivos chalés do que as meninas testadas do grupo A, que tinham tido uma classificação mais baixa quanto à afinidade com sua governanta e com as estrelas. No grupo A, o número de isoladas permaneceu o mesmo o tempo todo: depois de oito semanas, três isoladas; ao final de 16 semanas, quatro isoladas; após 24 semanas, três isoladas; e no fim de 32 semanas, duas isoladas. Em contraste, o grupo B não tinha, ao final de oito semanas, nenhuma isolada; depois de 16 semanas, uma isolada (devido à liberdade condicional de sua escolha recíproca); depois de 24 semanas, uma isolada (a mesma que perdeu sua amiga por conta da liberdade condicional); ao final de 32 semanas, nenhuma isolada. Conseqüentemente, o grupo B mostrou desde o começo um crescimento positivo acelerado das escolhas recíprocas.

CONCLUSÕES E COMENTÁRIOS

- Quanto maior a afinidade original entre o recém-chegado e os membros proeminentes do grupo (neste caso, a governanta e a garota-chave), mais bem aceito será o recém-chegado pelo grupo todo.
- A alocação sociométrica protege o recém-chegado contra o bloqueio social da fase inicial.
- A alocação casual parece facilitar o bloqueio social e, em geral, fortalece a posição de isolamento.
- Parece desejável que o menor número possível de indivíduos deveria ser compelido a fazer concessão e, mesmo para esses, deve ser a mínima possível.

Um problema freqüente é que, às vezes, restam algumas garotas para as quais não se pode oferecer, na alocação, nenhuma satisfação. Na alocação de 412 meninas, com base no primeiro teste aqui relatado, somente sete delas (ou 1,7% da população) não conseguiram receber nenhuma das três escolhas (na segunda aplicação, 1,7%; e na terceira, 1%). Para essas garotas, a explicação individual sempre foi que, se recebessem qualquer uma de suas escolhidas, isso poderia atrapalhar as escolhas de muitas outras; elas foram aconselhadas a aceitar a situação, compreendendo que na próxima escolha (oito semanas mais tarde), se fosse necessário que alguma garota ficasse sem suas escolhidas, em favor da maioria, seriam outras que seriam solicitadas a fazê-lo. As meninas ficam sabendo quem são as colegas que desejariam ficar com elas, mas não foram escolhidas. Elas ficam contentes ao saber que foram escolhidas e concordam em aceitar, de bom grado, a colocação que lhes foi atribuída, fazendo um favor às menos bem ajustadas, às menos escolhidas e às isoladas que as escolhem.

Poder-se-ia argumentar que importa muito pouco com quem uma menina senta-se à mesa. Essa questão pode parecer insignificante para quem vive numa cidade grande e tem a chance de misturar-se à vontade com todo o mundo, tendo todo o tempo à sua disposição; mas numa comunidade institucional, em que o número de contatos que uma pessoa pode fazer é extremamente limitado, e certa rotina é necessária, é de grande valor social ter a liberdade de ficar perto, durante a refeição, da pessoa com quem deseja estar. Em refeitórios e dormitórios de universidades, temos feito observações semelhantes.

Outro argumento que poderia ser levantado é que, para a maioria das pessoas, o que elas comem é mais importante do que com quem elas comem. Isso é uma verdade parcial, que perde a validade quando desmentida por análises quantitativas. Nossos estudos a respeito de átomos sociais mostram que há pessoas para quem são muito claros os sentimentos preferenciais em relação a outras *pessoas* e que há pessoas para quem os sentimentos preferenciais em relação às *coisas* são muito claros...

Outra questão a ser levantada é que uma garota desejada, provavelmente superior, embora possa ter recebido uma ou duas de suas escolhas, pode ter de tolerar uma terceira companheira, uma isolada que a escolheu, mas que é por ela violentamente rejeitada. Pode-se contra-argumentar que a garota desejada, se exposta ao acaso, poderia não ter recebido nem mesmo as duas amigas por ela desejadas. Por outro lado, esse fato pode também ser uma parte importante de seu treinamento para expandir sua experiência emocional, inclusive em relação a pessoas que não a atraem tanto quanto outras. Um aumento na flexibilidade emocional não diminuiria sua sensibilidade preferencial.

CAPÍTULO 13

REFLEXÕES SOBRE GENÉTICA*

1953

> Nota do organizador: Neste artigo, relevante tanto por suas perguntas como por suas respostas, Moreno faz considerações sobre o fundamento biológico da sociometria. Ele sugere que os sociometristas, geneticistas e outros que assumem a responsabilidade de conduzir o processo de seleção natural fariam melhor se não deixassem ninguém de fora. Ao final, opta por uma descrição do mundo que ele encontra no pensamento religioso, em que um "pai criou o universo para todos [...] e fez seus espaços tão imensos que todos podem nascer e todos podem viver".

Foi bom, no início da investigação, ter pensado a humanidade como uma unidade orgânica e social. Uma vez tomado esse princípio como diretriz, seguiu-se necessariamente uma outra idéia. Se esse todo da humanidade é uma unidade, então devem aparecer tendências entre suas diferentes partes, separando-as em dado momento e aproximando-as em outro; essas tendências podem ser, às vezes, vantajosas para as partes e desvantajosas para o todo, ou vantajosas para algumas partes

---

* De "Nature's planning and the planning of society", in *Who shall survive?* (1953), 611-4.

e desvantajosas para outras; elas podem evidenciar-se na relação de indivíduos ou de grupos de indivíduos como afinidades ou não-afinidades, atrações e repulsões; esses fatos psicológicos e sociais, e esse índice, devem ser detectáveis; essas atrações e repulsões ou seus derivativos podem ter um efeito imediato ou mediato não apenas sobre os participantes imediatos da relação, mas também sobre todas as outras partes daquela unidade que chamamos de humanidade; as relações que existem entre as diferentes partes podem revelar uma ordem de relacionamentos tão diferenciada como qualquer ordem encontrada no restante do Universo.

Seja essa diretriz considerada, ao final, um axioma universal ou uma ficção, ela nos ajudou a descobrir e demonstrar o tele, o átomo social, o efeito sociodinâmico e a rede sociométrica de comunicação. É possível permitir que a fantasia corra na frente das provas demonstráveis e derivar daí outra necessidade, que parece ser a conseqüência lógica da concepção de humanidade como uma unidade correlacionada.

Conforme vimos o indivíduo, no campo sociométrico, como o ponto de cruzamento de numerosas atrações e repulsões, que em vários momentos contraem-se e expandem-se, e que não são necessariamente idênticas às relações dentro dos grupos em que ele realmente vive, mas evidenciam linhas de vidas grupais, pode ser que, também no campo da eugenia, um indivíduo não possa ser classificado senão como um ponto de cruzamento de numerosas afinidades e não-afinidades morfológicas, que não estão necessariamente relacionadas aos indivíduos com quem realmente propaga a raça, mas que evidenciam linhas raciais e os diferentes níveis de organização social.

Pode ser que determinados indivíduos pertençam ao mesmo grupo eugênico, devido a afinidades seletivas para as quais deve existir um índice de fatos eugênicos, e que eles não pertençam a todos os outros grupos, pelo menos não com o mesmo grau de seletividade. Pode ser, também, que os equilíbrios e desequilíbrios que temos encontrado dentro do átomo social existam, de alguma maneira, também nos genes-átomos e que, uma vez assegurada essa evidência, consiga-se um fundamento para uma relação da classificação eugênica com nossa classificação sociométrica.

Desde que Lineu propôs a teoria da origem das espécies com a da hibridização e que Mendel descobriu as leis da hereditariedade, tem-se acreditado que o aumento da complexidade encontrada na evolução dos organismos refere-se à junção de genes diferentes por meio da hibridização e de suas várias interações. Mas as causas do sucesso ou insucesso das hibridizações são desconhecidas. Os resultados benéficos, assim como os disgênicos, do encontro de plasmas germinais diferentemente constituídos, podem ser devidos a afinidades e não-afinidades morfológicas que operam entre os próprios genes ou entre complexos genéticos, podendo resultar disso a combinação de fatores hereditários apropriados ou não que contribuem para a progênie de dois pais.

Enquanto a natureza das afinidades eugênicas não é estabelecida pela pesquisa biogenética, vamos adotar duas regras práticas: a) a proximidade ou distância psicológica é indicativa de proximidade ou distância eugênica; e b) os estudos clínicos de cruzamentos conduzem a uma classificação preliminar de afinidades eugênicas. Podemos ter de considerar não apenas mudanças *nos* genes, mas mudanças *entre* os genes, qualquer que seja a mutação que tenha ocorrido em um gene e por qualquer razão, mecânica, química etc. Se ela for favorável, os genes devem atrair-se, isto é, a mutação deve corresponder a mudanças em outros genes. Em outras palavras, os genes devem poder produzir uma relação funcional; devem existir afinidades e não-afinidades morfológicas entre eles.

Pode-se questionar se a atração de um indivíduo por outro e as tendências ao emparelhamento constituem um índice confiável de afinidade morfológica, e pelo contrário, se a repulsão de um indivíduo por outro e a não-inclinação ao emparelhamento constituem um índice de esterilidade ou refletem um fator disgênico. Nossa opinião é que enquanto não se dispuser de nenhum conhecimento melhor, as afinidades mútuas deveriam ser consideradas um índice prático.

Não temos conhecimento de nenhuma investigação completa das relações entre afinidades e não-afinidades sociométricas e seus reflexos eugênicos. Quanto mais se considere os processos sociométricos índices confiáveis de mudanças sociais e corporais, e quanto mais sejam eles considerados índices não apenas das necessidades do indivíduo, mas também das necessidades da espécie, maior a tendência a supor que os fatores escolha e aceitação mútuas espontâneas não constituem uma experiência aleatória, mas uma expressão ligada ao organismo na sua totalidade. Pode existir uma relação definida entre efeito genético (se chamamos "efeito genético" o reflexo de um gene sobre outro e sobre os caracteres individuais) e efeito tele.

A escassa evidência clínica até hoje disponível parece sustentar a hipótese. Temos, num extremo, o ponto de vista defendido por muitos autores eugênicos, de que há um aperfeiçoamento da raça medinate a reprodução de seus membros física e mentalmente mais capazes, enquanto os inferiores a conduzem a um retrocesso. No outro extremo, temos a idéia de que os membros da classe superior, em geral, produzem descendentes melhores com membros da classe inferior (e membros de uma raça com membros de outra raça) do que quando eles se conservam dentro do mesmo plano. Parece haver um ponto de coincidência entre esses extremos, na hipótese da existência de grupos eugênicos, relações microbiológicas não-idênticas aos grupos macrobiológicos, como aparecem na superfície.

Do ponto de vista dessa classificação biométrica ou eugênica, a abordagem construtiva do planejamento biológico recebe uma nova luz. Da mesma forma que a alocação terapêutica em grupos sociais, surge agora uma possibilidade de alocação de grupos eugênicos. Assim, a noção de inadequado, pelo menos para um grande número daqueles que são hoje incluídos nessa categoria, torna-se relativa, se não forem considerados numerosos grupos com valor eugênico variável.

Alguns subgrupos, entre aqueles classificados como inadequados para efeito de reprodução, podem sê-lo apenas em relação a determinados subgrupos, sendo eficientes na relação com outros, da mesma forma que temos verificado, no que diz respeito a populações, que alguns subgrupos que induzem a desintegração e a decadência em certas comunidades auxiliam no desenvolvimento frutífero de outras. Seria uma conclusão antecipada afirmar que, se for esse o caso, nossas medidas paliativas atuais, entre elas a esterilização, deveriam ser descartadas ou modificadas.

Podemos ter ido muito longe com nosso desrespeito para com a sabedoria da natureza, como no passado fomos também longe demais em nosso respeito a ela. Pode-se demonstrar, ao final, que os métodos lentos e "cegos" de planejamento da natureza, na sua totalidade, são verdadeiros, independentemente de quão sábios eles tenham parecido em determinada fase de nosso conhecimento, e de quão parcialmente deficientes tenham parecido em outro momento. É possível, então, que surja uma reavaliação do sentido do velho mito, que todas as grandes religiões trazem de forma impressionantemente uníssona: o mito do pai que criou o universo para todos, que fez seus espaços tão imensos que todos podem nascer e viver.

PARTE III:

Protocolos

> Mas esta louca paixão, este viver a vida no plano da ilusão, não funciona como uma renovação do sofrimento. Pelo contrário, confirma a regra: toda verdadeira segunda vez é uma libertação da primeira... A pessoa avança na direção de sua própria vida, em relação a tudo o que fez e faz, do ponto de vista do criador... A primeira vez transforma a segunda em riso.
>
> (In *Theatre of Spontaneity*, p. 91)

CAPÍTULO 14

TÉCNICAS DE PRODUÇÃO PSICODRAMÁTICA*

1952

> Nota do organizador: Temos aqui Moreno em ação, dirigindo uma sessão pública da qual participam principalmente estudantes de enfermagem. Ele aproveita a oportunidade para explicar sua teoria do desenvolvimento da criança e discute as técnicas psicodramáticas básicas: o dublê, o espelho e a inversão de papéis. A sessão mostra, também, como o psicodramista utiliza técnicas de ação para fins diagnósticos.

... MORENO: Senhoras e senhores, antes de começar a trabalhar com vocês esta noite, eu gostaria de chamar sua atenção para três técnicas atualmente utilizadas no trabalho psicodramático: a técnica do dublê, a técnica do espelho e a técnica da inversão. Essas técnicas, no psicodrama, podem ser significativamente comparadas às três fases de desenvolvimento do bebê: (a) a fase da identidade (dublê); (b) a fase do reconhecimento de si mesmo (espelho); (c) a fase do reconhecimento do outro (inversão).

---

* De Group Psychotherapy, *Psychodrama & Sociometry,* 4 (1952), 273-303.

O que é que vocês vêem num palco psicodramático? Vocês podem, por exemplo ver determinada pessoa que é um paciente psiquiátrico. Essa pessoa está numa condição tal, mentalmente, que sua comunicação é extremamente difícil. A enfermeira não consegue falar com ela; o médico não consegue relacionar-se com ela. Então vocês podem usar o psicodrama da seguinte forma: escolham determinada pessoa, Maria, e digam a ela: "Pode ser que você tenha perdido todo contato com seu pai, com sua mãe, com sua irmã, com seu irmão. Você pode ter perdido contato com seu marido ou com seus companheiros humanos, mas, se der, fale só com você mesma. Se puder, fale só com quem está mais perto de você, que você conhece melhor. Se conseguirmos produzir um dublê de você mesma, para você, então teria alguém com quem falar, juntamente com quem poderia agir, porque vocês duas são uma só".

Essa idéia do dublê é tão velha quanto a civilização. Ela é encontrada nas grandes religiões. Sempre pensei que Deus nos criou duas vezes. Uma vez, para nós vivermos neste mundo, e outra vez, para ele mesmo. Assim, o que vocês vêem no palco é uma produção tal que... vocês vêem duas pessoas que são, na verdade, a mesma. Uma pessoa coloca seu braço deste jeito (*Moreno demonstra*). A outra faz o mesmo. Se alguém acena com a cabeça, o outro faz o mesmo. O dublê é uma pessoa treinada para produzir os mesmos padrões de atividade, de sentimento, de pensamento, de comunicação verbal que o paciente produz. Com certeza, não desejamos colocar esse dublê ali meramente como um agente estético, mas para que entre na mente dessa pessoa, para influenciá-la.

Que conceitos teóricos estão envolvidos na utilização do dublê como instrumento de terapia? Primeiro, observamos, no sentido metafórico, que com base na concepção, o embrião e a mãe juntam-se para compartilhar *locus* e comida, até que a criança nasça. Mas não sabemos nada sobre os estados "mentais" dos recém-nascidos, salvo que a mãe tem aquele bebê, como um elemento físico e psicológico o tempo todo dentro dela, e que ela, embora não estando em comunicação, exerce uma enorme influência sobre a criança.

Depois que a criança separa-se da mãe, ao nascer, há, durante poucas semanas, uma espécie particular de existência. Chamamos essa fase do crescimento de *matriz de identidade*. Esse termo envolve uma hipótese a respeito do processo de socialização. Nunca ninguém conversou com um bebê imediatamente após seu nascimento, porque ele não tem nenhum meio de comunicação que faça sentido lógico. Mas, se pudéssemos falar com os bebês, acredito que eles poderiam concordar com minha descrição da matriz de identidade...

A criança experimenta, se vocês quiserem chamar isso de experiência, uma identidade entre ela, com todas as pessoas e objetos que a rodeiam, e a mãe-agente, seja ela o peito, a mamadeira ou qualquer outra espécie de contato imediato estabelecido com o bebê. Em outras palavras, o corpo e o eu não existem ainda para o bebê. Não existe o eu nem uma pessoa distinta da criança. Há uma identidade.

Quero deixar claro que por identidade não queremos dizer identificação, que é um conceito totalmente diferente, sendo importante que essa diferença fique clara para vocês. A identificação pressupõe que há um eu constituído, tentando encontrar a identidade com outro eu constituído. A identificação, porém, não pode ocorrer senão muito depois que a criança cresceu e desenvolveu a capacidade de separar-se, de colocar-se à parte de outra pessoa.

Dizemos então "identidade", com este sentido: é o estado do bebê em que mãe, o próprio bebê e todos os objetos constituem um todo único. Todavia, é aí e então que o fenômeno do dublê é ativado pela primeira vez, para todos os movimentos, percepções, ações e interações. Vocês podem dizer que eu chamei de dublê uma experiência da natureza que está em andamento. Esse conflito primário prefigura seu destino, o que quer que aconteça mais tarde, durante o desenvolvimento daquele bebê. Ele emerge dele, cresce e diferencia-se mais tarde, transformando-se gradativamente num universo complicado, em que pessoas e objetos estão separados uns dos outros. A matriz de identidade sugere que a unidade e a integração vêm primeiro, antes que ocorra a diferenciação.

Agora, entramos num hospital psiquiátrico, e quando encontramos uma pessoa severamente deteriorada, numa linha psicótica de experiência, incapaz de comunicar-se, a técnica do dublê pode ser aplicada com a participação de um ego-auxiliar especialmente treinado, o ego dublê. Com muita freqüência, resultados significativos são alcançados com pacientes esquizofrênicos. Eu não quero que vocês pensem que essa terapia do dublê necessita de um palco teatral. Ela, em geral, acontece na própria vida.

Deixem-me explicar por que a técnica do dublê é tão importante no decorrer da produção, particularmente para o enfermeiro, para o atendente e, claro, para o terapeuta. Muita gente pensa que, para começar uma sessão terapêutica, o terapeuta e o paciente devem sentar-se numa cadeira ou deitar-se num divã, a tradicional "cadeira terapêutica" e o tradicional "divã terapêutico". Há outras maneiras de fazer isso. A terapia pode acontecer num espaço aberto, num palco terapêutico, na realidade como ela é e em plena ação.

Os enfermeiros sempre souberam disso. Eles sempre souberam que é preciso ir até o paciente, ir até a beira da cama dele, tomar sua mão. Se conseguíssemos saber tudo o que os enfermeiros sabem operacionalmente, com base em seu contato concreto com os pacientes, acredito que poderíamos ter uma espécie maravilhosa de manual prático de psicoterapia.

Vamos, agora, à segunda técnica, que é também muito importante para o terapeuta. É a técnica de espelho. Vocês sempre vêem crianças olhando-se no espelho – bebês, não? – e escutam aquele riso surpreso, aquele olhar de espanto! Elas põem a língua para fora e a viram para cima, na direção do nariz. Tudo isso é uma grande experiência para elas. Quando se dá conta de que a imagem no espelho é um espelho dela, isso constitui um ponto de inflexão em seu crescimento, uma mudança importante em seu conceito de pessoa.

Outros psicólogos infantis propuseram teorias a respeito do desenvolvimento do eu, mas o psicodrama teve a particular oportunidade de desenvolver técnicas que podem ser especificamente relacionadas a essas fases infantis.

Quando usamos a técnica do espelho em psicodrama, estamos desvendando as relações fundamentais que o bebê desenvolve, muito cedo, em relação ao seu espelho. A primeira vez que ele olha para a água, ou para um espelho, e não se reconhece, pensa que se trata de um estranho e assusta-se. Há, então, uma mudança lenta e gradual nas expressões e nos gestos. Quantas vezes vocês observaram crianças indo ao espelho, vendo sua imagem, tocando-a, e até mesmo quebrando-a? Tudo isso, com certeza, relaciona-se com a razão pela qual a técnica do espelho pode ser utilizada tão eficientemente pelas enfermeiras em seu trabalho hospitalar.

A técnica da inversão é o terceiro estágio, uma etapa posterior do desenvolvimento do bebê. Na fase do espelho, nosso pressuposto é de que o bebê aprende gradativamente a reconhecer-se como um indivíduo diferente dos demais. A técnica da inversão pressupõe mais do que isso, que você pode ir do seu lugar ao lugar do outro e atuar a parte dele. E, assim, podemos dizer que o dublê, o espelho e a inversão são como três estágios no desenvolvimento do bebê, que têm sua contrapartida nas técnicas terapêuticas que podemos utilizar no tratamento de todos os problemas de relacionamento humano.

Quando colocarem esses métodos em prática, tenho certeza de que vocês vão compreender que eles não se originaram do jogo de papéis, numa espécie de caminho ingênuo, mas que estão profundamente relacionados à dinâmica do desenvolvimento humano, e a razão para sua profunda eficácia deve-se ao tipo de relacionamento que eles têm. Assim, a utilização dessas técnicas ajuda a desenvolver uma teoria do ego infantil e um fundamento para sua verificação empírica.

Agora, deixem-me ver. Este senhor está me provocando (*Moreno dirige-se a um casal que está na primeira fileira*). Você está com ele?

PARTICIPANTE: Estou.

MORENO: Quanto tempo faz que você o conhece?

PARTICIPANTE: Faz tempo!

(*Este rapaz tinha participado de uma sessão anterior com outra moça.*)

MORENO: Você o conhece há mais tempo que a outra? (*Risos na platéia.*) Ou você não sabe nada a respeito da outra?

PARTICIPANTE: Que outra?

MORENO: Ah, você não sabe! (*Risos na platéia.*) *Há quanto tempo você o conhece?*

PARTICIPANTE: Cinco anos.

MORENO: Você sempre traz uma moça bonita; esta é muito charmosa! O que é que acontece com você? Acho que você traz as moças aqui para ganhar nossa aprovação. (*Risos na platéia.*) Como é o seu nome?

PARTICIPANTE: Helena.

MORENO: Você pode vir aqui um minuto? (*Moreno a toma pela mão e a leva para a frente da platéia.*) Qual é o nome da outra moça que trouxe com você?

GEORGE: Bárbara.

MORENO: Helena, o que é que você sabe a respeito da Bárbara?

HELENA: Não sei. Pelo jeito você sabe! (*A platéia ri e aplaude.*) Nós estamos juntos há muito tempo.

MORENO: O que é que vocês fazem juntos?

HELENA: De tudo. (*Risos na platéia.*)

MORENO: Como é que vocês se encontraram?

HELENA: Nós fomos juntos para a escola.

MORENO: É um jeito antigo e legal de encontrar alguém. (*Risos na platéia.*)

Você sabe o que a gente quer dizer com as técnicas do dublê do espelho e da inversão de papéis? Você compreende isso?

HELENA: (*Hesitante.*) Sim...

MORENO: Bem, então me explique.

HELENA: Ele não me disse nada a respeito disso antes de a gente vir. Eu vim completamente despreparada.

MORENO: Então, esse é o jeito como você traz suas namoradas aqui? (*Risos na platéia.*) Eu gostaria de explicar esses conceitos pela ação. (*Dirigindo-se à professora que tinha trazido o grupo [de enfermagem].*) É isso o que você tinha em mente, miss Frank?

PROFESSORA: É, sim.
MORENO: Agora, eu gostaria de mostrar isso ao grupo.
HELENA: Eu não sou enfermeira.
MORENO: É estudante de enfermagem?
HELENA: Não.
MORENO: Tudo bem, eu vou dizer a vocês o que nós vamos fazer. Vamos começar demonstrando a técnica do dublê. Considerem que vocês são, na realidade, uma só pessoa, mesmo que concretamente haja duas pessoas no palco. Você costuma falar com você mesma?
HELENA: Não.
MORENO: Eu não quero dizer falar em voz alta, mas pensar em você mesma. Em George?
HELENA: Não.
MORENO: Você o coloca totalmente fora de sua mente?
HELENA: (*Com segurança.*) Totalmente.
MORENO: Quem é que está em sua mente, ninguém?
HELENA: Várias pessoas, minha mãe, meu pai, meu chefe...
MORENO: Onde é que você costuma estar mais freqüentemente?
HELENA: No meu quarto.
MORENO: Como é esse quarto?
HELENA: É um apartamentinho.
MORENO: O que é que você colocou nele?
HELENA: Eu tenho duas caminhas de apartamento.
MORENO: Duas! Por que duas? (*Risos na platéia.*)
HELENA: Bem, às vezes acontece de alguém ter de ficar.
MORENO: Ah, sei, quem é esse alguém? (*Risos na platéia.*)
HELENA: Ah, parentes ou algum namorado.
MORENO: Sei, isso é legal. Tudo bem, agora você está sozinha em seu quarto. O que é que está fazendo?
HELENA: Penteando o cabelo.

(*Moreno faz gestos para uma auxiliar, que sobe ao tablado; ele cochicha com ela, dizendo que ela deve fazer o dublê de Helena. Helena penteia o cabelo e a dublê faz exatamente a mesma coisa.*)

MORENO: (*Explicando à platéia.*) O dublê sempre imita.
DUBLÊ: Eu tenho de fazer isso? Mesmo? (*Penteia o cabelo.*)

205

HELENA: (*Parecendo confusa.*) Eu tenho de deixá-la falar ou o quê?

MORENO: O dublê é você. Você pode continuar seu pensamento ou contradizer, o que você quiser.

DUBLÊ: Eu gostaria de poder cortar.

HELENA: Com certeza!

DUBLÊ: Por que é que eu não faço isso?

HELENA: Ah, comprido é mais charmoso e todo o mundo tem cabelo curto; assim fica um pouco diferente.

DUBLÊ: O único problema é que as outras pessoas não têm de cuidar dele.

HELENA: E isso toma muito tempo de manhã, quando eu tenho de ir trabalhar.

DUBLÊ: Por que será que eu faço isso?

HELENA: Bem, eu penso principalmente em agradar às outras pessoas.

DUBLÊ: Por que é que eu tenho sempre que tentar agradar as outras pessoas? Por que é que eu não tento agradar a mim mesma, pra variar?

HELENA: Bem, na maioria dos casos agradar às outras pessoas funciona. É assim que a gente vive, para agradar às outras pessoas e para sermos agradados por elas.

MORENO: (*Para a platéia.*) Vocês viram o aquecimento para a dublê?

HELENA: Bem, está tudo esclarecido. Agora, vamos dormir.

(*Risos na platéia. Helena e a dublê preparam-se para ir para a cama.*)

MORENO: Um momento! Eu gostaria de esclarecer uma coisa pra vocês. Vocês viram como funciona a técnica de dublê. Ela obedece intuitivamente. Ela vai gradativamente respondendo aos movimentos, às palavras e ações da pessoa que está sendo dublada; e vocês vêem o quanto ela se movimenta na direção correta. Agora, qualquer resposta que a Helena 1 dá, a Helena 2 acata, e elas começam a casar seus pensamentos, sentimentos e suas ações como se fossem uma só pessoa. A matriz de identidade (*o processo de crescimento da identidade*) está atuando. Agora, eu gostaria que vocês vissem uma conversa de uma mãe com seu bebê. Ela belisca e beija. Quando o bebê ri ou faz qualquer ruído, ela conversa com ele mais ainda. Com certeza o bebê tem prazer nisso, mas ele não compreende uma palavra sequer do que ela está dizendo, e a mãe não se preocupa com isso. Ela fala com o bebê e consigo mesma, é um momento maravilhoso para ela, fazer isso. (*Risos na platéia.*) É, na realidade, a técnica do dublê aplicada de forma não-profissional, em uma situação natural. Essas operações de uma mãe não podem ser facilmente substituídas por nenhuma psiquiatria ou nenhuma terapia. O que estamos tentando fazer, modestamente, é traduzir em termos científicos essas experiências dinâmicas preciosas de uma mãe. Se uma dublê consegue despertar numa pessoa uma experiência como essa, ela produz esse nível de comunicação, e antes que vocês percebam elas são como uma só pessoa. Vocês podem pensar que a dublê comunica-se por intermédio da empatia, mas não é só isso. Não se trata de uma empatia unilateral; pelo contrário, ela sai de ambos os lados. É uma empatia de mão dupla, que ocorre quase simultaneamente. É alguma coisa que vai de uma para a outra e retorna novamente. É uma espécie peculiar de casamento de sentimentos. Não é somente o dublê que entra na mente do paciente (*em suas ações e seus movimentos, por mais bizarros que sejam*), mas o paciente começa a entrar dentro da mente do dublê, e eles então começam a influenciar-se mutuamente. É um processo de interação que eu denominei fenômeno tele (*como um "tele"-fone, que tem duas extremidades*). A empatia é um sentimento unidirecional. Tele é um sentimento em dois sentidos.

DUBLÊ: (*Na cama.*) Sabe? Eu estou ficando enjoada do meu trabalho.

HELENA: Eu gosto do meu! (*Risos na platéia.*)

DUBLÊ: Eu sempre quis alguma coisa mais excitante.

MORENO: Agora, um momento! Vocês vêem, o dublê pode dizer alguma coisa que não corresponde. É uma espécie de provocação, para a pessoa contradizer, o que muitas vezes ajuda muito e é bom saber. Agora, não pensem nunca que o dublê deve ser sempre permissivo. Se essa permissividade absoluta inexiste na psique, ou seja, do sujeito para consigo mesmo, por que deveria o dublê ser permissivo? Por que deveria o dublê ser mais permissivo que o paciente (*a menos que haja alguma boa razão ligada a sentimentos de culpa profundos com os quais a pessoa tortura a si mesma*)? O conceito de "permissividade" pode ser ampliado até o ponto em que se torna teoricamente nocivo. Assim, lembrem-se sempre de que muitas vezes o dublê opõe-se, com o objetivo de informar. É muitas vezes a porta para informações importantes. Por exemplo, como vocês acabaram de ouvir, a dublê (Helena 2) disse: "Eu estou ficando enjoada do meu trabalho;" e a outra, o eu real (*Helena 1*) responde: "Eu gosto do meu". É exatamente essa espécie de informação que gostaríamos de obter. Tudo bem, agora podem prosseguir.

HELENA: Eu tenho um trabalho muito simpático. É realmente um prazer levantar e ir trabalhar. Eu sei que isso é raro.

DUBLÊ: É, eu sou uma garota rara!

HELENA: Bem, é claro que eu tenho um ambiente raro. Onde é que você pode encontrar pessoas e ter a oportunidade de se expressar quando você quiser?

DUBLÊ: Com certeza, eu tenho sorte, mas quero mais ainda.

HELENA: Não ainda.

DUBLÊ: O telefone está tocando.

HELENA: A esta hora? Quem poderia me telefonar a esta hora?

DUBLÊ: Deveriam saber. (*Ambas se levantam para atender o telefone. Ambas pegam o fone.*)

HELENA: É meu irmão. (*Risos na platéia.*) Bem, como vai a família? Por aqui tudo bem; você não precisa ligar depois das dez para descobrir. Você vem jantar essa semana?

DUBLÊ: Tem alguém batendo à porta.

HELENA: No meio da noite? Ai, meu Deus! (*Vai até a porta.*) Que noite! Oi, Nelly!

DUBLÊ: Entra!

HELENA: Não é hora de começar a telefonar. (*Escuta Nelly.*) Ah, não, sinto muito, mas não dá pra você ver televisão.

DUBLÊ: Tem alguém descendo a escada.

HELENA: Daqui eu não ouço a escada. (*Risos na platéia.*) Além disso, nesta hora eu nem presto atenção. Eu estou muito cansada. Eu tenho de levantar cedo.

DUBLÊ: Eu não tenho de levantar às seis da manhã! Não é preciso oito horas de descanso. Eu não vejo por que eu tenho que ficar tão encanada com pessoas telefonando depois das dez.

HELENA: Mas eu nunca vou saber quando é que eu vou poder dormir, com toda essa confusão.

MORENO: Onde é que sua mãe dorme? Em que andar?

HELENA: No mesmo andar. É um apartamento.

MORENO: Onde é o quarto de sua mãe?

HELENA: (*Apontando.*) Lá. (*Rindo.*)

MORENO: Ela dorme sozinha?

HELENA: Não, eu tenho meu pai, também.

MORENO: Ele dorme com ela?

HELENA: Eu suponho que sim! (*Risos na platéia.*)

MORENO: Agora, você vai para a cama de sua mãe. Você é sua mãe e você (*aponta para a auxiliar*) é o dublê. Você (*para Helena*), no papel de mãe, está dormindo com seu pai nessa cama.

HELENA: Não, são camas separadas.

MORENO: Ah, camas gêmeas. Tudo bem, agora você é sua mãe. Como é que você se chama?

HELENA COMO MÃE: Paula.

MORENO: Quantos anos você tem?

HELENA COMO MÃE: Quarenta.

MORENO: Quantos filhos você tem?

HELENA COMO MÃE: Dois.

MORENO: O outro, como se chama?

HELENA COMO MÃE: Ronaldo.

MORENO: Paula, você está na cama agora, não? (*Essas perguntas são feitas e respondidas rapidamente.*)

DUBLÊ COMO PAULA 2: (*Olhando para o marido.*) Ele está dormindo?

HELENA COMO PAULA: Está, profundamente.

DUBLÊ: Ele está roncando.

HELENA COMO PAULA: (*Enfaticamente.*) E como!

DUBLÊ: Essa é uma das razões pelas quais eu não consigo dormir... Eu gostaria que o Ronaldo tivesse telefonado durante o dia em vez de à noite.

HELENA COMO PAULA: É! Eu gostaria muito que a gente jantasse juntos essa semana. Vamos ver, agora, o que tem para o jantar?

DUBLÊ: Ah, não se preocupe com o que tem para o jantar. Eu não estou nem aí!

HELENA COMO PAULA: Agora, o que é que eu faço para o almoço da Helena, amanhã?

DUBLÊ: Por que é que você não fala pra ela mesma preparar o almoço dela? Eu estou cansada de sempre ter de ver o almoço para ela.

HELENA COMO PAULA: Ela está ficando muito preguiçosa.

DUBLÊ: Com certeza. Eu já disse isso pra ela muitas vezes.

HELENA COMO PAULA: Muito bem, eu tenho de ir às compras, amanhã.

DUBLÊ: Eu estou preocupada com a Helena.

HELENA COMO PAULA: Bem, se ela pensa que dá conta de se cuidar, deixe que ela vá. Ela que se vire!

DUBLÊ: Deixe que ela saia e encontre o lugar dela.

HELENA COMO PAULA: (*Mais suavemente.*) Eu não gostaria de aproveitar a ocasião pra ela sair. Provavelmente ela não daria conta de cuidar de si mesma.

DUBLÊ: Ah, isso poderia não ser tão ruim. Ela vai aprender.

HELENA COMO PAULA: (*Enfaticamente.*) Não, eu não tenho certeza disso. Afinal, ela é responsabilidade minha.

DUBLÊ: Não sei, não! Não parece que ela pensa assim.

HELENA COMO PAULA: (*Decididamente.*) O fato de ela não pensar assim não quer dizer nada. Eu sou mais velha que ela e sei mais do que ela.

DUBLÊ: Eu penso que sei, mas na verdade eu não sei como ela.

HELENA COMO PAULA: As coisas, em geral, resolvem-se por si mesmas. Elas acontecem, em geral.

DUBLÊ: Elas não parecem ser assim com o Ronaldo.

HELENA COMO PAULA: Bem...

DUBLÊ: Ele ainda é um problema.

HELENA COMO PAULA: Bem, ele agora anda com suas próprias pernas e ele vai ter de se virar. Eu não vou me meter mais. (*Boceja.*) Vou tentar dormir deste lado. (*Vira para o outro lado.*)

MORENO: E agora vocês estão dormindo, as duas. Paula, qual é o nome de seu marido?

HELENA COMO PAULA: Lu.

MORENO: O Lu está agora se levantando e já está em pé. Você agora é Lu e seu dublê também está aí. Você está agora dormindo outra vez e começa a roncar. Aí você acorda de novo. Tudo bem?

HELENA COMO PAI: (*Cansada.*) Mmm.

DUBLÊ: Quem me acordou?

HELENA COMO PAI: Deve ter sido aquele livro de suspense que eu estava lendo antes de dormir.

DUBLÊ: Acho que eu ronquei tão alto que acordei, como a Paula diz.

HELENA COMO PAI: Bem, eu acho que todo o mundo ronca. Que diferença faz? Isso não me faz ficar acordado a maior parte do tempo. (*Espreguiçando.*) Deixa-me ver sobre o que, merda, era aquele livro.

DUBLÊ: Na verdade, eu não deveria ler suspense antes de dormir.

HELENA COMO PAI: Bem, eu gosto de ver televisão, acho.

DUBLÊ: Ela me deixa meio bobo.

HELENA COMO PAI: (*Com grande prazer.*) Mas, meu Deus, aquele lutador francês! Ele é ótimo! É muito bom! Menino, ele tem um corpo que é só músculos! Mas por outro lado, não sei, ele virou um perna de pau.

DUBLÊ: Eu sou um perna de pau também, às vezes. E eu não sou um lutador.

HELENA COMO PAI: Menino, eles arrumam a vida lutando na televisão. Que enganação!

DUBLÊ: Ah, como eu gostaria de estar no meio daquela confusão!

HELENA COMO PAI: Bem, acho que acabei ligando no canal errado. (*Boceja.*) Ahhhh, televisão! Bendita televisão! Pelo menos ela me dá alguma coisa para fazer à noite.

DUBLÊ: E as crianças? Elas não me dão o que fazer à noite?

HELENA COMO PAI: Vamos ver. As crianças raramente estão em casa.

DUBLÊ: Esse é o problema.

HELENA COMO PAI: (*Rapidamente.*) Aquela Helena... Ela chega tarde em casa.
DUBLÊ: Eu não sei o que está acontecendo nesta família. Está ficando de fora.
HELENA COMO PAI: O Ronaldo saindo de casa e ela agora é maior de idade.
DUBLÊ: Faz tempo que eu não falo com ela...
HELENA COMO PAI: (*Interrompendo.*) Ela não me escuta! Qual é a diferença? O que eu quero mesmo é ver TV.
DUBLÊ: E os garotos com quem ela sai? Eles são meio bobocas.
HELENA COMO PAI: Eles são legais, o único problema é que eles não têm dinheiro.
DUBLÊ: Mas o dinheiro, isso não é tão importante. Desde que ela seja feliz...
HELENA COMO PAI: Ah, ela vai ficar feliz com dinheiro. Qualquer um é feliz com dinheiro. Dinheiro é uma coisa extraordinária. Eu sei, cara, eu aposto quanto você quiser. (*Risos na platéia.*) É. Repito: ele é uma coisa extraordinária.
MORENO: E agora você dorme e ronca. (*Risos na platéia.*) Vá em frente, ronca!
HELENA COMO PAI: (*Ronca muito alto, alternando assobios e toda espécie de grunhidos e barulhos. Risos na platéia.*)
MORENO: (*Muito alto.*) E agora eu estou levando você para longe desta casa, para a casa de seu chefe. Com quem ele está?
HELENA: Com a esposa, suponho. (*Risos na platéia.*)
MORENO: Como ela se chama?
HELENA: Ruth. (*Deixa sair uma sonora e gostosa gargalhada.*)
MORENO: Bem, você é seu chefe e você é seu dublê. Como é o nome dele? Você tinha dito.
HELENA: Mike.
MORENO: Isso, Mike. Prepare-se, Mike. Como é que você dorme?
HELENA: Só Deus sabe! (*Risinhos.*)
MORENO: Você quer dizer que você nunca o viu dormindo?
HELENA: (*Rindo alto, com a platéia rindo junto.*) Não.
MORENO: Que idade tem o Mike?
HELENA: Ah, mais ou menos 46 ou 47.
MORENO: Bem, Mike, vá dormir! Em que posição você fica na cama?

HELENA: (*Sussurrando.*) Eu não sei. (*Há uma pequena confusão neste ponto.*)

MORENO: Foi só um sonho que você teve.

HELENA COMO MIKE: Oh, menino! Eu queria que eles tivessem continuado... Uau!...

MORENO: Mike, Mike, Mike. Venha aqui!

HELENA COMO MIKE: Sim. Nós vamos sobreviver àquele processo. Você pode esperar para ver.

DUBLÊ: Isto é uma bagunça, também. Eu não sei o que dizer.

HELENA COMO MIKE: O terceiro, este ano! Vou ficar feliz quando eu sair na estrada vendendo. Eu odeio essa vida em Nova York, no escritório. O escritório se vira. Eles conseguiram formar uma boa equipe!

DUBLÊ: Não sei de nada disso.

HELENA COMO MIKE: Eu me sinto melhor fora de lá. Eu me divirto mais fora, na estrada.

DUBLÊ: Eu me divirto mais, só não tenho certeza se estão cuidando bem do escritório. Ai, meu Deus, aposto que tem um monte de gente distraída por lá. Aquela tal de Helena!

HELENA COMO MIKE: O que é que você quer dizer com isso? Ela é a única coisa boa naquele escritório. (*Ri. A platéia ri, também.*) Bem, eu não sei, mas eu acho que aquela moça está aprontando alguma.

DUBLÊ: Mas ela é tão jovem e tão avoada!

HELENA COMO MIKE: Eu acho que ela é mais uma criança levada. Ela vai começar a empurrar algumas pessoas para fora. Ela já está empurrando.

DUBLÊ: Mas isso é o que eu não quero. Eu gostaria que ela fosse empurrada de vez em quando.

HELENA COMO MIKE: (*Não parece escutar.*) Cara, ela está aprendendo rápido como empurrar, com certeza. Com certeza ela aprendeu como tratar aquela gente. Ela é delicada com eles, também. Ela vai ser uma ótima vendedora. Ela sempre consegue sorrir de cara. É isso, ela sabe como curtir. No escritório, eles são um monte de criadas velhas.

DUBLÊ: E qual é a diferença? Ela logo vai se casar e aí eu vou perdê-la, de qualquer jeito.

HELENA COMO MIKE: A diferença entre ela e as outras é que elas pensam que podem me dizer o que fazer. Elas sempre fazem isso. Menino, aquela Kay! Ela comanda o espetáculo! Na verdade, eu penso que ela gostaria que eu não estivesse lá a maior parte do tempo. Bem, eu não vou estar lá.

DUBLÊ: A Kay não vai estar lá também.

HELENA COMO MIKE: É, eu acho que gostaria de ver alguém dando uns trancos nela por um tempo.

DUBLÊ: Talvez seja a Helena quem pode fazer isso.

HELENA COMO MIKE: É, talvez seja ela. Ela talvez seja um bagulho melhor de a gente ver do que aquela outra. Bom, mais do que isso, ela iria me escutar. (*Risos na platéia.*)

DUBLÊ: Talvez eu possa dar um empurrãozinho.

HELENA COMO MIKE: Mas espera um pouco, uma moça dessa não duraria tanto tempo quanto a Kay.

HELENA COMO MIKE: É verdade, pode ser.

MORENO: E assim, Helena, você volta para o seu quarto e você está de novo na sua cama, com a sua dublê, e você está dormindo outra vez. (*Helena revira na cama, procurando ficar confortável; ela está totalmente relaxada.*)

HELENA: Ô, menino!

MORENO: Helena, vocês dois estão dormindo, os dois. Quando você dorme, você sonha, não, Helena? Você teve um sonho outro dia, não teve?

HELENA: Não me lembro.

MORENO: Bem, por que é que você não tenta lembrar? Você teve um sonho. Foi um belo sonho.

HELENA: Ai, meu Deus!...

MORENO: Faz tempo.

HELENA: Ah, sim, faz muito tempo.

MORENO: Você lembra daquele sonho, não?

HELENA: Era colorido. Não dava para esquecer.

MORENO: Bem! Um sonho em "*technicolor*"! O que quer dizer isso? (*Risos fortes na platéia.*)

HELENA: Bem, foi assim...

MORENO: Não vamos falar. Vamos vê-lo. (*Diz à auxiliar que ela pode sair. Ela volta para o seu lugar no auditório.*) Tudo bem, agora, feche os olhos! Feche os olhos! E tente concentrar-se no sonho! Concentre-se... Você está vendo? Tudo bem. Agora, como é que você dorme, na cama? Em que posição você fica?

HELENA: Em geral, do lado direito.

MORENO: Como é que você se veste para dormir? Que roupa você usa?

HELENA: Pijama.

MORENO: Que tipo de pijama?

HELENA: Pijama de flanela no inverno e *shantung* no verão.

MORENO: E agora o que é, verão ou inverno?

HELENA: Inverno.

MORENO: Então, o que é que você está usando?

HELENA: Flanela.

MORENO: Ele é confortável?

HELENA: Ele é ótimo! (*Risos na platéia.*)

MORENO: Bem, você está muito confortável, agora. Certo? Você estica as pernas na cama? Como é que você faz?

HELENA: (*Com voz muito alta.*) Ohhhh! Um pouco dobrada.

MORENO: Bem, dobre um pouco as pernas.

HELENA: (*Ela suspira satisfeita.*) Mmm.

MORENO: E, assim, nós estamos aqui e você está tentando adormecer. Tente adormecer, dormir fundo. Aqui está ela. Ela está concentrada. Você consegue ver o sonho? Antes de dormir, em geral a gente pensa numa coisa ou outra. Nós temos todos os tipos de imagens.

HELENA: (*Balança a cabeça, em dúvida.*)... Bem...

MORENO: Não passa nada em sua cabeça, quando você dorme?

HELENA: Não.

MORENO: Tudo bem, agora, você está adormecendo, dorme profundamente e você está-se concentrando no sonho que teve naquela noite de inverno. Concentre-se! (*Bem alto.*) Concentre-se naquele sonho. Qual é a primeira coisa que você vê, quando você tem esse sonho?

HELENA: O céu azul.

MORENO: (*Alto.*) Céu azul! E você? O que você está fazendo? Sentada, em pé?

HELENA: Eu... não... (*leve hesitação*) Eu estou observando.

MORENO: Você está observando. Dá para você identificar se está em pé ou sentada?

HELENA: Andando.

MORENO: Então, levante-se e ande. Ande, da mesma maneira como você andou no sonho! (*Helena levanta-se para andar.*)

MORENO: É assim que você anda no sonho? Naquela direção?

HELENA: Não, não por aqui, por aqui. (*Inverte a direção.*)

MORENO: Você está-se vendo?

HELENA: Estou. Eu me vejo em movimento.

MORENO: Então movimente-se! Ande! (*Helena anda pelo palco.*)

MORENO: Você vê alguma coisa?

HELENA: Muitas árvores verde-escuras, altas.

MORENO: Onde ficam essas árvores?

HELENA: Dos dois lados.

MORENO: De que lado?

HELENA: Dos dois.

MORENO: Árvores verdes, que tipo de árvores são elas?

HELENA: Elas são muito altas e muito verdes. Parecem sicômoros.

MORENO: Muito verdes e altas. E você não se vê?

HELENA: (*Balança a cabeça negativamente.*)

MORENO: Você vê algo mais além das árvores?

HELENA: Bancos... Bancos de mármore branco.

MORENO: Onde estão? Toque neles!

HELENA: (*Toca-os.*)

MORENO: Qual é a altura deles?

HELENA: Mais ou menos 60 centímetros.

MORENO: Que tamanho têm as árvores? Que altura?

HELENA: Muito altas, mais ou menos 4 metros.

MORENO: Elas são diferentes umas das outras?

HELENA: Não, elas são exatamente iguais.

MORENO: Onde elas ficam? Mostre para a gente.

HELENA: (*Mostra para a platéia.*) Elas estão alinhadas dos dois lados. Fazendo um espécie de caminho. (*Move suas mãos paralelamente, de trás para a frente do palco.*)

MORENO: Alinhadas dos dois lados. Quantas são? Conte!

HELENA: Um, dois, três... oito de cada lado. (*Ela fecha metade dos olhos, concentrando-se.*)

MORENO: Qual a distância entre você e elas?

HELENA: Eu estou bem atrás.

MORENO: Atrás! Atrás!

HELENA: Eu estou, eu estou em pé, aqui. Atrás! E elas estão todas lá embaixo, mais ou menos um metro e meio daqui. E eu estou vendo todas elas.

MORENO: Você está vendo todos os bancos e as árvores. E o que é que você está fazendo? Você está andando?

HELENA: Eu estou parada, no meio; mas atrás, não dentro.

MORENO: E como você se sente em relação a isso?

HELENA: Eu sinto que eu gostaria de ir... é muito calmo, muita paz, e eu sinto que eu gostaria de entrar.

MORENO: Você vai entrar?

HELENA: (*Com voz muita alta.*) Não, eu estou caminhando na direção dele.

MORENO: Então caminhe. Então vai... (*Helena caminha e pára repentinamente.*)

HELENA: (*Interrompendo.*) Mas, mas eu não entro.

MORENO: O que acontece então?

HELENA: (*Com voz baixa.*) Alguém está me chamando de volta.

MORENO: (*Quase sussurrando.*) Alguém está chamando você de volta. Uma vez, duas vezes.

HELENA: Muitas vezes.

MORENO: Volte e faça o papel dessa voz. (*Helena assume o papel.*)

HELENA COMO VOZ: Eu sou a voz.

MORENO: Você é um homem ou uma mulher?

HELENA COMO VOZ: Mulher.

MORENO: Você ouve a voz?

HELENA: Não, isto é, eu ouvi a voz.

MORENO: Você quer dizer que você ouve a voz. Vamos ouvir a voz!

HELENA: Ela é melodiosa. É como uma música e ela me diz para voltar.

(*Moreno chama um ego-auxiliar, que vem ao palco para representar a voz, numa versão diferente.*)

VOZ: Helena. Volte, Helena, volte.

MORENO: É desse jeito que a voz soa?

HELENA: Não. Ela não usa essas palavras. Ela diz: "Volte, volte. Volte que nós estamos aqui. Não vá pra lá!".

VOZ: Volte, nós estamos aqui. Volte.
HELENA: Não é uma súplica.
MORENO: É o quê?
HELENA: Ela só fala.
VOZ: Volte. Volte. Volte, nós estamos aqui. Não vá lá.
HELENA: É a voz repetindo as mesmas palavras.
TODOS: (*Toda a platéia participa, chamando-a, imitando a voz.*) Volte, volte, nós estamos aqui!
MORENO: E o que você faz?
HELENA: (*Singelamente.*) Eu volto!
MORENO: E então você volta?
HELENA: É.
MORENO: Você vê alguém?
HELENA: Não.
MORENO: Você ainda escuta a voz como antes?
HELENA: Não.
MORENO: E o que você faz agora?
HELENA: Eu desejo voltar e tento voltar. (*Helena pára, repentinamente, perto da porta do palco.*)
MORENO: Você tenta voltar.
HELENA: Mas não consigo.
MORENO: (*Vai até ela e toma-lhe a mão.*) Se você tivesse tido o poder de continuar a sonhar, como você continuaria? Vamos dar a você, aqui, o privilégio de viver o sonho do jeito que você deseja. Damos a você a licença poética de continuar, de terminar do jeito que você gostaria. Volte para a cama agora! Você vai continuar o sonho. Continue sonhando! A última coisa no sonho que você vê são as árvores. É isso mesmo? Árvores altas, bonitas, certo? O que acontece em seguida?
HELENA: Não sei.
MORENO: Está bem, assuma a posição em que você estava no sonho, agora. É nessa posição que você está no sonho? (*Helena volta para a cama.*) Tudo bem, você está sonhando ainda. Você ainda não acordou. O que é que você faz agora?
HELENA: Eu volto para a voz.
VOZ: Volte, Helena. Não vá lá. Volte para a gente!
HELENA: Eu volto por vontade própria.
MORENO: Então volte.

voz: Volte. Não vá. É isso, Helena. Essa é a garota!

MORENO: Que voz é essa que fala com você?

HELENA: Minha mãe, acho. Eu não tinha certeza quando eu sonhei, mas agora eu tenho.

MORENO: Ela é parecida com a voz de sua mãe?

HELENA: Não, eu sinto que ela é.

MORENO: Troque de papel agora. (*Para a auxiliar.*) Você assume o papel de Helena. (*Para Helena.*) Você assume o papel da voz. (*Elas invertem os papéis.*) Diga isso outra vez, agora, e veja se tem certeza de que voz é essa. Você sabe como ela fala. Tudo bem, Helena.

HELENA COMO VOZ: Helena, volte! Volte, Helena! Helena, volte!

MORENO: (*Finalizando a inversão de papéis.*) Você está de volta, agora. Você se sente melhor, agora que voltou?

HELENA: Acho que sim. É a voz de minha mãe, eu tenho certeza.

MORENO: É isso que você quer fazer. Você quer ir para a mamãe.

HELENA: (*Com uma risada de surpresa.*) Engraçado, eu nunca tinha pensado desse jeito!

MORENO: Você não pensou nisso desse jeito. Mas isso é o que você está fazendo. (*A auxiliar volta para o seu lugar.*) Nós podemos imaginar as profundas implicações da atuação do dublê, porque vimos como nós o movimentamos e como isso se relaciona aos diferentes processos de papel, como nós movimentamos o dublê da mãe para o pai, para [o empregador]... até conseguirmos a configuração total. Vimos todas as personagens de sua mente, as pessoas com quem ela vive. Vimos, dessa forma, a percepção que ela tem de seu mundo social. Ficamos conhecendo seu mundo. Vimos como o dublê movimenta-se, desde o mais remoto momento da vida. A gente não sabe, a rigor, o que se passa na mente do bebê durante os nove meses de gravidez. É claro que tudo está no plano da teoria. Sabemos o que ocorre fisiológica e anatomicamente. Conhecemos a grande coisa que acontece no nascimento, a decisão de sair do mundo escuro para um mundo belo, de cores e luzes, em *technicolor*. Foi assim que começou para você, há 21 anos. E esse é o primeiro relacionamento que nós temos com alguém que está dentro da matriz de identidade, com aquele outro que é uma parte de você, de quem você é uma parte, e isso é o que chamamos de dublê. E que foi tipificado e desenvolvido como um método de tratar pessoas que perderam seus contatos. Você está retornando ao relacionamento mais íntimo, mais exclusivo e mais sensível que temos: a primeira coisa à qual pertencemos, a matriz de identidade. Trabalhando com pacientes assim chamados catatônicos, ou com assim chamados esquizofrênicos, quando, de repente, eles fazem uma careta, o ego-auxiliar faz uma careta também. Dessa forma proporcionamos a eles a experiência de alguém compreendendo o que se passa em sua mente. Talvez o paciente tenha um tique, ou um jeito de mover a cabeça ou de sacudi-la. Quando, na técnica do dublê, você repete isso, começa a chegar mais perto dessa pessoa e, com isso, talvez ela também comece a sacudir a cabeça. Você vê, por exemplo, os dublês comendo juntos. Para compreender os sentimentos do paciente, muitas situações de sua vida podem ser dubladas. Muitas vezes não se sabe o que eles são. À medida que você se movimenta dentro da matriz de ação dele, começa a experimentar a mesma coisa que o paciente experiencia. Com certeza, essa técnica de dublagem deve ser estudada com muito cuidado. A pesquisa do dublê e da terapia da dublagem são recursos importantes, de que necessitamos para determinados tipos de pacientes, que não podemos analisar e com quem só podemos trabalhar mediante ação. Essas técnicas são técnicas de ação!

Agora, depois de termos visto o dublê, vamos à técnica do espelho, que se relaciona ao bebê numa fase bem mais avançada de desenvolvimento.

O passo seguinte consiste em o bebê mirar e ver alguma coisa na água ou no espelho. Ele vê outro bebê. O bebê sorri quando você sorri e se mexe quando você se mexe. E quando você chora, a mamãe vem trazer a mamadeira para você. O que acontece com você, acontece também no espelho.

Agora, Helena, você se senta. Preste bastante atenção no espelho, da mesma forma como eu olho você. Você se arrumou de um jeito muito simpático. Ela usa brincos e tudo que combina com uma moça bonita. Como você sabe que está com os brincos? Você consegue vê-los?

HELENA: Eu posso senti-los!

MORENO: Bem, você está assim aqui, agora, e você se mira no espelho. Veja, ter um dublê é uma coisa. Lá você está na matriz de identidade. Com o decorrer do tempo, você começa a prestar mais atenção em certas coisas. Que há algumas coisas que estão mais perto de você e outras que estão mais longe. Quando elas estão feridas, você não está. Você pode feri-las. Elas podem ferir você. Veja, quando você tem um dublê e você o fere, você se fere a si mesma. Mas, quando você começa a ferir alguém, a dor aparece e é sentida fora de você, então, certamente há uma separação entre você e aquele objeto. Deixe-me explicar, Helena, o que estamos tentando fazer. Nós estamos estudando uma pessoa que não pode agir por si mesma. Estamos estudando como ela se levanta de manhã, como se comporta em relação à mãe e ao pai dela. Por si mesma, ela não consegue nos mostrar, porque está doente demais para poder agir. Ela está prostrada e por isso nós chamamos alguém, um ego-auxiliar, uma enfermeira, que atua no lugar dela, como um espelho, enquanto ela fica sentada na platéia. Entendeu?

(*George levanta a mão.*)

MORENO: Pois não!

GEORGE: Eu gostaria de pedir uma coisa. Você poderia me deixar fazer, no palco, um telefonema para a Helena? Eu acho que isso será muito significativo.

MORENO: Veja, este jovem aqui tem vontade de agir.

GEORGE: É tudo para o bem dela.

MORENO: Sim, com certeza! Você vai ter sua vez. (*Risos na platéia.*) É uma coisa muito interessante, um fenômeno muito interessante das platéias, mas as pessoas vêm, e elas têm idéias e vontade de atuar. E isso é uma coisa maravilhosa, porque mostra como as sessões de psicodrama são infecciosas. Elas encerram dentro de si muita ação, e isso precisa ter algum desdobramento.

Depois que o paciente foi observado, com certeza irá produzir determinadas ações que ele mesmo observou ao longo do tempo. O(A) paciente, então, vai se ver em ação. Tudo bem, aqui está a Helena. HELENA: você é o cliente. Vamos ver o que você deseja representar.

HELENA: Eu não estou satisfeita com o aumento que eu tive no Natal.

(*A Helena real fica sentada na platéia e a "Helena espelho", uma auxiliar, sobe ao palco para fazer o papel de Helena, depois de uma rápida conversa com ela.*)

ESPELHO DE HELENA: Bem, o que é que você acha? Um aumento de três dólares. Que coragem a dele! Meu, que pão-duro! Me dar um aumento de três dólares! Com certeza eu mereço mais do que isso. Que sovina! Eu peço dez dólares e ganho...

MORENO: (*Interrompendo.*) Você vê a auxiliar representando uma cliente sentada na frente dela, com um problema que a cliente realmente tem. Isso não é exatamente "jogar". Você entende por que fazemos isto, Helena? (*Helena, na platéia, balança a cabeça.*) Bem, eu vou dizer pra você. Quando alguém olha para si mesmo e se vê feio, pode tentar fazer alguma coisa em relação a isso. Nós queremos que ele seja provocado pelo espelho. Essa é uma das razões pelas quais usamos essa técnica. O espelho mostra você de maneira distorcida. Você pode ficar brava com ele, porque não está parecido com você. Muitas vezes, constatamos que os pacientes (*assim como os não-pacientes*) têm uma percepção falsa de si mesmos. Se o paciente compreender que se tentou fazer um espelho dele, a técnica alcança seu objetivo. Se alguma parte parece distorcida ou mal representada, eles entram e interferem no espelho. Eles dizem ao ego-auxiliar que os reflete que ele é um impostor! E é exatamente isso que nós queremos de uma pessoa que ficou calada até então, não-cooperativa e não-ativa, para conseguir que ela avance. E assim, gostaríamos de tornar você ativa. Por isso, vamos fazer tudo novamente. Agora você faz como quiser.

HELENA: Mas eu não sei se isso é como eu realmente sou, porque eu não me vejo.

MORENO: Mas você vê a Helena!!

HELENA: (*Interrompendo.*) Minha reação?

MORENO: Sim, eu quero mostrar a essas enfermeiras, aqui, como a técnica do espelho é utilizada. Você vai mostrar isso a elas, uma vez que estamos aqui para nos ajudarmos mutuamente e você vai me ajudar a fazer a demonstração. Você já esteve num hospital psiquiátrico, Helena?

HELENA: (*Balança a cabeça.*) Não.

MORENO: Não. Alguns pacientes são difíceis de tratar. Muitos deles não sabem que são doentes. (*Risos na platéia.*) Assim como um paciente, você está agora um pouco cínica, depois de ter sido coagida e com pessoas tentando fazer você cooperar.

HELENA: (*Apontando para a auxiliar.*) Posso contraditá-la imediatamente?

MORENO: Sempre que você sentir que não é exatamente o jeito como você faria.

HELENA ESPELHO: Que cara corajoso! Só três dólares de aumento! Eu vou falar com ele. Mas o que é que eu vou dizer? Eu estou com raiva. Três dólares! Eu não vou deixar ele fazer isso comigo. O que ele pensa que eu sou? Se ele pensa que pode me pisar, ele que me desculpe. Ele vai descobrir logo, logo, que está batendo na porta errada. Eu vou falar com ele. E se ele me rejeitar? O que é que eu vou fazer?

MORENO: Aqui está o chefe.

(*Faz sinal para George subir ao palco e assumir o papel de chefe.*)

HELENA ESPELHO: Senhor Calbata, senhor Calbata, sabe, três dólares!? Eu não acredito! (*Hesitando.*) Eu... Eu... pensei que você estava mais satisfeito comigo. (*Embaraçada.*) Você não poderia...

HELENA REAL: (*Interrompendo.*) Não, não, ela não é... Não! Essa não é como eu. Ela está dando a idéia, para ele, de que ela está magoada.

HELENA ESPELHO: (*Fingindo timidez.*) Oi, senhor Calbata, eu acho que o senhor sabe por que eu estou aqui.

SR. CALBATA: Por quê? Não. Eu não tenho idéia.

HELENA ESPELHO: Bem. Eu pensava que o senhor estivesse satisfeito comigo. Eu levei um susto quando recebi meu pagamento na semana passada. O senhor tinha me colocado na exposição, eu levei um susto quando recebi meu pagamento na semana passada. Três dólares... O senhor não acha que eu mereço um pouco mais?

SR. CALBATA: Bem, você sabe que as coisas não estão indo bem, ultimamente, e eu acho que a empresa não suportaria uma sobrecarga na folha de pagamento.

HELENA ESPELHO: Considerando que o senhor me deu uma responsabilidade maior, eu realmente acho...

SR. CALBATA: Bem, talvez se você permanecer um pouco mais e os negócios melhorarem, a gente vai poder ver seu caso com mais carinho. Nesse meio tempo...

(*A Helena real observa o desenrolar dos acontecimentos com ansiedade e desagrado.*)

MORENO: Bem, Helena, se você não está satisfeita, vamos lá!

HELENA: (*Hesitando.*) Bem, eu não sei. Eu...

MORENO: Vá! Discorde! A cena é sua!

(*A Helena real vai até o palco e põe a Helena espelho para fora.*)

HELENA: Eu tenho certeza de que o senhor deve estar satisfeito, porque senão o senhor não me teria colocado na exposição. O senhor mesmo disse que estava surpreendido com a maneira como eu progredi. Faz só um ano que eu estou aqui e não pedi para ser colocada na exposição. Eu mereço mesmo um aumento e não posso esperar até o Natal para ter outro.

SR. CALBATA: Você queria trabalhar na exposição, não queria? (*Helena nega com a cabeça*).

MORENO: Seu chefe real age desse jeito?

HELENA: Não!

MORENO: Tudo bem, então, troque de papel.

HELENA: Bem, primeiro, ele me ofereceria uma cadeira (*Ela arrasta uma cadeira e a auxiliar que faz o papel de Helena senta-se nela.*)

MORENO: (*Para Helena.*) Como é o seu nome?

HELENA: Senhor Calbata.

MORENO: (*Para a auxiliar.*) Como é o seu nome?

EGO-AUXILIAR: Helena. (*Risos na platéia.*)

HELENA COMO SR. CALBATA: Bem, quando veio aqui, você já teve um aumento de cinco dólares. Afinal... sabe, doutor Moreno, ele não sabe disso, eu vou responder por ele.

MORENO: Não, você não! Ele sabe tudo.

HELENA COMO SR. CALBATA: É isso mesmo, quando você veio, disse que queria 45 dólares e nós dissemos que poderíamos começar com 40, experimentalmente. Quando eu discuti isso com as outras pessoas, o contador e a secretária, eles disseram que você já tinha tido um aumento de cinco dólares e eles acharam que seria suficiente. Você sabe, Helena, o quanto eu estou satisfeito com você e como eu aprecio o bom trabalho que tem feito. Mas eu vou dizer uma coisa. Quando eu voltar da viagem, mais ou menos em maio, vou colocar você na exposição e colocar alguém para assumir suas tarefas de secretária. Aí eu vou lhe dar um aumento realmente substancial. Não deixe que esses poucos dólares lhe atrapalhem. Você pode confiar em mim, que eu vou cuidar de você. Você está fazendo um trabalho excelente. E quem sabe... talvez, algum dia, possa ficar no lugar da Kay.

MORENO: Que é que há com você, George?

(*George, no papel de Helena, fica boquiaberto durante todo esse diálogo. Risos na platéia.*)

MORENO: Por que você fica aí sentado? Ela, ou melhor, ele, hipnotizou você?

HELENA COMO SR. CALBATA: Uns poucos dólares não podem significar isso tudo para você, Helena. Eu poderia lhe dar esses dólares, você sabe, Helena. Mas, pessoalmente, eu acho que seria melhor para você se esperasse até maio.

MORENO: Continue aí. (*Para o George, que ainda não tinha dito uma palavra. Risos na platéia.*)

HELENA COMO SR. CALBATA: Bem, eu sei que tudo vai ficar bem, que as coisas vão funcionar, e que quando eu voltar, em maio, você vai ver o quanto eu estou satisfeito com você. Não deixe que isso atrapalhe você. Agora, Helena, mudando de assunto, deixe-me falar um pouco a respeito das vendas na exposição. (*Aplausos da platéia.*)

MORENO: Ótimo. Bem, olhe para o George. Ele está hipnotizado. Ele sempre fica assim quando você está por perto?

HELENA: É por causa do senhor Calbata. Ele é uma pessoa sedutora.

MORENO: Você ainda trabalha com ele?

HELENA: Claro!

MORENO: E o que aconteceu com o aumento?

HELENA: Ele veio no dia seguinte e me disse: "Se isso fizer você ficar mais feliz, aqui".

MORENO: Vocês viram que mesmo quando o espelho é utilizado para uma pessoa que é tão ponderada como a Helena, há uma resposta violenta quando as coisas não são feitas corretamente. Ela não poderia ter ficado sentada lá, calmamente, vendo sua pessoa e sua própria vida mal representadas. A má representação é, muitas vezes, subjetiva. Eu não sei se já tinha dito a vocês que o espelho é muito utilizado em hospitais psiquiátricos. Uma vez, num hospital, um médico estava com uma dificuldade muito grande de tratar de um paciente homicida não cooperativo. Depois de certo tempo, ele trabalhou com o paciente, Bill, numa sessão psicodramática. Usando a técnica de espelho, reconstituiu uma situação durante a guerra, em que Bill estava envolvido. Seu pelotão foi dizimado, mas ele conseguiu escapar sem nenhum arranhão. Em função dessa ação militar, Bill foi condecorado por bravura. Pouco tempo depois, entretanto, ele ficou mal psicologicamente, adoeceu e foi encaminhado para um hospital psiquiátrico. À medida que a cena desenrolava-se, no palco, ele parecia um pouco confuso: ele não escutou seu nome mencionado em conexão com a batalha, embora isso fosse obviamente sua história. Quem fez o espelho foi um ego-auxiliar, um ajudante de enfermagem que estava em contato próximo com Bill havia várias semanas. Em vez de o seu, ele escutou outro nome, o de seu companheiro mais próximo, Jack (*um ego-auxiliar fez o papel de Jack*). Era Jack que estava correndo lá. Jack estava lutando. Jack foi um herói. Jack recebeu a medalha. O paciente levantou-se, pôs Jack de lado, e disse: "É tudo mentira! Sou eu! Eu é que fiz isso, não ele! Foi assim que aconteceu!". E então o psicodrama começou de fato.

Vocês vêem, então, como o espelho o aqueceu e o levou a produzir. É onde a terapia na forma de espelho é útil, porque se trata de um problema real da pessoa para quem se faz a representação.

Foi uma pequena mudança no padrão, e não uma simples recapitulação, o que desencadeou e ampliou o aquecimento. Às vezes, a mera recapitulação de uma situação traumática pode ser suficiente. Mas, com muita freqüência, é preciso uma pequena mudança na história para impulsionar o aquecimento. Mas, se a distorção é grande demais, nada acontece. É óbvio, num hospital psiquiátrico há centenas de situações que podem ser representadas. Pode-se formar um grupo, por exemplo, com veteranos de guerra com problemas parecidos. Vocês podem ver como o espelho pode ser aplicado ao nível do grupo. Não são somente Bill e Jack; há outros que viveram situações parecidas. Agora, vamos mostrar-lhes a técnica da inversão de papéis.

HELENA: (*Rindo e sussurando.*) Ah, não!

MORENO: A técnica da inversão de papéis é uma técnica muito mais madura. Nós vimos o comportamento de bebês. Para que possam experimentar adequadamente a inversão de papéis, eles devem conseguir separar-se dos indivíduos que os cercam. A matriz de identidade foi superada, veio o espelho. A criança pode, agora, mover-se dentro do espelho e fazer o papel da criança do espelho; a criança do espelho pode sair do espelho e fazer o papel da criança real. Esse é o passo seguinte na gênese da técnica. Primeiro vem a matriz de identidade, com o dublê; em seguida, o espelho, com o *self*. E agora a inversão de papéis, com o outro *self*. A inversão de papéis é utilizada com freqüência em problemas matrimoniais, é claro. Eu imagino que você vai se casar logo; não é, Helena?

HELENA: Nós somos amigos, é só isso. Muito bons amigos.

MORENO: Ela é uma moça muito inteligente. Ela diz "nós somos amigos". A propósito, quantos amigos você tem? (*Risos na platéia.*) Não muitos? Qual é o problema com você, George? Ela diz "não muitos". Por que você não assume o controle a partir daqui? *(George sacode a cabeça. Ele não sabe o que dizer.)* Dê uma idéia do dilema atual de vocês. O que acontece entre vocês dois?

HELENA: Nós temos uma amizade muito boa. Se eu descubro alguma coisa que ele gosta eu o chamo para ver, e se ele acha alguma coisa que eu poderia gostar, ele me leva.

MORENO: Tudo bem, então. Vamos começar com isso. Você pode criar qualquer situação. (*Helena sorri nervosamente.*)

GEORGE: Tudo bem... (*Toma a iniciativa.*) Eu estou fazendo um telefonema.

MORENO: Continue, faça a ligação. A propósito, quantos anos você tem?

GEORGE: Eu tenho 22.

MORENO: E você, Helena?

HELENA: 21.

MORENO: Somando os dois, qual é a idade de vocês?

HELENA: 43.

MORENO: É suficiente. (*Risos na platéia.*)

MORENO: Você ainda mora com seus pais?

GEORGE: Moro.

MORENO: Irmão?

GEORGE: Tenho.

MORENO: Irmã?

GEORGE: Ela é casada. Ela acaba de se mudar.

MORENO: Helena, você conhece a família dele?

HELENA: Não.

MORENO: Você conhece a família dela, George?

GEORGE: Conheço.

MORENO: Quem você conhece da família dela?

GEORGE: Eu conheço a mãe, o pai e o irmão (*Risos na platéia.*)

MORENO: Ele sempre sabe tudo do lado dela. Por que ele não apresenta você para o povo dele?

HELENA: Ele vai ao meu apartamento. Eu não vou para o dele.

GEORGE: Ela foi até a minha loja, uma vez, mas eles não estavam lá.

MORENO: Era uma loja vazia?

GEORGE: Não, um dos homens estava lá.

MORENO: Sei. Você armou assim? (*Risos na platéia.*) E assim, você está aqui e fazendo uma ligação.

GEORGE: Eu estou na loja fazendo uma chamada telefônica.

MORENO: Tudo bem, prossiga. Onde é a loja?

GEORGE: Em Nova York.

MORENO: E onde ela está?

GEORGE: No apartamento dela.

MORENO: (*Para Helena.*) Então vá para o seu apartamento. É aqui! (*Helena sobe no lado esquerdo do palco.*) Quantas vezes você telefona para ela?

GEORGE: Mmm. Uma vez ela me liga, outra vez eu ligo. Eu diria mais ou menos uma vez por mês.

MORENO: Bem, ligue pra ela.

GEORGE: (*Disca o número.*) Alô, Helena?

HELENA: Oi!

GEORGE: Tudo bem?

HELENA: Tudo bem com você?

GEORGE: O.K. Meu, nossa última reunião foi muito boa.

HELENA: É, foi sim. A gente tem mesmo de conversar sobre isso. Eu tenho algumas observações a respeito do programa.

GEORGE: Bem, eu não sei quando a gente poderia conversar.

HELENA: Você não quer ir comigo à próxima reunião?

GEORGE: Não, eu não estava pensando nisso. Era, bem... Sempre que eu convido você para sair comigo numa sexta-feira ou num sábado à noite, você sempre fica em dúvida. Eu sempre tenho vontade... (*Helena interrompe com um riso nervoso.*)

MORENO: Invertam os papéis, agora vocês têm a técnica da inversão de papéis. Procurem sempre usar um momento estratégico para a inversão. Prossigam!

HELENA: Eu tenho de fazer exatamente como ele fez?

MORENO: Isso mesmo. Você começa do ponto no qual ele parou. Vá em frente. (*Moreno bate palmas. Para George.*) E você começa do ponto em que ela parou.

HELENA COMO GEORGE: Você está sempre em dúvida. Você vai se casar ou alguma coisa parecida? Maravilha. Você quer ir aos encontros comigo, mas não parece desejar tornar isso mais social. Tem alguma coisa errada?

GEORGE COMO HELENA: (*Pausa.*) Não, não exatamente. Eu não estou namorando. O que acontece é que eu gostaria de ver você na base da amizade. (*Pausa.*) Mais ou menos.

HELENA COMO GEORGE: É uma boa. Vamos construir uma amizade com base nisso. Eu quero sair com você. Vamos sair sexta à noite?

GEORGE COMO HELENA: Nada de estacionamento ou coisa semelhante.

HELENA COMO GEORGE: Estacionamento não é um pré-requisito para sair. É uma questão de... se você sente que é isso que estão esperando de você, você vai ao estacionamento. Você reage... bem, você tem medo de que a garota possa pensar que há alguma coisa errada com ela se você não fizer isso.

GEORGE COMO HELENA: (*Hesitante.*) Bem... (*Risos na platéia.*)

MORENO: (*Interrompendo.*) Troquem de papéis!

GEORGE: Bem, afinal, se você sai com uma menina, isso não significa que você vai testar seu desempenho. Tudo depende do que você sente por ela.

HELENA: Eu só estou narrando os fatos. (*Pausas.*) Eu não quero que você sinta que está perdendo tempo. Se você quiser que seja só amizade, ótimo, será sempre bem-vindo. Eu gosto muito de sua companhia. Mas se você pensa que saindo numa sexta-feira ou sábado à noite isso significa ficar ou o que geralmente... acontece nas noites de sexta-feira ou sábado, então... (*Risos na platéia.*) eu vou a reuniões com você.

GEORGE: Você tem certa razão. As garotas têm um problema. Porque, afinal, se uma garota sai com um menino, ela nunca sabe por que ele está saindo com ela. Se é por ela ou se é por causa do que ele gostaria de fazer. É claro que isso tem solução. Você poderia dizer: "Tudo bem, vamos, eu não vou fazer nada com nenhum menino, e se no final das contas o menino for comigo, então eu posso ter certeza de que ele gosta de mim". Isso poderia ser uma solução.

HELENA: Eu não acho que eu tenho de descobrir se você gosta de mim ou não. Eu gosto de sua companhia e a gente se diverte estando juntos. Eu curto muito conversar com você e bem... (*Pausa.*) eu curto conversar com você. (*Risos na platéia.*) Para mim, é uma noitada legal, mas eu quero que saiba que não tem nada mais, e eu não gostaria que você sentisse que eu induzi você a esperar alguma coisa.

GEORGE: Você acha que eu insistiria com alguém que estaria só fazendo charme?

HELENA: (*Sussurrando.*) Fazendo charme? Estou começando a entender! (*Risos na platéia.*)

MORENO: Troquem de papel!

GEORGE COMO HELENA: Eu gosto de nossa amizade como ela é e acho que deveríamos continuar com ela assim.

HELENA COMO GEORGE: Legal! Eu nunca disse que queria de outro jeito. O que eu pensei é que você gostava de mim o suficiente para podermos sair no sábado à noite, mas a maior parte das vezes a gente só se encontra em reuniões e desse jeito a gente só conversa sobre política. Eu pensei que você gostaria de conversar sobre outras coisas e sair para passear. E porque... Ah, o que você acha que vai encontrar, uma coisa diferente em cada pessoa, uma para conversar, outra para jogar tênis?

GEORGE COMO HELENA: Você sabe que eu já disse isso para outros rapazes e eles não gostaram. Eles não vão sair comigo nunca mais. Eu acho que as pessoas podem ser diversificadas e que você pode encontrar algumas coisas em umas e outras coisas em outras.

HELENA COMO GEORGE: (*Com um tom sofisticado.*) O que eu gostaria de saber é... (*Pausa curta.*)

MORENO: Quanto custa este telefonema? (*Risos na platéia.*)

GEORGE: Meu pai vai pagar. Ele nem sabe ainda quanto foi.

HELENA COMO GEORGE: O que eu gostaria de saber é se isso é assim com todos... ou se as coisas acontecem de jeitos diferentes com as outras pessoas? É uma curiosidade.

GEORGE COMO HELENA: É lógico, naturalmente nem tudo se aplica a todos. Mas pode existir uma diferença que vale para diferentes pessoas.

HELENA: (*Em seu próprio papel, rindo.*) Isso não parece o George, parece eu! (*Voltando ao papel de George.*) Eu só quis colocar o fato.

MORENO: (*Interrompendo.*) Terminem o telefonema! Troquem de papel.

GEORGE: É claro, você sabe que quando um menino sai com uma menina, ele se sente constrangido ao saber que ela está saindo com outros amigos e que com eles acontecem coisas diferentes. Mas veja, em relação à noite de sexta-feira, nós estamos vindo ver o doutor Moreno. Eu acho que eu falei dele para você, antes.

HELENA: Está bem, O.K., pode me buscar na sexta à noite.

GEORGE: Lá pelas oito e meia?

HELENA: Não, às oito.

GEORGE: O.K., Eu estarei lá. Pontualmente.

MORENO: Muito obrigado a vocês dois. Vocês me ajudaram muito. Bem, agora... Helena é muito amável, voltem, não vão embora ainda. (*Risos.*) Bem, essas técnicas foram demonstradas de modo que pudessem aplicá-las em seu trabalho profissional. Por outro lado, nesse meio tempo aconteceram algumas coisas muito interessantes em termos de sessões psicodramáticas. Trabalhamos com o que é chamado, em linguagem técnica, uma díade. Uma díade é um par, uma dupla de pessoas formando um grupo. Vocês observaram como eles se interpenetram em seus sentimentos. Entretanto, ao mesmo tempo, conhecemos duas pessoas muito legais. (*Para Helena e George.*) Eu acho que vocês se deram muito bem. Com certeza vocês nos ajudaram muito. Vocês nos proporcionaram uma ilustração muito viva, com sua natural espontaneidade, daquilo que desejávamos que vocês fizessem. Eu tenho certeza de que todos gostamos muito. Se sua mãe tivesse estado aqui, Helena, o que ela teria pensado de tudo isto?

HELENA: Eu acho que ela ficaria um pouco perturbada.

MORENO: Porque as mães não gostam de ver suas filhas crescerem tão rápido como você.

HELENA: Eu acho que ela não gostaria de me ver no palco, na frente de todas essas pessoas.

MORENO: Mas, essas pessoas são o mundo. Você vê que é exatamente o que nós precisamos. Essas pessoas são uma parte de você e de mim. São pessoas como você, e você dá a elas muito de sua juventude e de sua vitalidade. Eu acho que sua mãe poderia dizer, do fundo do coração: "Ela é realmente muito boa".

HELENA: É provável.

MORENO: (*Rindo.*) Muito obrigado. (*Aplausos.*)

MEMBRO DA PLATÉIA: Doutor, por que você escolheu a Helena, no começo? Foi alguma coisa nela que fez você escolher?

MORENO: Essa é uma das perguntas mais freqüentes. Por que eu escolho certas pessoas para subir ao palco? Uma vez eu comecei a sistematizar isso. Estamos num grupo aberto. Eu não sei quem vai vir participar. Com certeza, um bom diretor tem a responsabilidade de escolher um protagonista que, no todo, represente o grupo. Não foi assim no caso do Helena. Eu não tive a intenção de dirigir uma sessão comum. Eu fui convidado para falar a um grupo de enfermeiras e demonstrar alguns dos princípios da técnica psicodramática, dirigindo o que se chama de uma sessão didática. E, nesse caso, eu pensei que qualquer pessoa que eu escolhesse para ilustrar a técnica seria o suficiente. Você pergunta por que eu escolhi a Helena. Bem, por certo eu me sinto atraído pelas mulheres jovens. Em geral eu escolho meninas em qualquer ponto entre 18 e 75 anos. (*Risos na platéia.*) Para voltar a Helena, bem, ela estava sentada na primeira fila e...

GEORGE: Esse foi o meu erro.

MORENO: Você a colocou lá! (*Risos na platéia.*) Ele realmente fez 90% do trabalho. Ele a trouxe aqui. Ele tinha todas as razões para vir aqui esta noite. Agora, aqui vocês têm um elemento muito dinâmico do porquê eu escolhi a Helena... Do ponto de vista da microssociologia, George preparou tudo. Ele quis tratar dela: eu fui apenas uma vítima. (*Risos na platéia.*) O tipo de sessão que eu dirijo é sempre diferente, de acordo com o tipo de grupo com o qual eu tenho de lidar. Se vocês fossem todos, vamos dizer, psiquiatras, o procedimento usual poderia ser uma apresentação de problemas psicológicos ou psicóticos. Eu sempre tento adequar o sujeito à demanda do grupo. Neste grupo particular, tivemos enfermeiras que desejavam especificamente ver as várias técnicas psicodramáticas funcionando. Assim, qualquer membro do grupo seria adequado para atender a essa finalidade. Foi sorte nossa termos tido uma protagonista tão talentosa e espontânea como Helena.

Toda sessão tem um período em que vocês aquecem a platéia, seja mediante uma fala, seja com perguntas. Depois vem a segunda parte, a produção. É claro que, como foi uma sessão didática, vocês não puderam ver um procedimento psicodramático mais intenso. Agora, eu convido vocês a participarem e a responderem ao que aconteceu no palco. Tem alguém que tem alguma coisa em mente a respeito do que acabou de ver, que o afeta pessoalmente? Mais uma vez, uma verdadeira participação grupal não se pode restringir a uma discussão a respeito de outras pessoas. Ela sempre envolve um dar e receber. Não se trata de uma discussão de princípios gerais. Não é essa a questão. Ao nível do grupo psicodramático, vocês não discutem Helena e George. Vocês participam com eles e alguém pode chegar e contar o que aconteceu com ele há cinco anos. Um outro pode dizer: "Isso poderia ter acontecido comigo" ou "É exatamente como minha irmã". Vamos não intelectualizar nesse momento, não vamos analisar nem dar opinião etc. Isso é constrangedor. Em outras palavras: eles nos deram muito e têm direito a esperar alguma coisa de nós. Lembrem-se de que a função dos membros do grupo é retribuir o amor que o protagonista deu. Se vocês fizerem isso, a sessão do grupo se tornará muito real, em vez de chata e sem sentido.

CAPÍTULO 15

EXPERIMENTO COM SOCIODRAMA E SOCIOMETRIA NA INDÚSTRIA*

1951

> Nota do organizador: Esta sessão pública é particularmente interessante porque mostra Moreno combinando métodos de ação com sociometria escrita. Também sugere a aplicabilidade de sua abordagem a contextos comunitários, como escolas e organizações empresariais.

Os problemas de uma indústria não se restringem às máquinas, aos processos tecnológicos ou à engenharia científica, que são apenas uma parte da estrutura formal de uma empresa. As melhores máquinas, a melhor engenharia científica e os processos tecnológicos meticulosamente concebidos não fazem sentido, entretanto, sem uma organização do pessoal que tenha condições de implementar esses recursos. Além disso, no nível formal, as organizações industriais (assim como outros tipos de organizações) criam organogramas e definem a divisão do trabalho de acordo com posições formais estabelecidas. O *status* formal é um título de ofício, e cada cargo tem, associadas a ele, determinadas expectativas e normas de comportamento.

---

* De *Sociometry*, 14 (1951), 71-103. Co-autor: Edgar F. Borgatta.

O organograma apresenta, em geral, uma configuração piramidal, com algumas posições executivas no topo e muitos trabalhadores "braçais" na base. Nele podem ser identificados os canais formais de comunicação, mas a representação das posições é, entretanto, insuficiente para descrever o funcionamento de uma empresa industrial. Ele mostra as posições formais e não está implícita nessa estrutura formal uma compreensão das mudanças e das condições que se criam quando as pessoas são levadas a ocupar essas posições. O organograma é impessoal e cada posição pode ser preenchida por uma gama de pessoas diferentes. A pessoa é considerada dispensável, o cargo não.

Os trabalhadores não se consideram itens descartáveis, substituíveis ao bel-prazer da pessoa que ocupa determinado cargo na hierarquia da empresa. Eles têm expectativas próprias, que não coincidem, absolutamente, com as da organização industrial.

De modo geral, temos no contexto industrial dois conjuntos de interesses em operação. Um deles relacionado com a eficiência e com a produção de bens para um mercado competitivo. O outro preocupa-se com a manutenção de um padrão tanto de vida quanto de condições de trabalho. Historicamente, tanto um quanto o outro têm sido considerados focos de problemas.

Por um lado, os operadores fabris e os administradores procuram descobrir o melhor jeito de organizar homens e máquinas, tendo em vista a maior eficiência. Esta é freqüentemente medida em termos de baixos custos de produção, independentemente de essa meta ser alcançada conforme redução dos custos do trabalho, dos materiais ou do método de produção. Associado a isso, além das técnicas de propaganda e dos métodos políticos e policiais utilizados com esse fim, desenvolveu-se um ramo de "ciência" que pode ser chamado de "sociologia e psicologia da administração". No campo da psicologia da administração encontramos estudos de tempo e movimento, de organização, de incentivos etc., em que o objetivo explícito é encontrar condições ótimas de produção mais do que condições ótimas de trabalho.

Por outro lado, o público, os próprios trabalhadores e os grupos reformistas de vários matizes, têm-se interessado em desenvolver o outro conjunto de interesses. Leis a respeito do trabalho de mulheres e crianças, de carga horária e de condições de trabalho originam-se de pressões da opinião pública. O sentimento coletivo pode ser estimulado pelos reformistas; reconhecemos, por exemplo, o trabalho dos escritores, e não subestimamos a força de uma obra como *Os tecelões*, de Hauptmann.[1]

Quando se procura resolver os vários tipos de conflitos industriais, uma das dificuldades é a tendência a restringir-se à mera definição dos interesses dicotômicos. Thorstein Veblen foi provavelmente quem mais contribuiu para popularizar a idéia da dicotomia e os economistas, independentemente de como encaram esse trabalho, acabam levando em conta seus livros, que são profundos e de grande discernimento.

Essa dicotomia de interesses manifesta-se de uma forma muito particular, em vista do impacto da definição de Veblen e outros autores, assim como do lugar que encontrou no modelo de pensamento do público. Tanto a administração como os trabalhadores tendem a considerar seus respectivos interesses como diametralmente opostos, em vez de congruentes, de alguma forma. Esses pontos de vista, quando assumidos pelas duas partes, levam a uma ênfase sobre o conflito, e, de certa forma, comprometem as possibilidades de resolver as diferenças.

Da mesma forma que os economistas clássicos pensaram o "homem econômico" (um conjunto de tendências psicológicas que fazem parte de todo ser humano e que permite prever seu comportamento), os grupos ligados aos dois conjuntos de interesses tendem a construir estereótipos um a respeito do outro. Por um lado, os interesses da administração tendem a estereotipar "o trabalhador" e, por sua vez, os interesses do trabalhador tendem a estereotipar "a administração".

---

1. Peça naturalista de Gerhart Hauptmann (1862-1946), a respeito de tecelões da Silésia, que se revoltaram e foram selvagemente massacrados. (Org.)

As limitações dessa estratégia, freqüentemente estimulada por sociólogos e psicólogos, além de economistas, durante o último meio século, ligam-se ao fato de que o "trabalhador" não é uma mercadoria homogênea, e portanto os trabalhadores não podem ser carimbados e tratados rotineiramente como previsíveis em seu comportamento. Ao mesmo tempo, a administração não é sempre o bicho-papão que geralmente se procura fazer em seu estereótipo. O sindicato pode organizar-se como oposição à administração, mas não é sinônimo de "trabalhadores". Ele pode, por sua própria natureza, ampliar a lista dos problemas industriais, como quando ele se transforma num fim em si mesmo, desvinculado de seus membros. Sua perpetuação na forma atual pode tornar-se o interesse do sindicato.

Esta introdução não tem como objetivo diminuir a importância do trabalho feito pelos engenheiros que se dedicam ao desenvolvimento de processos tecnológicos, nem pelas pessoas que lidam com a estrutura formal da organização industrial. O óbvio é que o elemento humano, provavelmente o mais importante, tem sido deixado de lado nas discussões dos problemas industriais, ou relegado ao nível de estereótipos e clichês. O problema é o relacionamento humano, ou seja, o foco da atenção deve ser as relações interpessoais. É por essa razão que a sociometria, que nasceu da prática clínica e dos relacionamentos humanos, responde tão bem às necessidades dos cientistas e clínicos que trabalham na indústria.

O interesse em larga escala pelos relacionamentos humanos na indústria é mais ou menos recente. Enquanto os economistas escreveram, gerações atrás, sobre o problema; enquanto os psicólogos industriais defendem sua disciplina há uma geração; e enquanto os sociólogos, há meio século, interessam-se pela estrutura do grupo, a atenção combinada de várias disciplinas aconteceu somente nos últimos 17 anos, com a publicação de *Who shall survive? – A new approach to the problem of human interrelations*, de J. L. Moreno. Temos neste livro, que pode ser considerado uma abordagem sociológica e psicológica, duas grandes descobertas.[I] A primeira é que, surpreendentemente, as pessoas não respondem necessariamente aos estímulos aos quais se espera que elas respondam; e a segunda é que, no interior da estrutura formal de uma comunidade ou de uma fábrica, podem ser encontradas miríades de estruturas informais. Esse livro teve o poder de despertar o interesse para muitas áreas problemáticas, inclusive a industrial, e estimulou Roethlisberger e Dickson, ao lado de outros como Wilbert E. Moore, W. F. Whyte, B. B. Gardner, Elton Mayo, C. Barnard, E. W. Bakke, D. C. Miller, B. M. Selekman, para mencionar apenas alguns autores, a desenvolverem novas pesquisas na indústria.[2]

O presente texto descreve uma sessão realizada no Instituto Sociométrico, situado em Nova York, na Park Avenue, 101. A sessão foi originalmente sugerida pelo dr. Theodore Jackson, que fez todos os preparativos para reunir algumas pessoas que trabalhassem em vários ramos de indústria e que tivessem interesse especial em lidar com problemas industriais. Participaram da sessão administradores de pessoal, consultores, relações públicas e psicólogos industriais, além de alguns estudantes e outros convidados. A sessão aqui relatada tem dois aspectos: (1) por um lado, apresenta um exemplo do tipo de trabalho que pode ser feito com o uso de técnicas sociométricas; e (2) como um subproduto direto do estudo do grupo que participou da sessão, demonstra como os processos de formação de grupo podem ser estudados com o auxílio de diagramas.

O grupo, reunido no teatro do Instituto, recebeu um formulário, no qual se pedia o nome da empresa à qual a pessoa estava ligada, seu cargo na organização, além de duas perguntas cujas respostas seriam utilizadas na construção de diagramas de interação. Na primeira pergunta pedia-se que listassem as pessoas conhecidas que estavam presentes na sessão. A segunda pergunta era o "critério" do sociograma: "Numa situação de trabalho em que você tenha de tomar uma decisão, com que pessoa(s) aqui presente(s) você gostaria de se aconselhar?". Cada participante foi convidado a levantar-se e apresentar-se.

---

2. Esta lista inclui executivos empresariais, acadêmicos e editores que têm um especial interesse pelos aspectos humanos das relações empregador–empregado. (Org.)

Depois de preenchidos, os formulários foram recolhidos e colocados de lado para serem tabulados.
Moreno entrou no teatro e deu início à sessão.

MORENO: Numa sessão como esta, temos de trabalhar uma situação que seja real. Por isso eu pergunto a vocês: existe alguém aqui que tenha, em sua fábrica, um problema? Um problema real. Vocês têm?

PARTICIPANTE Nº 1: Eu tenho, mas não na fábrica. É um problema pessoal.

MORENO: Bem, mais tarde a gente faz uma sessão individual. (*Risos na platéia.*) Existe alguém aqui que tenha um problema em sua empresa? Qual é o seu?

PARTICIPANTE Nº 2: Eu fui despedido quarta-feira à noite. Não dava para eu continuar com o meu supervisor.

MORENO: Onde você trabalha?

PARTICIPANTE Nº 2: Eu trabalhava nas Lojas PW.

MORENO: Que tipo de empresa é?

PARTICIPANTE Nº 2: É uma rede de lojas de varejo.

MORENO: Que tipo de lojas de varejo?

PARTICIPANTE Nº 2: Eles vendem roupas femininas.

MORENO: Quanto tempo você trabalhou lá?

PARTICIPANTE Nº 2: Três semanas.

MORENO: Está bem, problema número um. Vamos chamá-lo de problema "varejo". Alguém mais tem um problema real em sua empresa? Tudo bem, qual é o seu problema?

PARTICIPANTE Nº 3: Eu não sei se meu problema tem a ver. Eu sou relações públicas.

MORENO: Tem a ver, sim; como é o seu nome?

PARTICIPANTE Nº 3: Bryan. Um grupo de professores nos procurou algum tempo atrás e nos pediu que assumíssemos seu caso. O problema era tentar conseguir um melhor reconhecimento e melhores salários. Eles disseram que não tinham dinheiro, mas esperavam levantá-lo em mais ou menos uma semana ou dez dias. Isso foi há um mês. Eles não conseguiram o dinheiro até agora. O meu problema é que me envolvi emocionalmente com o problema deles a ponto de estar trabalhando para eles de graça. (*Risos na platéia.*)

MORENO: É uma situação muito interessante. Você está trabalhando sem remuneração porque você se envolveu emocionalmente com o cliente. Isso acontece com os médicos também. Esse é o nosso problema número dois: envolvimento emocional com o cliente e como livrar-se disso. Qualquer pessoa pode estar em situação parecida. Agora, alguém mais teria um problema real no presente momento? (*Ninguém responde.*) Dá para perceber que vocês têm tantos problemas que até estão com amnésia por enquanto. (*Risos na platéia.*) Bem, além disso, nós já temos dois problemas. Vamos começar por aqui. Eu gostaria que pensassem agora qual dos dois problemas vocês gostariam de trabalhar. Problema número um: o homem que foi demitido. (*Para o participante n. 2.*) Eu gostaria que você ficasse em pé e explicasse seu problema para o grupo, e em seguida vamos votar. O outro senhor vai fazer a mesma coisa.

PARTICIPANTE Nº 2: (*Fica em pé, olhando o grupo.*) Eu tenho um problema de relações insatisfatórias com as pessoas com quem trabalho.

MORENO: Que fez você perder o emprego. Você já tinha sido despedido antes?

PARTICIPANTE Nº 2: Não, nunca.

MORENO: Quem gostaria de trabalhar um problema deste tipo? Por favor, levantem a mão. Para o problema número um.

(*Feita a votação, teve 19 votos.*)

MORENO: Vamos votar o problema número dois. Quem está interessado no problema número dois?

(*Outra votação, seis votos.*)

MORENO: Para o problema número um temos 19 votos e para o número dois temos seis. É uma diferença significativa. Eu vou pedir a vocês para reconsiderarem ambos os problemas e levantarem suas mãos mais uma vez. Quem é a favor do problema número um?

(*Nova contagem, totalizando 17 votos.*)

MORENO: Dois desistiram. Que aconteceu? Quem desistiu?

ZERKA MORENO: Eu.

MORENO: Quem mais? Você? Por que você desistiu, Zerka?

ZERKA MORENO: Ah, eu pensei de novo e mudei de opinião...

MORENO: Mudou de opinião de novo?! (*Risos na platéia.*) O grupo é o paciente que tem um problema. Neste tipo de aconselhamento, o grupo é o cliente, e por isso você tem de conhecer a estrutura do grupo, permitir que o grupo defina o problema, e também definir qual dos problemas apresentados é o mais interessante para todos. Em outras palavras, estamos tentando definir um problema que seja mais vital para o grupo. Quanto maior o envolvimento no problema, melhor é o problema para vocês. Não se esqueçam de que não sou eu que sou responsável por essa sessão. São vocês. Eu estou apenas aquecendo vocês para vocês mesmos. É uma espécie de inversão de papéis. Parece que sou eu quem está dando o duro, mas são vocês, na verdade, que estão fazendo o trabalho. De certa forma, podemos dizer que estamos aqui numa posição semelhante à que temos quando fazemos psicoterapia de grupo. Na psicoterapia de grupo, este é o paciente e assim nós temos sempre que providenciar que seja aquecido para o seu problema. Portanto, como vocês devem ter notado, levantamos alguns dados preliminares, para determinar a estrutura do grupo. Conseguimos um quadro de quem conhece quem e o sociograma de vocês; eles nos podem fornecer pistas para a análise da sessão. Se vocês são médicos, médicos sociais em sua empresa, vocês têm de conhecer a estrutura do grupo com o qual trabalham. Todos esses passos têm, portanto, uma seqüência lógica, de acordo com as necessidades da sessão. Depois de termos definido o problema, começamos a trabalhar. Tudo indica que este senhor tem um problema. (*Moreno caminha na direção do sujeito.*) Por falar nisso, como é o seu nome?

PARTICIPANTE Nº 2: Norton.

MORENO: Agora eu vou começar a trabalhar com o Norton. Ele é o protagonista. Ele é, antes de mais nada, o Norton, uma pessoa individual, mas neste momento ele é também um homem coletivo, do qual temos inúmeros exemplares na comunidade: "o homem que é despedido do emprego". Quero que vocês me digam, agora, existe alguém mais aqui que já foi demitido e que se sentiu frustrado por causa dessa experiência? Há alguém aqui que se sente frustrado ainda por causa dessa experiência? (*Para o Bryan.*) Não se preocupe, eu não vou usar você. (*Para outro membro da platéia.*) Você?

PARTICIPANTE Nº 4: Sim, mas minha frustração já passou há um bom tempo.

MORENO: Quanto tempo faz que aconteceu?

PARTICIPANTE Nº 4: Mais ou menos cinco anos.

MORENO: Em que circunstâncias? Quanto tempo fazia que você trabalhava quando foi despedido?

PARTICIPANTE Nº 4: Sete anos.

MORENO: Que tipo de empresa era?

PARTICIPANTE Nº 4: Relações públicas.

MORENO: O mesmo tipo de trabalho que você tem agora? Você é casado?

PARTICIPANTE Nº 4: Sim.

MORENO: Com a mesma mulher?

PARTICIPANTE Nº 4: Sim.

MORENO: Ela está aqui?

PARTICIPANTE Nº 4: Com certeza. (*Ela está sentada ao lado dele. Risos na platéia.*)

MORENO: Nós temos aqui dois representantes do mesmo problema, um de cada lado da cerca.[3] Vamos voltar, agora, para o nosso primeiro protagonista. De novo, como é o seu nome?

PARTICIPANTE Nº 2: Norton.

MORENO: (*Tomando Norton pela mão e conduzindo-o ao palco. Param no primeiro nível.*) Norton, diga-me uma coisa, você gostaria de voltar ao trabalho, ou já está tudo terminado?

NORTON: Não, não acabou.

MORENO: Por que não?

NORTON: Porque eu ainda me lembro da situação e isso me afeta. É muito importante e pessoal.

MORENO: Que atividade é essa em que você trabalha?

NORTON: (*Parece perplexo.*)

MORENO: Que tipo de loja?

NORTON: É uma cadeia de lojas.

MORENO: E o que você faz lá?

---

3. Moreno parece referir-se aqui aos dois lados da platéia, dividida por um corredor. É o que se depreende da seqüência do texto. (Trad.)

NORTON: *(Apreensivo.)* A gente vai ter que representar isso? *(Risos na platéia.)*

MORENO: Vá em frente, diga-me o que você faz lá.

NORTON: Meu cargo oficial é de uma espécie de controlador de estoque.

MORENO: Quem é seu supervisor imediato?

NORTON: Um cara chamado Morty *(Morton)*.

MORENO: Quando você foi demitido, como foi que aconteceu? Dá para fazer uma reconstituição? Quem estava lá?

NORTON: Ele estava.

MORENO: Quem mais?

NORTON: Uma outra pessoa.

MORENO: Bem, a quem você responde diretamente?

NORTON: Ao Morty e aos outros colegas que trabalham comigo.

MORENO: Bem, na situação específica em que você estava concretamente perdendo o emprego, quem estava lá?

NORTON: O pessoal do escritório.

MORENO: Mas quem dispensou você?

NORTON: Eu não consegui descobrir.

MORENO: Dê só um nome. Que nome podemos dar para ele? Qualquer nome.

NORTON: Eu não sei quem foi.

MORENO: Vamos chamá-lo de sr. X. Dê uma olhada e escolha alguém para ser o sr. X.

NORTON: *(Parece particularmente indeciso.)*

MORENO: Quem poderia representar o sr. X nessa situação? Alguém aqui? Você tem cara de quem poderia fazer um excelente executivo. Venha, você vai ser o sr. X. *(Moreno chama para o palco um membro da platéia)* Está aqui! Tem mais alguém que você precisaria nesta situação?

NORTON: Eu preciso do Morty.

MORENO: Morty... *(Olhando para a platéia.)* Ele é mais jovem ou mais velho?

NORTON: Mais velho.

MORENO: Ele está aqui. *(Escolhe um homem mais velho como "Morty". Risos na platéia.)* Eu vou dar uns minutinhos para vocês prepararem a encenação.

(*Norton e os seus dois egos-auxiliares vão para trás para reconstituírem a cena.*)

MORENO: Vamos agora para este senhor aqui. (*O outro protagonista que foi demitido.*) Sente-se aqui na frente um pouco. (*O senhor levanta-se e senta-se na primeira fila do teatro.*)

MORENO: E você foi demitido há mais ou menos sete anos. O que aconteceu, exatamente?

PARTICIPANTE Nº 4: Contrataram um substituto. Agora eu me dou conta de que ele era provavelmente melhor do que eu.

MORENO: Quem era ele?

PARTICIPANTE Nº 4: Era um ex-almirante.

MORENO: Quanto você ganhava nessa ocasião?

PARTICIPANTE Nº 4: 25 mil.

MORENO: Quantas horas por dia?

PARTICIPANTE Nº 4: Umas 20 horas.

MORENO: Com certeza você não ganhava demais lá! (*Risos na platéia.*) Diga-me, em que circunstâncias você perdeu seu trabalho?

PARTICIPANTE Nº 4: Não aconteceu nada. Era uma organização com muitos funcionários, e alguns deles decidiram que precisavam de alguém com o título de ex-almirante. Eles estavam absolutamente certos, hoje eu reconheço. Mas naquela época eu achava que eles estavam errados.

MORENO: Por que você pensou que eles estavam errados?

PARTICIPANTE Nº 4: Eu achava que eles não conseguiam reconhecer meu talento.

MORENO: O que é que você considera o seu principal talento?

PARTICIPANTE Nº 4: Sinceridade, inteligência, trabalho duro...

MORENO: Você conseguiu alguma coisa importante para a organização enquanto estava trabalhando lá?

PARTICIPANTE Nº 4: Eu deixei um resultado excelente e uma boa imagem no mercado.

MORENO: Como foi que eles dispensaram você?

PARTICIPANTE Nº 4: Fazia oito meses que eu estava treinando essa pessoa para o trabalho.

MORENO: Isso pegou você de surpresa?

PARTICIPANTE Nº 4: Não totalmente.

MORENO: Quantos salários você recebeu depois de demitido?

PARTICIPANTE Nº 4: Seis meses.

MORENO: Sua esposa sabia?

PARTICIPANTE Nº 4: Sabia.

MORENO: Por que é que você se recorda desse incidente assim tão claramente?

PARTICIPANTE Nº 4: Foi a primeira vez na minha vida que eu fui despedido e foi um golpe terrível para o meu orgulho.

MORENO: Que idade você tinha na ocasião?

PARTICIPANTE Nº 4: 32.

MORENO: E o que é que você fazia, concretamente?

PARTICIPANTE Nº 4: Eu tinha uma equipe de 40 a 50 pessoas sob meus cuidados.

MORENO: Qual era o seu nível funcional?

PARTICIPANTE Nº 4: Eu era diretor administrativo.

MORENO: Você tinha algum problema pessoal com algum membro do grupo?

PARTICIPANTE Nº 4: Não.

MORENO: O problema era só simbólico, você diria isso?

PARTICIPANTE Nº 4: Sim.

MORENO: Você tem certeza disso?

PARTICIPANTE Nº 4: Agora, sim; na época, não.

MORENO: Como você se sentiu na ocasião?

PARTICIPANTE Nº 4: Muito chateado.

MORENO: E o novo trabalho, valeu a pena?

PARTICIPANTE Nº 4: Tive uma queda no meu salário. Mas eu recebi uma indenização que me ajudou um pouco.

MORENO: Vamos voltar ao problema pessoal. Quem foi a pessoa que dispensou você?

PARTICIPANTE Nº 4: Foi o almirante.

MORENO: O próprio almirante? Ele está vivo ainda?

PARTICIPANTE Nº 4: Está, e na verdade somos bons amigos.

MORENO: É muito bom ouvir isso. Bem, muito obrigado. Foi muito interessante. (*O homem volta para onde estava sentado.*) Alguém mais se lembra de ter sido demitido? Você?

PARTICIPANTE Nº 5: Eu!

MORENO: Com certeza.

PARTICIPANTE Nº 5: O que você quer dizer com "Com certeza"?

MORENO: Eu digo "com certeza" porque é muito natural, é um fato freqüente em sessões de grupo. No começo, ninguém se recorda, mas mais tarde, depois de um aquecimento, as pessoas começam a se lembrar quase instantaneamente de suas experiências prévias semelhantes. É uma espécie de fase de contágio grupal. Em sociometria, falamos de uma "rede". Vamos lá, o que é que você lembra?

PARTICIPANTE N° 5: Eu trabalhava num jornal.

MORENO: Que jornal?

PARTICIPANTE N° 5: O *The World Telegram*.

MORENO: Quanto tempo você trabalhou lá?

PARTICIPANTE N° 5: Quatro anos.

MORENO: Há quanto tempo foi isso?

PARTICIPANTE N° 5: Mais ou menos 11 anos.

MORENO: Quanto você ganhava?

PARTICIPANTE N° 5: Uns 75 dólares por semana.

MORENO: Quem dispensou você? Uma mulher ou um homem?

PARTICIPANTE N° 5: Um homem, o administrador geral.

MORENO: Você tem um trabalho melhor agora?

PARTICIPANTE N° 5: Muito melhor.

MORENO: O que é que você faz agora?

PARTICIPANTE N° 5: Sou relações públicas.

(*Neste ponto, Moreno interrompe a entrevista. Norton e seus dois egos-auxiliares voltaram ao espaço cênico.*)

MORENO: Obrigado. E agora, Norton... Diga-me qual é a situação. Onde você está?

NORTON: Nós estamos no depósito das Lojas PW, aqui em Nova York.

MORENO: Quem é este senhor?

NORTON: Meu supervisor imediato.

MORENO: E o outro, quem é?

NORTON: É a pessoa que me informa de que eu fui despedido e está com o meu pagamento no bolso.

MORENO: Vamos lá! Façam exatamente como aconteceu! (*A cena começa.*)

SR. X: Quem é Norton, aqui?

NORTON: Sou eu. Você não se lembra de mim, do outro dia?

SR. X: Não, eu não me lembro. Eu só vi seu nome. Há quanto tempo você está aqui?

NORTON: Três semanas.

SR. X: Sinto muito ter de dizer isso a você, mas por uma série de razões nós pensamos que vamos ter de dispensar seus serviços. Se você levar esta autorização até o caixa...

NORTON: Mas, por quê?!

SR. X: Por muitos motivos, Norton. Você não se enquadra dentro do esquema.

NORTON: Mas eu não entendo. Minha produção aumentou e eu vinha melhorando o tempo todo.

SR. X: Pode ser que sim, em seu modo de pensar. Mas por um grande número de razões... são tantas que se fosse enumerar... (*Impacientemente.*) Bem, se você levar esta autorização até o caixa...

NORTON: O que é que o Morty tem a dizer a respeito disso? Ele trabalhou comigo o tempo todo.

MORTY: Me desculpe, mas eu não tenho nada a dizer. A decisão já foi tomada.

NORTON: Mas quais são os motivos?

MORTY: Eu sinto muito, mas parece que seu trabalho não foi satisfatório. (*Há um silêncio constrangedor.*)

SR. X: (*Determinado.*) Não vamos esticar a conversa. Nós acabamos de dizer que seus serviços eram insatisfatórios e "por muitas razões". Uma delas é que... bem, você parece não se integrar ao grupo como deveria. Você dá conta de uma parte do trabalho, mas a maior do tempo seria necessário um pouco mais de energia e iniciativa. Você parece ter coisas na cabeça que interferem no trabalho. Muitas vezes, quando o Morty lhe pede para fazer alguma coisa, você não faz errado, mas dá a impressão de que você não é a pessoa indicada para isso. Seria melhor nem discutir mais.

NORTON: Vocês não poderiam me dar mais uma semana de experiência? Eu estou aqui há apenas três semanas.

SR. X: Não. Sinto muito. Uma vez tomada a decisão, nós não podemos alterá-la.

MORTY: Tudo bem, Norton. Acho melhor a gente dar por encerrado.

NORTON: E se eu falasse com o chefe do escritório?

MORTY: Não dá para conseguir isso agora.

NORTON: *(Saindo do papel.)* Ele me recebe.

MORENO: Vamos dar um corte aqui. Eu gostaria que vocês três continuassem aqui no palco. Agora me diga, Norton, você estando aqui e sabendo que eles desejam dispensá-lo, como se sente?

NORTON: Eu me sinto decepcionado comigo mesmo, com a empresa e também com o meu relacionamento com as pessoas, pelo fato de elas me comunicarem assim tão de repente.

MORENO: Como você se sente em relação ao Morty? Olhe para ele.

NORTON: Eu fico muito em dúvida com a atitude dele, quando ele era amistoso comigo.

MORENO: Era muito amistoso? Ele alguma vez saiu com você?

NORTON: Não. Eu não queria nada pessoal porque eu me irritava com ele. Mas ele era amistoso no que dizia respeito ao meu progresso no trabalho.

MORENO: Ele achava que estava tudo bem com você?

NORTON: Parece que ele não sabia muito bem se eu estava legal, só que...

MORENO: Tem alguma coisa que ele tenha feito em relação a você que ficou em sua cabeça?

NORTON: Lembro.

MORENO: Alguma coisa específica?

NORTON: Ele me pegava no pé o tempo todo para eu fazer alguma coisa.

MORENO: O que é que você quer dizer com "pegar no pé"?

NORTON: Sempre que eu estava fazendo alguma coisa, ele vinha e me dizia que era para eu "fazer melhor ainda".

MORENO: Quanto você ganhava?

NORTON: 35 dólares por semana.

(O ego-auxiliar contribui para a entrevista.)

MORTY: Você não tinha dito também que conversava demais com os companheiros de trabalho?

NORTON: Bem, durante o horário de descanso eu conversava, tanto quanto você.

MORENO: (*Chegando perto do sr. X.*) Aqui entre nós, qual é o problema com o Norton? Por que vocês não o mantêm?

SR. X: Como eu vejo a situação, me parece que ele tem outros problemas na cabeça que o impedem de se colocar inteiro no trabalho.

MORENO: Que tipo de problema?

SR. X: Problemas de, hmmm, talvez "alguma outra atividade depois do trabalho", que o leva a ficar desligado do que está fazendo.

MORENO: Alguém lhe disse alguma coisa a respeito disso?

SR. X: Sim, ele mesmo.

MORENO: Que tipo de trabalho ele faz à noite?

SR. X: Ele faz um curso noturno, o que é bom, é claro. Mas me parece que está sendo demais e ele não consegue se colocar inteiro no trabalho. Além disso, ele é uma pessoa que não se entrosa com os outros.

MORENO: Morty, que experiência pessoal você teve com o Norton?

MORTY: Ele não põe o coração no trabalho como deveria.

MORENO: Ele fez alguma coisa específica?

MORTY: Ele não cumpre as ordens logo, como deveria. Ele pára, conversa, presta atenção nas outras pessoas. Isso ocasiona certa demora no cumprimento e desconcentra os demais.

MORENO: Norton, quantas pessoas dependem de você para o trabalho delas?

NORTON: Não tem ninguém subordinado a mim. Você não pode colocar a culpa em uma única pessoa, porque no trabalho nós todos dependemos um do outro.

MORENO: Alguém denunciou você? Quem informou a seu respeito?

NORTON: Eu me denunciei a mim mesmo.

MORENO: Entre no papel do chefe. Você agora é o chefe, Norton, e eu quero falar com você.

(*Norton muda de lugar e assume o papel do chefe.*)

MORENO: Em sua opinião, qual é o problema com o Norton? Você agora é seu chefe, Norton, lembre-se de que você está no papel do chefe. Diga-me o que aconteceu que levou você a dispensar aquele cara?

NORTON COMO SR. X: Ele não se entrosou com as outras pessoas na organização tão bem quanto... (*Aqui há uma pausa e o Norton parece estar escolhendo as palavras.*) O fato é que ele trouxe um problema.

MORENO: Que problema?

NORTON: O fato de que eu estava ganhando demais pelo meu trabalho. (*Norton saiu do papel e respondeu como Norton em vez de sr. X.*)

MORENO: Você, você mesmo, quanto ganha?

NORTON: 35 por semana. Bem, tem uma pessoa no meu escritório...

MORENO: (*Interrompendo.*) Quem é você agora? Você não é o Norton. Eu estou falando com o chefe, não com o Norton.

(*Norton sai do papel freqüentemente, sempre que a conversa fica "quente", ou seja, muito pessoal e íntima.*)

MORENO: Quanto você ganha?

NORTON: Como chefe?

MORENO: Sim.

NORTON COMO CHEFE: 10 mil.

MORENO: E você realmente acha que os 35 dólares que o Norton ganha são muito?!

NORTON COMO CHEFE: Bem, isso é o que o Norton dizia. (*A fala de Norton é lenta e hesitante neste ponto.*) Há colegas que foram contratados antes dele e estão ganhando menos pelo mesmo trabalho. Há outros que foram contratados depois dele e estão ganhando menos também. O Norton foi contratado para fazer um trabalho mais técnico do que estava fazendo e ele quis continuar e aprender esse trabalho mais técnico, mas os negócios estavam devagar – o emprego ficou sob observação.

MORENO: Isso é o que você pensa a respeito do Norton?

NORTON COMO CHEFE: É o que ele me disse.

MORENO: O Norton disse para você?

NORTON COMO CHEFE: Mmm, sim.

MORENO: Faz parte da política da organização utilizar esse tipo de empregado do jeito que você faz?

NORTON: (*Saindo fora do papel, outra vez.*) Eu como Norton?

MORENO: Não, não, eu estou falando com você a respeito do Norton. O Norton está ali, olhe para ele. (*Moreno mostra o ego-auxiliar.*)

NORTON COMO CHEFE: A mim me parece uma coisa muito simples. É ridículo ele fazer um trabalho para o qual tem menos experiência que os outros, ganhando mais. Eu acho que ele estava perdido com isso.

MORENO: Norton estava perdido. Mas como estava a organização? Como é que você, como representante dessa organização, sente esse empregado?

NORTON COMO CHEFE: Ele ganha muito mais do que ele merece.

MORENO: E aí você se sente tranqüilo em dispensá-lo?

NORTON COMO CHEFE: Sim.

MORENO: (*Dirigindo-se a Norton como Norton.*) Vamos. Você é a pessoa de quem você estava mais perto. Eu gostaria de falar com ele. Faça o papel do Morty, o seu supervisor imediato.

(*Norton assume o papel do Morty e fica no lugar dele. Todos têm um lugar atribuído a eles na sala: o administrador, o supervisor imediato–Morty – e Norton, de modo que quando Norton vai para o lugar de um deles, também assume o respectivo papel.*)

MORENO: O que é que você pensa sobre a dispensa do Norton?

NORTON COMO MORTY: No que me diz respeito, eu posso ser franco agora, embora eu não seja geralmente franco comigo mesmo.

MORENO: Algo pessoal?

NORTON COMO MORTY: Bem, eu queria que ele ficasse, mas ele mesmo trouxe a questão de estar ganhando mais do que os outros que fazem o mesmo serviço. Eu não tinha me dado conta disso, antes. E nós tivemos algumas... situações em que não nos entrosamos bem.

MORENO: Que situações?

NORTON COMO MORTY: Bem, ele se queixava de que precisava me cutucar o tempo todo para que eu fizesse determinadas coisas. (*Norton saiu do papel outra vez.*)

MORENO: Quem está falando agora?

NORTON: Norton.

MORENO: Você está fazendo o papel do Morty.

NORTON COMO MORTY: Até onde eu sei, eu sou o supervisor e tenho que verificar que tudo fique em ordem.

MORENO: Ele fez alguma coisa que poderia justificar que você o denunciasse?

NORTON COMO MORTY: Ele me chamou a atenção para o fato de que ele estava ganhando mais do que os companheiros que fazem o mesmo trabalho.

MORENO: Ele realmente ganha demais? O Norton trabalha quantos horas por semana?

NORTON COMO MORTY: 37.

MORENO: Trinta e sete horas a 35 dólares por semana. Isso é ganhar demais, Morty?

NORTON COMO MORTY: A gente consegue quem trabalhe por menos.

MORENO: Quanto é que você paga pelo tipo de serviço que ele presta?

NORTON COMO MORTY: 32 e 50 a 34 e 50, por semana.

MORENO: Então o problema são dois dólares e meio a mais por semana ou até mesmo cinqüenta centavos a mais do que ele deveria ganhar? Agora, isso faz realmente muita diferença para a companhia?

NORTON COMO MORTY: Foi muito fácil contratar o Norton por intermédio do serviço de emprego do estado de Nova York, e nós conseguimos outra pessoa, para o mesmo serviço, pagando menos. Ou seja, não será difícil substituir o Norton.

MORENO: Diga-me alguma coisa mais sobre o Norton, o que incomoda você?

NORTON COMO MORTY: *(Pensativo.)* Mmm.

MORENO: Por que você não põe para fora?

NORTON COMO MORTY: Eu não não me acertei muito bem com o Norton. *(O ritmo da interação torna-se rápido neste ponto.)*

MORENO: O que aconteceu entre vocês dois?

NORTON COMO MORTY: Primeiro, ele me disse que eu estava trabalhando demais, estava nervoso e deveria ir ao médico.

MORENO: Quem teria que ir ao médico?

NORTON COMO MORTY: Eu, Morty. Ele disse que várias pessoas tinham notado isso e assim ele estava me falando. Ele me disse que, se eu não fosse, eu poderia ter uma crise...

MORENO: E o que é que acontece com você, Norton? Entre no papel de Norton outra vez. Por que é que você disse isso?

NORTON: Porque eu achei que ele poderia ter uma crise.

MORENO: Tudo bem. Vamos ver como o Morty age no escritório. Norton, você faz o papel de Morty outra vez.

NORTON COMO MORTY: (*Andando pela fábrica.*) Você ganhou! Você conseguiu! Ah... (*Neste ponto, parece perdido.*)

MORENO: (*Para o ego-auxiliar.*) Você faz o papel do Norton.

ego-auxiliar: Tem pressa para eu fazer isso?

NORTON COMO MORTY: Faça agora!

ego-auxiliar: Agora não dá. Eu tenho outras coisas para fazer.

NORTON COMO MORTY: O que mais você tem que fazer?

ego-auxiliar: Eu tenho que levar uma mercadoria para o outro prédio.

NORTON COMO MORTY: Quando você terminar, você faz. (*Mostra a mercadoria que bloqueia a porta.*)

EGO-AUXILIAR: Tudo bem.

MORENO: O que acontece em seguida?

NORTON COMO MORTY: Vocês, tirem esta caixa daqui. Vocês aí, levem a caixa para a expedição. Não deixem de fazer...

MORENO: Bem, Morty, agora você faz o papel de Norton novamente. Seja você mesmo e vá até o Morty. (*Apontando para o ego-auxiliar.*) Aqui está o Morty. Fale com ele sobre o médico.

NORTON: Escute, Morty, do jeito que você está indo, me parece que você vai ficar doente. Eu tenho medo que você tenha uma crise nervosa. Você está trabalhando demais.

MORTY: Eu não acho que tenha nada de errado comigo. De qualquer forma, o que é que você tem a ver com isso?

NORTON: Eu só estou tentando ajudar você, entendeu? É para o seu próprio bem que eu lhe estou dizendo isso. Além disso, não sou só eu que tenho notado o quanto você está nervoso. Os outros colegas também vêem.

MORTY: Olha, Norton, o que é que você está querendo dizer?

NORTON: Eu acho que você deveria procurar um médico. Talvez ele possa ajudar você. Você tem que tomar cuidado. Eu também já tive problemas e eu sei como é.

MORTY: Escute, Norton, se eu fosse você eu iria cuidar da minha vida. É melhor você voltar para o seu trabalho agora. Eu já agüentei você demais...

MORENO: Que espécie de médico você procurou, Norton? Um psiquiatra?

NORTON: (*Fica em silêncio, olha para Moreno, olha para a platéia.*) É.

MORENO: Durante quanto tempo você esteve em tratamento?

NORTON: Dois anos. (*Parece incomodado, pouco à vontade, desconfortável.*)

MORENO: Você esteve num hospital psiquiátrico?

NORTON: Sim, em Connecticut.

MORENO: Para tratamento de choque?

NORTON: (*Não responde.*)

MORENO: Você levou choque elétrico? Insulínico?

NORTON: (*Depois de uma pausa.*) Sim. Tudo.

MORENO: Quem era o seu psiquiatra?

NORTON: O dr. Zand.

MORENO: O que foi que ele disse quando você contou sobre este incidente?

NORTON: Ele achou que eu não estava lúcido.

MORENO: E o que você sente em relação a isso?

NORTON: Eu concordei com ele. Eu tirei uma lição disso. Eu tenho é que calar minha boca!

MORENO: Sem dúvida! (*Risos na platéia.*) Você falou há pouco que gostaria de falar com o chefe da loja. Você conseguiu?

NORTON: Consegui.

MORENO: (*Para o ego-auxiliar.*) Você faz o papel do chefe das Lojas PW e o Norton entra para falar com você. Você marcou hora com ele, Norton?

NORTON: Marquei.

MORENO: Qual era o horário?

NORTON: Duas da tarde.

MORENO: Como é a sala dele? Descreva!

NORTON: É grande. Tem uma mesa grande no centro e duas cadeiras ao lado.

MORENO: Tem janelas?

NORTON: Tem.

MORENO: Quantas?
NORTON: Duas.
MORENO: Elas dão para onde?
NORTON: Não me lembro direito. Mas eu acho que elas dão para a rua.
MORENO: Tem quadros na parede?
NORTON: Tem um quadro grande, um óleo, parece.
MORENO: O homem está sentado ou em pé?
NORTON: Quando eu entro, ele está sentado. A mesa dele está amontoada de papéis.
MORENO: Quando você entra, o que é que ele diz?
NORTON: Para eu sentar.
MORENO: Bem, Norton, você está agora entrando para falar com o "sr." ... qual é o nome dele?
NORTON: Não me lembro. Parece que é Wells.
MORENO: Você está agora entrando para falar com o "sr." Wells sobre o fato de você ter sido demitido. Que horas são?
NORTON: 10 e 35.
MORENO: Esse é o horário em que você foi vê-lo?
NORTON: Ah, não, foi às duas da tarde.
MORENO: Procure ser exato; então, são duas da tarde e você está no escritório do sr. Wells.
SR. WELLS: Sim, em que posso ser útil?
NORTON: Eu vim falar sobre minha dispensa.
SR. WELLS: Eu não estou por dentro do caso, mas se você foi demitido deve ter havido uma boa razão para isso.
NORTON: É exatamente isso. Eu gostaria de saber a razão!
SR. WELLS: Como é que você acha que estava em seu trabalho?
NORTON: Eu acho que eu vinha progredindo o tempo todo, minha produção aumentava e eu não vejo por que fui dispensado.
SR. WELLS: Eu não tenho muito tempo, jovem, mas parece que se você for ver, alguma coisa era insatisfatória no seu trabalho.
NORTON: Eu fui dispensado de um dia para o outro, sem qualquer aviso e eu sinto que foram injustos comigo.
SR. WELLS: Os encarregados, nesta companhia, são pessoas eficientes e de confiança e eu tenho certeza de que se eles decidiram que você deveria ir...

NORTON: Eu trabalhei três semanas na empresa e gostaria muito que vocês me dessem mais uma oportunidade.

SR. WELLS: Bem...

MORENO: Troquem os papéis!

(*Norton assume o papel do sr. Wells e este o de Norton.*)

NORTON COMO SR. WELLS: Eu temo que não poderemos fazer isso. Uma vez tomada uma decisão ela não pode ser alterada. Isso é contra a política da companhia.

MORENO: (*Caminha na direção de Norton, que está no papel do chefe.*) Aqui entre nós, "sr." Wells, o que você pensa deste empregado?

NORTON COMO SR. WELLS: Eu acho que é muito atrevimento dele tomar o meu tempo desse jeito. Afinal, eu sou uma pessoa muito ocupada e não posso ser importunado com essas coisas.

MORENO: Você não acha que é um pouco desonesto despedir alguém sem uma razão e sem uma advertência?

NORTON COMO SR. WELLS: Eu acho que ele veio aqui só para criar confusão. Eu tenho certeza de que lhe disseram o motivo; se não disseram, ele deveria ser capaz de ver por si mesmo. Não é política de minha empresa despedir nossos homens sem motivo. Seria um mau negócio.

MORENO: Contudo, por que você não dá a ele outra oportunidade?

NORTON COMO SR. WELLS: Eu não posso fazer isso. É contra a política da empresa.

MORENO: Bem, Norton, você volta a ser você. Como é que você se sente depois da entrevista com essa pessoa?

NORTON: Eu sinto que tudo é muito injusto. Eu estou raivoso comigo mesmo porque eu não consegui que desse certo. Eu sinto como uma derrota. De qualquer modo, pelo menos eu fui falar com ele, mesmo que não tenha dado certo. Eu fiz tudo o que pude.

MORENO: Me diga uma coisa, Norton, você já tinha sido despedido antes?

NORTON: Não.

MORENO: O que é que você fazia antes deste emprego?

NORTON: Eu trabalhava com um tio meu.

MORENO: E o que você fazia lá?

NORTON: Eu ajudava em tudo que fosse preciso.
MORENO: Por que é que você saiu?
NORTON: Eu é que quis.
MORENO: E o que você fazia antes disso?
NORTON: Eu trabalhava com o meu pai
MORENO: O que você fazia para ele?
NORTON: Eu trabalhava com ele.
MORENO: E por que você o deixou?
NORTON: Meu pai e eu temos opiniões diferentes a respeito de muitas coisas e a gente não se entende.
MORENO: Sei. Você nunca tinha tido um trabalho fora da família?
NORTON: Não, nunca. Esse das Lojas PW foi o primeiro.
MORENO: Sei. E o que é que você pretende fazer agora?
NORTON: Eu estou procurando outro emprego. Aliás, alguém aqui precisa de um bom estoquista? (*Risos na platéia.*)
MORENO: Bem, eu espero que alguém precise, por você. Se precisarem, eles procuram você depois da sessão.
NORTON: Eu também espero. Eu realmente preciso de um emprego.
MORENO: Norton, muito obrigado por sua excelente apresentação. Você foi um protagonista legal. Eu quero agradecer também aos outros membros do grupo que atuaram como egos-auxiliares. Eles foram muito realistas.
(*Aplausos. Norton e os outros dois deixam o palco.*)
MORENO: Agora, como de costume, estamos nos voltando para o grupo de novo. Alguém mais teve uma experiência parecida? Alguém que tenha sido despedido? Nós tivemos um senhor antes, que tinha perdido o emprego. Vocês se identificaram com alguma parte da representação?
PARTICIPANTE Nº 4: Bem, meu caso foi diferente, mas eu vejo alguns pontos de semelhança.
MORENO: O que é que você viu que poderia relacionar-se com você?
PARTICIPANTE Nº 4: A maneira como Norton sentiu sua demissão. Eu senti do mesmo jeito. Ou seja, que alguém foi injusto comigo e ao mesmo tempo um sentimento de decepção comigo mesmo. Você sabe, sua vaidade fica ferida.

MORENO: Não diga "você", diga sempre "eu".

PARTICIPANTE Nº 4: Eu tive a sensação de que eles não reconheceram minhas qualidades e de que talvez eu não as tenha vendido como precisava. Mas, agora, eu compreendo tudo o que aconteceu e isso não me incomoda mais, pelo menos. Graças a Deus, eu superei 100 por cento.

MORENO: Que cara de sorte! E aquela senhora lá. Você começou a nos contar alguma coisa.

PARTICIPANTE Nº 5: Sim, eu fui despedida do meu primeiro emprego.

MORENO: De seu primeiro emprego? O que é que aconteceu? O que foi que você fez?

PARTICIPANTE Nº 5: Eu era repórter do *New York World Telegram*.

MORENO: Repórter do *New York World Telegram*! O que foi que você fez? Descobriu histórias que não deveriam ser reveladas?

PARTICIPANTE Nº 5: Não exatamente, mas algo parecido. Eu fui escalada para pesquisar o que os homens sentiam a respeito dos salões de beleza. (*Risos na platéia*). Alguma coisa banal como essa. Do que eu me lembro, fazia muito calor naquela ocasião e eu não levei muito a sério. Tinha um monte de trabalhos para fazer e eu não podia me dispersar. Em todo caso, duas noites antes do prazo eu comecei a contar uma história que eu achava que seria razoável, dei alguns exemplos, sabe, do tipo confessional. Em todo caso, eu entreguei para o editor e logo depois ele me chamou para a sala dele. Ele começou a me fazer perguntas a respeito de minhas fontes e eu acho que elas não colaram. Para encurtar a história, eu acabei confessando a verdade e recebendo o bilhete azul em seguida.

MORENO: Dessa vez não deu para você escapar!!

PARTICIPANTE Nº 5: Não me acuse. Foi a primeira e a última vez que isso aconteceu.

MORENO: O que é que você está fazendo agora?

PARTICIPANTE Nº 5: Eu estou na mesma organização que aquele outro senhor, relações públicas!

MORENO: Está melhor?

PARTICIPANTE Nº 5: Muito melhor. Foi um enorme passo à frente.

MORENO: Como é que você se sentiu quando você foi demitida?

PARTICIPANTE Nº 5: Eu superei rapidamente. Foi engraçado eles terem conseguido descobrir a minha trapaça.

MORENO: Você quer dizer que não ficou nem um pouco aborrecida?

PARTICIPANTE Nº 5: Bem, eu fiquei um pouco chateada comigo mesma, por não ter conseguido disfarçar um pouco melhor. Tinha que ir mais fundo.

MORENO: Mas eu tenho certeza, que seu orgulho deve ter sido ferido, pelo menos um pouco.

PARTICIPANTE Nº 5: Acho que sim. Foi há muito tempo. Eu realmente não consigo lembrar. De qualquer modo, quando eu olho para trás, agora, isso me faz rir.

MORENO: Há alguém mais que foi demitido alguma vez, ou que se identifica com algum aspecto da encenação?

PARTICIPANTE Nº 6: Eu gostaria de fazer uma pergunta ao Norton.

MORENO: Tudo bem, pode fazer.

PARTICIPANTE Nº 6: Você se lembra como foi a entrevista de seleção que fizeram com você nessa empresa?

NORTON: Sim.

PARTICIPANTE Nº 6: Como foi ?

NORTON: Bem, eles me perguntaram sobre meus antecedentes, minha experiência, minha idade.

PARTICIPANTE Nº 6: Eles perguntaram sobre suas atividades à noite? Sobre o fato de que você ía para a escola?

MORENO: Desculpe-me por interromper aqui, um segundo, mas isso é um ponto muito interessante. O que é que os empregadores acham de seus empregados freqüentarem escolas à noite? O que você poderia dizer?

PARTICIPANTE Nº 6: Eu acho que se deveria respeitar muito um rapaz suficientemente ambicioso para querer freqüentar uma escola noturna. Eu sei que minha empresa reconhece muito isso. Entretanto, algumas organizações podem achar que o empregado está usando a companhia como um trampolim para crescer e assim que encontrar alguma coisa melhor ele vai embora. Isso acontece muito em cargos não executivos.

Deste ponto em diante, a discussão derivou para considerações gerais a respeito da seleção de pessoal na indústria. Um dos participantes, executivo de uma grande empresa aeronáutica, descreveu o processo de seleção de pessoal de sua firma, contou também como se dão as dispensas das pessoas, dizendo que primeiro há um "conversa", que é uma advertência disfarçada; depois há a advertência direta; se essas medidas não dão resultado, a pessoa pode ser suspensa por uma semana, sem pagamento; se também isso não consegue modificar o comportamento do funcionário, ele é despedido. Ele afirmou que, de qualquer modo, o trabalhador é informado sobre as razões da insatisfação e que nunca ocorreria uma situação semelhante à de Norton. Outros membros da platéia levantaram perguntas e fizeram comentários, a maioria, entretanto, de natureza geral, mostrando insatisfação com as políticas de pessoal da maioria das empresas.

A discussão voltou a enfocar os sujeitos das entrevistas, que mencionaram terem sido também dispensados. Eles foram indagados quanto a alguma identificação que eles poderiam ter com o que tinha sido retratado no palco. Um dos sujeitos, a pessoa que tinha sido dispensada do jornal, não se identificou nem um pouco com o retratado. Outro, por sua vez, afirmou que tinha sentido a mesma confusão que estava tão evidente em Norton. Outros membros da platéia foram indagados quanto aos seus sentimentos a respeito da *performance*. Alguns, poucos, se identificaram com cada uma das posições. O que ficou mais claro foi uma insatisfação geral com a política de pessoal inadequada do empregador de Norton. Desse ponto em diante, a discussão voltou-se para Norton novamente.

PARTICIPANTE Nº 7: Eu fiquei com a impressão de que, do princípio ao fim, ele estava agindo como uma pessoa que estava mentalmente enferma.

MORENO: O Morty sabia disso? Você falou com ele a respeito?

NORTON: Bem, eu perguntei ao Morty se eu poderia sair um pouco mais cedo na segunda-feira, para ir ao médico, porque eu estava nervoso.

MORENO: Ele perguntou alguma coisa mais para você?

NORTON: Não.

MORENO: Quanto tempo depois que começou a trabalhar você pediu isso para ele?

NORTON: Uma semana.

MORENO: E você trabalhou lá ao todo três semanas. O fato de estar nervoso e mentalmente enfermo apareceu primeiro no palco, de forma abreativa, mas agora, na discussão, nós voltamos a ele. Isso mostra, uma vez mais, quão importante é não deixar a encenação no meio do caminho (*algumas pessoas mal informadas pensam que o sociodrama termina com a dramatização*), sem voltar aos participantes da platéia, sem articular suas questões e observações com novas entrevistas com o sujeito, cuja produção dramática o torna, agora, em melhores condições para uma entrevista mais cuidadosa. A produção, como um todo, preparou-o, aqueceu-o, para uma comunicação mais completa conosco, a platéia. Uma coisa nós notamos em Norton, na situação de trabalho: ele não se calava. Sobre o que se deve calar varia, é claro, com o ambiente social e seus principais valores; em nossa sociedade, a pessoa perde prestígio se revela que cumpriu uma pena de prisão, que teve uma crise psiquiátrica, ou que está sem dinheiro etc. A gente deveria discutir essas coisas num grupo aberto como este. Desajustamentos psicológicos são freqüentes nas fábricas. Sendo o psiquiatra consultado ou não, conhecer psiquiatria tornou-se uma necessidade tal que, até mesmo no caso de contratações simples, existe essa demanda; esta é a realidade. Deveríamos ter sociometristas e sociatras como funcionários dos estabelecimentos industriais, pois não há somente problemas econômicos para resolver. As pessoas, além de trabalhar, têm de viver, também, e há muita mentira e enganação acontecendo. Mais cedo ou mais tarde, o administrador vai ter de enfrentar isso. Ao mesmo tempo, a pessoa pode ser um trabalhador capaz, mas ter medo de contar a seus superiores a verdade a respeito de si mesma. Se, ao em vez, você pudesse falar com eles sem medo, eles poderiam empregar você, dando-lhe as quatro chances que este senhor mencionou anteriormente, e você poderia ficar sabendo das coisas a seu respeito, passo a passo, em vez de ser demitido e ter de vir aqui porque está magoado. Eu estou muito contente pelo fato de o protagonista ter vindo aqui esta noite; nós pudemos todos aprender com essa encenação. Isso nos leva a tomar consciência de que nossa comunidade está cheia de pessoas doentes;

pais desajustados educam seus filhos; professores doentes ensinam nossos filhos nas escolas; em nossas indústrias, pode-se encontrar na liderança um doente mental. (*Ao Norton.*) Você percebe que todos eles sabiam de sua condição psicológica? Eles não disseram nada para você?

NORTON: Não sei; até há pouco tempo eu não achava que eles sabiam.

MORENO: Nós temos de tornar nossas fábricas tão flexíveis que elas possam absorver pessoas que estejam um pouco desajustadas, talvez colocando-as em grupos de trabalho especiais e escalonando seus salários e jornadas de trabalho.

PARTICIPANTE Nº 8: Por que o Norton estava tão preocupado com o fato de ele estar ganhando dois dólares e meio mais que as outras pessoas?

NORTON: Eu estava preocupado com a segurança do meu emprego. Havia companheiros que tinham mais experiência.

MORENO: Sim, mas qual era o seu medo?

PARTICIPANTE Nº 8: Eu tive a sensação de que ele queria ser um membro pleno do grupo, em vez de ser colocado de lado. A diferença de "50 centavos" é apenas simbólica.

MORENO: O que você acha disso?

NORTON: Eu não entendi o que ela disse.

PARTICIPANTE Nº 8: Talvez você quisesse apenas ser um deles.

NORTON: Bem, eu me achava diferente dos outros companheiros. Eu não me sentia igual a eles. Especialmente quando eu perguntava se fazia tempo que eles estavam lá e eles não ganhavam mais que eu.

PARTICIPANTE Nº 9: Qual era o grau de escolaridade de seu superior imediato?

NORTON: Ele insistia o tempo todo que ele pensava que eu tinha curso superior.

MORENO: Você tem?

NORTON: Não. Eu fiz dois anos na Universidade do Brooklyn, na Faculdade de Farmácia do Brooklyn.

MORENO: Por que você parou?

NORTON: Porque eu não gosto de farmácia e porque meu pai me forçou.

MORENO: E o Morty? Qual é a escolaridade dele?

NORTON: Eu não sei até onde o Morty estudou. Mas ele sempre me considerou de nível superior e eu sempre disse que eu só tenho o segundo grau.

MORENO: Qual é a formação do homem que lhe entregou a demissão?

NORTON: Ele parece que tem uma formação superior, pelo jeito como ele se trata e como trata o trabalho; dá a impressão de que ele tem curso universitário.

MORENO: E os outros companheiros de trabalho?

NORTON: Eles têm o segundo grau; tinha um que era negro e fazia faculdade à noite; e outro que tinha um defeito físico e usava bengala. Ele freqüentava a City College Business School.

MORENO: (*Para a platéia.*) Eu gostaria agora de dizer alguma coisa, encerrando a parte grupal da sessão, e explicar a vocês o tipo de processo do qual estão participando. Vocês se recordam de que, quando entraram, receberam um formulário e nós pedimos a vocês que o preenchessem. A parte inicial era sobre as pessoas conhecidas que vocês tinham aqui; depois, sobre seu trabalho; e, também, sobre quem vocês escolheriam para ter uma conversa confidencial a respeito de um problema profissional. Com base nisso, poderíamos traçar imediatamente um sociograma inicial e um diagrama das pessoas que se conhecem, além de obter uma visão da estrutura desse grupo.

Durante a sessão, eu tive o cuidado de dividir meu tempo igualmente entre dois subgrupos mais ou menos iguais numericamente, os que se sentavam à direita e os que se sentavam à esquerda do corredor. De um dos lados, eu entrevistei dois membros da platéia, e do outro eu trabalhei com o Norton.

Nossa intenção era estudar o potencial da entrevista, em comparação com as técnicas psicodramáticas de papel, sua precisão, profundidade e amplitude de informação. Para tanto, procurei usar um tempo equivalente, para a parte de entrevistas da platéia (*os dois entrevistados, os participantes ns. 3 e 5*) e para a parte psicodramática (*o participante n. 2 e os egos-auxiliares*). No começo da sessão, não sabíamos qual metade seria a das entrevistas e qual seria a do psicodrama, se o lado direito do corredor ou se a platéia do lado esquerdo. Vocês decidiram isso quando escolheram o tema "o homem que foi despedido" para ser representado no palco; em geral, é mais conveniente, em termos de aquecimento, que quem propôs o tema seja também o protagonista. Nesse caso, foi o Norton. Sabemos, por experiência, que quem propõe um tema tem algum envolvimento pessoal com o assunto, especialmente se ele está disponível para atuar no momento da proposta, aqui e agora. Isso é então um atalho; ele dá a partida para o resto da platéia e traz à participação aqueles que estão envolvidos no tema de forma semelhante. O proponente do tema e o protagonista do jogo de papel nem sempre são a mesma pessoa. O proponente pode ser útil como um iniciador, mas em muitas ocasiões usamos indivíduos diferentes para jogarem os papéis. O primeiro ator é substituído por tantas pessoas da platéia quantas tenham experimentado versões distintas do mesmo problema. Trabalhar com duas técnicas simultaneamente representa um esforço adicional para o diretor da sessão. Vocês podem não ter observado mas, sempre que começava a fase da entrevista, eu olhava de forma incentivadora para os membros da platéia da entrevista, para despertar sua participação; mas quando estava terminando, eu olhava de outro jeito para a parte da platéia que ia jogar papéis, engajava algum dos egos-auxiliares para trabalhar com o Norton, ou engajava o próprio Norton. Alguns dos entrevistados potenciais podem ter ficado de fora, mas, por outro lado, também alguns atores devem ter ficado de fora. Eu tentei ser igualmente justo para ambas as partes.

Fizemos um registro do que aconteceu, vamos analisar os dados e comparar as técnicas do jogo de papéis, os aspectos configuracionais, as técnicas de recordação com as técnicas de entrevista, procurando identificar onde há vantagens evidentes em cada uma. Vamos analisar esse material e, além de publicá-lo, vamos enviar uma cópia para cada um de vocês. É claro que não vamos mencionar nem os nomes nem os locais originais. Nesta área, não existe nenhum estudo de controle; vamos analisar o material e ver o que a gente consegue. Depois de termos analisado, talvez a gente se encontre novamente. Eu não quero dizer a vocês o que vai acontecer lá, mas poderia ser um segundo passo do treinamento compreender melhor os processos grupais e o quanto essa compreensão é válida para quem trabalha na administração e com o pessoal. Eu não conheço os sujeitos e não conheço vocês. Eu sou como o médico que vê o paciente pela primeira vez; aqui eu sou um médico social, examinando e testando vocês como grupo, da mesma forma como há um médico físico que examina o indivíduo. Eu quero também agradecer a cortesia e cooperação de vocês.

Eu gostaria muito de saber, depois, se a posição de um indivíduo no grupo relaciona-se com o número de palavras faladas, incluindo eu mesmo. Eu falei muito mais que qualquer outro participante. *(Risos na platéia.)* Para obter pistas, achei que poderia ser interessante saber: quanto eu falei, quanto o protagonista falou, quanto falaram as pessoas que têm alguma posição nos sociogramas. Gostaríamos também de ouvir de vocês seus comentários a respeito da encenação. Mas, antes que vocês saiam, por favor, façam outra escolha: quem vocês gostariam de ter como conselheiro e confidente agora, depois da sessão? Os formulários estão sendo distribuídos. Vamos considerar o estímulo que veio da sessão e em que extensão ele reflete uma mudança nas escolhas para um guia ou conselheiro numa situação problemática.

ASPECTOS TÉCNICOS E TEÓRICOS

Embora o impacto terapêutico não possa ser evitado, tentamos nos limitar, neste sociodrama, ao aspecto diagnóstico. O que temos de fazer, portanto, é ter consciência disso e tentar identificar e medir o efeito terapêutico. Nosso foco nesta sessão foi o procedimento investigativo e diagnóstico, ao passo que em outros casos nosso foco está no procedimento terapêutico. Na realidade, entretanto, diagnóstico social e terapia fundem-se um no outro e não podem ser, a rigor, separados.

Temos de diferenciar: (a) a evidência tangível e direta que emerge de uma sessão; (b) as hipóteses inconscientes projetadas na construção e na direção da sessão (o que o diretor e sua equipe desejam mostrar e provar, o que os participantes desejam experimentar e aprender); e (c) as interpretações do material da sessão. Entendemos por evidência direta o presente das pessoas, seus papéis sociais, as ações e interações no palco ou na platéia, a quantidade de palavras faladas em cada diálogo, a duração total da sessão, a duração de atos e pausas no decorrer do jogo de papéis etc. Como forma de registro, utilizamos um gravador, um observador (humano) que registra movimentos e gestos, questionários, diagramas dos conhecidos e sociogramas.

Os risos na platéia constituem uma parte significativa da sessão: na reconstituição, podem ser verificados o volume, a duração, o tom e a dispersão entre os membros. Em geral são significativos: os eventos que precipitam o riso, em que momento da sessão ocorre e quem, dentre os membros da platéia, participa de uma onda de risadas e quem não o faz. Do ponto de vista sociométrico, podem-se observar dois tipos de risada: um tipo produzido por (a) estímulos coletivos, piadas padronizadas, palavrões que surgem espontaneamente no momento certo (*a tendência, nesse caso, é todos participarem da risada*); e (b) estímulos particulares, piadas ou comentários que têm uma conotação divertida só para as pessoas que conhecem de perto o protagonista ou que estão envolvidas num problema semelhante. Tenho afirmado freqüentemente que há uma clivagem nas redes psicossociais entre redes particulares e coletivas. Usando como critério a participação nas risadas, pode-se traçar uma série de sociogramas ao longo da sessão, cada um mostrando quem participa e quem não participa de uma gargalhada, quem ri primeiro, quem ri mais alto, quem ri mais demoradamente. Na presente sessão, registrou-se riso provocado pelo diretor seis vezes, cinco vezes pelo protagonista e uma vez por um membro da platéia. Setenta por cento do volume total de risos aconteceu nos primeiros 20 minutos da sessão. Observa-se, com freqüência, que as pessoas riem mais no começo das sessões; o caráter espontâneo pouco usual que elas têm, os gestos e comentários improvisados do diretor e do protagonista, as abreações e interabreações no palco, os trejeitos exibicionistas, tomam de surpresa os espectadores. À medida que a encenação continua e cresce o envolvimento do protagonista e da platéia, os risos vão gradualmente desaparecendo. Os atores e a platéia tornam-se cada vez mais sérios e tensos.

Outro aspecto importante é o aquecimento. Nesta sessão, os participantes estavam inteiramente despreparados, enquanto em outros casos eles podem estar previamente aquecidos para o problema a ser trabalhado. Eles podem vir para a sessão com uma atitude negativa ou superaquecidos, o que pode influenciar consideravelmente o transcurso do trabalho. Há então o aquecimento, que tem lugar nos primeiros minutos da sessão. A abordagem do diretor pode variar; é o que eu costumo chamar de "comportamento delicado do sociodramista ou do psicoterapeuta de grupo". A forma que assume o aquecimento pode vir do diretor ou do próprio grupo. Nesta sessão, utilizamos o método de votação, deixando o grupo definir o tema e o protagonista. Em outras sessões de sociodrama, a platéia pode vir com um problema já formulado com antecedência.

Em outros casos, um participante começa a falar, em seguida vem outro e, de repente, um grande número de participantes aglutina-se em torno de um problema. Vocês devem ter notado que o Norton foi o primeiro a apresentar uma questão. Era evidente que ele tinha vindo à sessão com a intenção de atuar e de representar o seu problema. Alguns vieram com a intenção de permanecer como observadores, sem atuar de jeito nenhum. Encontramos nas platéias vários tipos de participantes: (a) aqueles que desejam atuar (o caso extremo é o exibicionista); (b) aqueles que querem ver (o caso extremo é o *voyeur*); (c) aqueles que desejam analisar; (d) aqueles que gostariam de estar no lugar do diretor e, como não podem, querem pelo menos analisar ou criticá-lo; e (e) aqueles que gostam de atuar e discutir, desde que não se trate de um problema seu.

É significativo nas sessões sociodramáticas, assim como nas psicodramáticas, o "contato corporal". Ao passo que em outras formas de diagnose e terapia o contato corporal é desnecessário, é muito natural para o psicodrama e para o jogo de papéis, valendo-se de sua própria concepção, que o diretor, os egos-auxiliares e o protagonista possam entrar em contato não apenas verbal, mas também corporal. É preciso ter habilidade e treinamento especiais para saber até aonde ir com o contato corporal. Quando utilizado adequadamente, ele auxilia o aquecimento e leva ao clímax o processo de investigação da realidade. O fato de o diretor tomar o Norton pela mão proporcionou um *rapport* mais rápido do que as palavras conseguiriam. A mão pode informar ao diretor se o protagonista está querendo atuar ou se está resistindo.

O Norton saía da freqüência do papel, quando a situação tornava-se tensa para ele; ele teve de expor que havia tido uma crise psiquiátrica. O sair do papel é, freqüentemente, como foi aqui, uma pista diagnóstica para a insegurança, numa situação dada.

ANÁLISE DO DIAGRAMA DE CONHECIDOS E DOS SOCIOGRAMAS

No Diagrama de Conhecidos (Figura 15-1), os indivíduos 1, 12 e 20 não mencionaram conhecimentos, nem foram mencionados como tal. O indivíduo 21 não foi mencionado como um conhecido por nenhum dos participantes da sessão, mas referiu conhecer um dos presentes.

Além dos indivíduos 1, 12 e 20, que podem ser considerados isolados, conforme conhecimento das pessoas que participavam, havia dois grupos discretos, de acordo com os relatórios. O grupo menor era integrado pelos indivíduos 13, 14, 19, 25 e 26, e o maior, pelos demais participantes. O participante 17 centraliza as amizades do grupo maior. Os indivíduos 2, 3, 4, 11 e 22 formam um subgrupo distinto, com as conexões com o grupo maior convergindo exclusivamente para o 17. Os indivíduos 7, 8, 15, 16 e 18 formam outro subgrupo, conectando-se ao grupo maior por meio da relação do 17 com o 18 e, também da relação entre os indivíduos 8 e 10. Os indivíduos 8, 9 e 10 podem ser considerados como outro subgrupo, com 8 e 10 participando, cada um deles, de um subgrupo adicional. As pessoas 5, 6, 10, 17, 23 e 24 representam o último subgrupo significativo dentro do grupo maior.

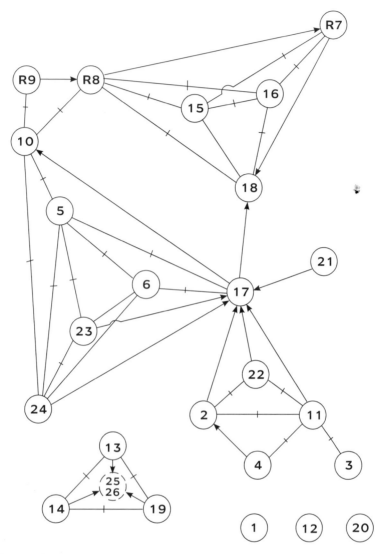

Figura 15-1   Diagrama de conhecidos. *Instruções*: Liste todas as pessoas presentes na sessão que você conhece.

> *Nota*: Não está claro por que os números 25 e 26 estão assinalados com uma linha intermitente em volta. Muito provavelmente eles eram membros da equipe, administrando o teste, o que poderia explicar por que eles não fazem parte dos sociogramas. (Org.)

No Sociograma A (Figura 15-2), os indivíduos 1, 4, 12 e 20 estão isolados, isto é, não escolhem nem são escolhidos. Já os indivíduos 2, 3, 7, 9, 10, 13, 14, 19, 22, 23 e 24 não são escolhidos. O indivíduo 17 é o foco primário de escolhas, sendo escolhido oito vezes. O 6 é escolhido seis vezes; o 8 é escolhido cinco vezes; e as pessoas 21 e 18 são escolhidas três vezes cada. Ocorrem escolhas recíprocas entre os indivíduos 5-6, 8-15 e 15-16.

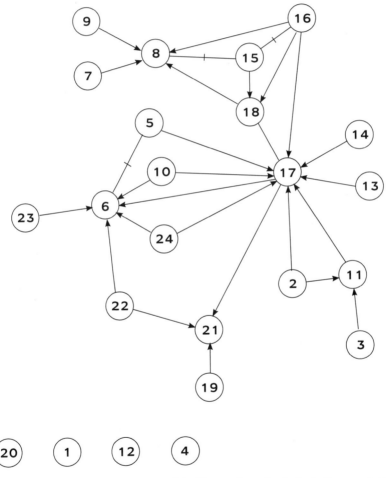

Figura 15-2 Sociograma A. *Critério*: Numa situação de trabalho, em que você tenha de tomar uma decisão, com qual(is) pessoa(s) aqui presente(s) você gostaria de se aconselhar?

Das 31 escolhas que aparecem, 22 foram direcionadas para conhecidos e nove para não conhecidos. Desde que apenas nove das 24 pessoas foram escolhidas, pode-se supor que algumas influências poderosas, como a reputação na área, devem ter servido como fatores eletivos. Se isso for verdadeiro, é notável como o subgrupo de conhecidos, composto pelos indivíduos 7, 8, 15, 16 e 18, mantém seu formato quando testado pelo critério de escolhas.

Onze pessoas escolheram só entre seus conhecidos, cinco pessoas escolheram apenas não conhecidos, três pessoas escolheram tanto conhecidos como não conhecidos, e cinco não fizeram nenhuma escolha.

Das 33 escolhas do Sociograma B (Figura 15-3), 22 foram as mesmas do Sociograma A, seis escolhas caíram e foram feitas 11 novas escolhas. Das seis escolhas que caíram, cinco foram entre conhecidos e só uma foi de um não conhecido. Das 11 novas escolhas, dez foram entre não conhecidos e apenas uma foi de um conhecido.

As pessoas 6, 17 e 21 tiveram participação destacada na etapa de discussão. O indivíduo 6 foi o mais escolhido depois da sessão, tendo recebido oito escolhas. O 21, que continuou não escolhendo ninguém, está também em uma posição mais favorável, sendo escolhido sete vezes. O indivíduo 17 teve reduzida sua condição de estrela, mas ainda é escolhido cinco vezes. Os participantes 7, 8, 15, 16 e 18 mantêm o mesmo padrão de escolha do primeiro sociograma. O indivíduo 27, o diretor, que não participa de nenhum dos dois sociogramas, recebe três escolhas.

No Sociograma B, oito indivíduos só fizeram escolhas entre seus conhecidos, oito escolheram não conhecidos, e quatro não fizeram nenhuma escolha.

Chama a atenção o fato de o indivíduo 12, protagonista da sessão, não ter sido escolhido nem mesmo no final. Ele não é mais, entretanto, um isolado. Os auxiliares que trabalharam com o protagonista no palco mantiveram suas respectivas posições em termos dos sociogramas. Os entrevistados que estavam entre os não-escolhidos no primeiro sociograma continuaram não escolhidos no segundo. Um deles, entretanto, fez duas escolhas adicionais no segundo sociograma.

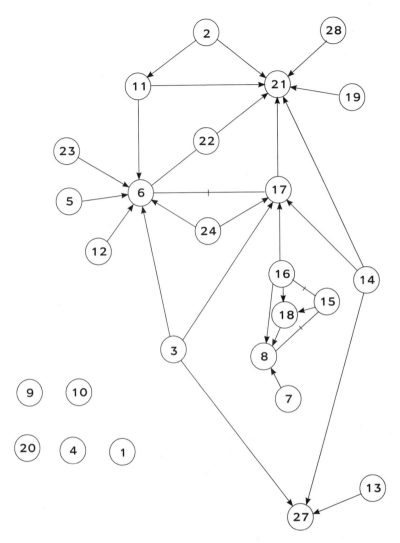

Figura 15-3   Sociograma B. *Critério*: Numa situação de trabalho em que você tenha de tomar uma decisão, com qual(is) pessoa(s) aqui presente(s) você gostaria de se aconselhar, agora que participou da sessão?

Notas: O número 27, correspondente ao diretor, não faz parte dos sociogramas. Os números 9 e 10 não entram no segundo sociograma. O número 28 corresponde a uma pessoa que chegou atrasada e consta apenas do segundo sociograma.

Na análise da sessão, fica evidente que os participantes estabelecem critérios para julgar e dar sugestões ao protagonista, e de modo geral, quanto ao que deve ser considerado uma boa política de pessoal. Os sociogramas indicam que, ao mesmo tempo, os membros da sessão estabelecem também normas de julgamento para o bom analista social, ou mais especificamente, para o bom consultor. A análise da sessão tende a corroborar essa conclusão. Os indivíduos mais escolhidos, 6, 21 e 17, têm abordagens diferentes dos demais, como pode ser verificado no registro completo da sessão. Essas pessoas não só fazem perguntas ou comentários: sua participação na discussão caracteriza-se por proposições sistemáticas feitas em contextos bem definidos, com questões baseadas nas respectivas proposições. Ao mesmo tempo, deve-se notar que essas mesmas pessoas foram as mais habilidosas nas técnicas de apresentação. Quando reconhecidas pelo diretor, cada uma se levantava, encarava a maior parte da platéia, e controlava a platéia enquanto usava da palavra.

ANÁLISE PARCIAL

Como está implícito no título desta seção, não pretendemos oferecer aqui uma análise completa da sessão. É importante notar que as sessões psicodramáticas e sociodramáticas têm um conteúdo cumulativo. O diretor vai editando a encenação à medida que ela vai acontecendo e, aproveitando as deixas e as pistas da própria encenação, conforme ela envolve o protagonista, ele pode focalizar a dramatização para que se torne cada vez mais específica. A informação obtida proporciona subsídios para prosseguir a produção, e com a informação que é acumulada, o diretor pode selecionar judiciosamente as cenas mais importantes para serem representadas. Cada cena fornece, progressivamente, mais informações que podem ser focalizadas na entrevista.

Nas entrevistas com os dois membros da platéia, apenas se relatam os sentimentos. Somente as pessoas que viveram situações semelhantes podem identificar-se realmente com as situações relatadas. Pouco se sabe a respeito das atitudes das outras pessoas envolvidas, ou sobre o funcionamento da política. Não sabemos se realmente as demissões são questões pessoais, envolvendo a personalidade do entrevistado, ou se é um problema de excesso de pessoal, de eliminação de postos de trabalho etc.

Na situação psicodramática, entretanto, torna-se evidente que o problema tem muitas ramificações. Há o problema do Norton como pessoa desajustada, que fala demais e fora de hora. No palco, foi possível ver que ele não era exatamente uma pessoa que poderia ser caracterizada como enérgica, ativa ou direta. Pelo contrário, ficou óbvio que ele é lento e confuso. Não tivemos de perguntar ao Norton como ele trabalhava. Nós pudemos observá-lo em ação. Não tivemos de perguntar ao Norton como ele se sentiu. Nós pudemos observá-lo, identificar seus problemas e tomar conhecimento de seus sentimentos.

Ao mesmo tempo, fomos introduzidos à estrutura da organização que demitiu o Norton. Fomos apresentados às pessoas com quem ele trabalhou. Nós nos envolvemos com o Norton e seu problema. Temos condições de permanecer objetivos. Os preconceitos da empresa são evidentes, e eles podem ser compreendidos no contexto da definição de valores da comunidade. Observamos a política da companhia e, embora não possamos perdoá-la como indivíduos, podemos entender o "porquê" do que aconteceu.

A eficiência do método psicodramático aconteceu de uma forma interessante nesta sessão. Sem construir estereótipos, pode-se notar que é possível avaliar tipos de personalidade. Observando o Norton no palco, agindo como o Norton e sendo o Norton, dois membros treinados da platéia observaram que ele agia "como um paciente psiquiátrico". Só falar com ele, ou só entrevistá-lo, não propiciaria a oportunidade para essa observação precisa.

Uma sessão como essa é preliminar e sugestiva. Controlamos o fator tempo, dando atenção equivalente para a entrevista de dois membros da platéia e à sessão psicodramática com o Norton. Infelizmente, o tema escolhido pela platéia não era de natureza tal que mais pessoas pudessem participar como protagonistas. Esse tipo de estudo fica para ser repetido.

Pode-se ver ainda, nesse procedimento, que as aproximações sociométricas podem identificar os problemas do trabalhador individual não apenas como impessoais de uma categoria, tal como "mal ajustado", mas também que sejam reais para a pessoa. Não só identificamos o problema dos trabalhadores, mas também começamos a identificar alguns dos problemas do estabelecimento industrial. Embora a maioria dos participantes tenha sentido simpatia pelo Norton, havia, mesmo reconhecendo que a política de pessoal das Lojas PW não era a mais lúcida, uma compreensão das circunstâncias que poderiam levar a empresa a despedi-lo.

A mais significativa contribuição de uma sessão como esta talvez tenha sido evidenciar as possibilidades de uma aplicação posterior das técnicas. O trabalho psicodramático centrou-se no Norton, um trabalhador com um conjunto específico de problemas. Que problemas existem com o chefe, com o supervisor júnior, com o supervisor, com o executivo júnior, com o executivo? O Norton é um caso, e aprendemos muito com ele, mas precisamos estudar muitos trabalhadores e muitos executivos em seus contextos sociais para começarmos a realmente compreender a dinâmica da estruturação dos grupos. Temos de aprender a distinguir entre aspectos de personalidade que estão associados com as posições que uma pessoa detém e aqueles aspectos de personalidade que a tornam única em dada posição.

Outra implicação a ser investigada é o processo de estabelecimento das normas de julgamento e de aceitação que é evidenciado na produção. Essas normas não se referem apenas ao indivíduo, Norton, mas também à situação em que ele se encontrava. O julgamento do grupo voltou-se para o que deveria ser um método adequado de seleção de pessoal. Igualmente importante, nós não só encontramos no procedimento a limitação da pessoa no trabalho, mas também começamos explorar a limitação do trabalho e a estrutura na qual o trabalho insere-se. O que se deve notar, em especial, na apresentação e na análise, é que a divergência de interesses mencionada na introdução deste texto, entre os da "administração" e os do "trabalhador", perde sua descontinuidade. A abordagem presta-se à análise do sistema em que eles operam e, assim, ao tratamento de ambos simultaneamente mais do que como entidades unificadas que se tornam independentes umas das outras.

O projeto experimental construído nesta sessão sociodramática tem pontos fracos e fortes. Um ponto forte é que tanto o grupo experimental (a parte do jogo de papéis) como o grupo de controle (a parte de entrevistas) são processados simultaneamente e dentro de um mesmo contexto. Há certeza aqui de que as condições e os estímulos aos quais estão expostos são idênticos para ambos os grupos. Um dos pontos fracos é o fato de o diretor da parte do jogo de papéis e o da parte das entrevistas ser a mesma pessoa. Ele pode ter um viés favorável ou desfavorável em relação a uma das duas técnicas que está aplicando. Esse viés pode ter influenciado o curso e o resultado da produção. A menos que se prove que o diretor foi treinado para ambas as habilidades e a menos que se tenha certeza de que sua curiosidade científica é maior do que seu viés, seria vantajoso que os papéis de diretor psicodramático e de entrevistador fossem atribuídos a duas pessoas diferentes.

CAPÍTULO 16

FRAGMENTOS DO PSICODRAMA DE UM SONHO*

1941

> Nota do organizador: A exploração de sonhos desempenhou um papel significativo na abordagem terapêutica de Moreno. Nesta dramatização de um sonho, na década de 1940, o sujeito é um paciente ambulatorial que veio a Beacon para terapia. A direção de Moreno ressalta o aquecimento para o sonho, sua dramatização – em que a "análise submerge dentro da produção" – e a continuação dele. Ele não utiliza a inversão de papéis tão freqüentemente como se faria hoje, embora a técnica seja empregada em momentos cruciais.

... O paciente, Martin Stone, vinha a Beacon para tratamento, uma vez uma semana, durante o verão de 1941, algumas vezes acompanhado de sua esposa. Este sonho aconteceu dois dias depois de sua segunda sessão. O trabalho psicodramático foi registrado com o uso de um gravador, e um observador, situado na platéia, registrou as ações e interações entre as personagens do sonho. Além dele, participaram dessa sessão o psicodramista, uma equipe de egos-auxiliares e seis outros

---

* De *Group Psychotherapy, Psychodrama & Sociometry*, 3 (1950), 344-55. Outra versão aparece em *Progress in Psychotherapy*, 4 (1941).

pacientes. A esposa não estava. Depois que o sonho de Martin foi dramatizado, os pacientes foram estimulados a participar da produção e a relatar alguns de seus sonhos.

(*No início da sessão, Moreno e Martin sentam-se no nível central, ou das entrevistas, do palco psicodramático.*)

MARTIN: Bem, doutor por onde vamos começar?

MORENO: Martin, obrigado por sua carta e pelos comentários, que eu li. Eu recebi também o sonho, mas não quis ler porque pensei em trabalhar o sonho com você, aqui, hoje. Comparando os dados que você escreveu com os que vamos trabalhar psicodramaticamente, nós vamos ter um controle. Quando é que o sonho aconteceu? Em que dia?

MARTIN: Foi na noite de domingo, logo depois que eu fui embora daqui.

MORENO: Que foi . . .

MARTIN: 6 de julho.

MORENO: (*Levantando-se, pega na mão de Martin e o conduz do lugar da entrevista para o plano superior do palco.*) Vamos ver isso. Foi à noite?

MARTIN: Eu tenho que relembrar. Poderia ser sábado à noite ou em algum momento entre a meia-noite de sábado e o domingo de manhã.

MORENO: Você dormiu sozinho? (*Solta a mão de Martin e dá um passo para trás.*)

MARTIN: Bem, nesta situação eu dormi sozinho.

MORENO: Você dormiu sozinho. Bem, imagine que sua cama está aqui, do jeito como ela estava. Sua mulher está dormindo em outro quarto? [...]

MARTIN: Não, é a circunstância particular do sonho. Eu estou na casa de meu sogro. Minha mulher não está aqui.

MORENO: (*Sai para o lado, fora do palco.*) Você está na casa de seu sogro? E sua mulher, onde está?

MARTIN: (*Sozinho no palco.*) Em Worcester e isto acontece em Boston. Eu fui daqui, de Beacon, para Nova York no sábado e de lá para Boston, sábado à noite. Aqui eu estou em Boston.

MORENO: E, naturalmente, seus sogros... (*Moreno muda a iluminação para um azul-noturno suave.*)

MARTIN: Eles estão na parte de trás da casa e esse quarto é mais à frente.

MORENO: É um quarto?

MARTIN: É.

MORENO: Você já tinha dormido nessa casa?

MARTIN: Eu já dormi na casa, mas não nesse quarto.

MORENO: Tente descrever o quarto, o melhor que você puder.

MARTIN: Geralmente quem ocupa o quarto é a avó da família, que foi visitar outra filha. Tem uma mesa de mais ou menos um metro, perto da cama.

MORENO: Por que você não monta a cama o mais próximo do que ela é? (*O cenário vai sendo montado. Martin utiliza cadeiras para montar a cama, a mesa e outros móveis simples para representar o quarto.*) Por que você não coloca a cama mais para a frente?

MARTIN: (*Indicando.*) Este é o lugar da cama no quarto, perto da janela.

MORENO: Em que posição você dorme?

MARTIN: Eu durmo de qualquer jeito, mas em geral virado para a esquerda.

MORENO: Tudo bem, então. Vá dormir e durma do lado esquerdo. (*Martin deita-se sobre três ou quatro cadeiras representando a cama.*)

MORENO: Você usa travesseiro?

MARTIN: Uso.

MORENO: Quantos? (*Sobe ao palco novamente, fica atrás de Martin, colocando as mãos nos ombros dele.*)

MARTIN: Só um.

MORENO: E quando você está na cama, como é que ficam suas pernas?

MARTIN: Penso que assim, alguma coisa assim. Elas normalmente ficam cruzadas nos tornozelos, deste jeito. (*Cruza as pernas [...]*)[I]

MORENO: O que você faz com as mãos?

MARTIN: A direita em geral fica embaixo do corpo e a esquerda, do lado.

MORENO: Tente agora adormecer, lentamente. Você está confortável? Tente ficar tão confortável quanto possível, nessas circunstâncias. Tente concentrar-se no sonho, isto é, tente mentalizar uma percepção do sonho, a mais clara possível. Você está concentrando-se agora? (*Fecha os olhos de Martin com as mãos, e afaga-lhe o cabelo carinhosamente.*)

MARTIN: Estou.

MORENO: Você vê o sonho?

MARTIN: Sim.

MORENO: A seqüência do sonho? (*Martin balança a cabeça positivamente.*)

MORENO: Tente concentrar-se agora e visualizar o sonho o melhor que você puder, mas não conte nada. Só se concentre no sonho. Está conseguindo? Deixe que ele passe por sua mente, como uma seqüência de cenas. Conseguiu? (*A voz de Moreno é suave, sedutora, mais macia que o usual.*)

MARTIN: (*Começa a parecer mais à vontade.*) Estou conseguindo, sim.

MORENO: Você vê pessoas? Você vê ao redor, o ambiente em que ele acontece? (*Continua a afagar a cabeça de Martin, o cabelo, a testa, ajudando-o a relaxar.*)

MARTIN: Agora eu consigo ver.

MORENO: Feche os olhos. Tente adormecer, durma profundamente. Concentre-se o máximo que conseguir. À medida que você vai adormecendo, passam por sua mente todos os tipos de imagens, não? O que se passa em sua mente enquanto você tenta adormecer, Martin? Entre em contato com o sonho que vai ter... Você sabe que vai ter aquele sonho, certo?

MARTIN: (*Parece relaxado, com o corpo à vontade, aquecendo-se para ampliar a consciência, numa disposição criativa.*) Certo.

MORENO: Dentro de alguns minutos você vai começar a sonhar aquele sonho. Tente agora visualizar que tipos de imagens vão passando em sua mente enquanto você caminha para o sonho. O que se passa em sua mente?

MARTIN: Bem, parece que estou vendo uma espécie de escritório.

MORENO: Um escritório?

MARTIN: Tem alguém na mesa, um médico que eu conheço.

MORENO: Um médico que você conhece. Você vê o médico? Quem é ele? Você o está vendo antes de começar o sonho, certo? Que tipo de médico ele é?

MARTIN: Acho que é o doutor Miller, um oculista.

MORENO: Mmm. E o que mais passa por sua mente agora, enquanto vai tentando dormir? (*Afasta-se de Martin cuidadosamente.*)

MARTIN: (*Depois de breve silêncio.*) Eu vejo minha mulher.

MORENO: O que é que ela está fazendo? Ela está fazendo alguma coisa?

MARTIN: Não, ela está... (*hesita*) ela está sentada na cozinha.

MORENO: Tudo bem, Martin. Agora, feche os olhos, respire fundo, respire mais fundo e tente adormecer. Concentre-se naquele sonho. Logo você vai sonhar o mesmo sonho outra vez, o mesmo sonho que teve cinco dias atrás, quando estava dormindo na casa de seu sogro. Você está aqui, o sonho está aparecendo agora. Agora que o sonho está emergindo, o que é que você vê primeiro? O que é que acontece primeiro?

MARTIN: Bem, eu vejo um grupo de mulheres.

MORENO: Um grupo de mulheres! Que é que você está fazendo lá?

MARTIN: Não sei... Eu estou só observando.

MORENO: Você está sentado ou em pé?

MARTIN: Em pé.

MORENO: Bem, então levante-se e fique em pé! Como no sonho. (*Martin levanta-se.*) [...]

MORENO: Você está onde? Onde é que você está? Qual é o cenário?

MARTIN: Estamos numa sala, na minha casa.

MORENO: Qual sala?

MARTIN: A sala de jantar.

MORENO: Qual casa?

MARTIN: É a casa onde eu moro, em Boston.

MORENO: Onde você fica?

MARTIN: Perto da porta da cozinha

MORENO: Vá até a porta da cozinha! O que mais você vê?

MARTIN: Um grupo de mulheres. Exatamente um grupo.

MORENO: Onde elas estão?

MARTIN: Estão na minha frente, na sala de jantar.

MORENO: Elas estão na sala de jantar. Você reconhece alguma delas?

MARTIN: Sim.

MORENO: Quem são? (*Sinal para dois egos-auxiliares femininos subirem ao palco. Elas saem da platéia e vão aproximando-se.*)

MARTIN: Minha mãe; tem uma irmã minha.

MORENO: Sua mãe (*sinal para uma auxiliar assumir o papel da mãe*), uma irmã sua (*sinal para a segunda auxiliar, para representar a irmã*), quem mais?

MARTIN: Tem a esposa de um professor, amigo meu. O nome dela é Kay. A cunhada da minha irmã está lá, o nome dela é Carolina. Minha mãe está lá. E minha esposa está lá, também.

MORENO: (*Sinal para três outras auxiliares subirem ao palco.*) O que é que elas estão fazendo?

MARTIN: Estão discutindo alguma coisa.

MORENO: (*Para Martin, para as auxiliares e para a platéia.*) Veja, Martin, as personagens de seu sonho são, no palco, como bonecos de cera; as auxiliares que os representam movimentam-se, agem, falam ou ganham vida somente como e quando você, o sonhador, as orienta. Elas não têm nenhuma vida por si sós; por isso, você precisa dizer a elas o que devem fazer. O que estão discutindo?

MARTIN: Estão falando que minha mulher precisa ir ao médico. (As auxiliares começam a atuar imediatamente, em seus vários papéis; elas falam a respeito da esposa de Martin e do fato de que ela deveria ir ao médico. Elas ficam muito perto umas das outras, formando um grupo compacto.)

MORENO: O que mais elas dizem?

MARTIN: Elas estão tentando decidir a que médico ela deveria ir.

MORENO: Tudo bem. (*As mulheres começam a se perguntar qual o médico que a esposa de Martin deveria consultar.*)

MORENO: O que mais elas discutem?

MARTIN: Elas se perguntam qual vai ser minha atitude. Elas cochicham. (*As mulheres começam a cochichar a respeito de como Martin vai encarar a ida de Jean ao médico. A platéia junta-se a elas.*)

MORENO: Qual é sua atitude?

MARTIN: (*Ele está curvado, tentando escutar o que elas estão falando, seus olhos estão semicerrados.*) Eu estou perturbado. Eu estou preocupado com isso. Eu não quero que ela vá. Parece que eu sinto que ela precisa ir, mas eu não quero que ela vá. Elas estão discutindo o fato de que eu fui com ela ao médico uma vez e elas acham que não deveria ser assim. (*A discussão entre as mulheres vai ficando mais acalorada.*)

MARTIN: Eu chego mais perto delas e escuto, assim (*chega mais perto do grupo de mulheres*). Parece que elas pensam que eu não tenho lugar lá, que lá não é meu lugar.

MORENO: Quem está falando? Quem diz isso?

MARTIN: Minha irmã Maria.

MORENO: (*Estimulando.*) Maria! Maria!

MARIA: Ele não tem nada que ir ao médico com ela! (*Ela se dirige a todas as mulheres e aponta para o Martin.*) Não é lugar para marido!

MORENO: É sua irmã mais velha?

MARTIN: É. Todas as minhas irmãs são mais velhas, e essa é uma delas.

MORENO: Para quem ela disse aquilo?

MARTIN: Acho que foi para a Kay, a mulher do professor.

MARIA: Kay, não está certo ele ir ao consultório médico! Não tem nenhum sentido. Para que isso?

MORENO: O que a Kay responde?

MARTIN: A Kay não fala quase nada. A Maria domina a conversa.

MORENO: (*Estimulando novamente.*) Continue, Maria.

MARIA: Você sabe que ele fica infeliz. Toda mulher tem que ir ao médico de vez em quando. Por quê? Jean não iria com ele se ele tivesse que ir ao médico. É engraçado. É uma tolice!

MORENO: Como continua?

MARTIN: Elas decidem que ela deveria ir a um médico chamado Stone, que faz parte de uma equipe. Eu acho, neste ponto eu vejo alguma coisa, eu vejo... (*Conversa das mulheres, ao fundo.*)

MORENO: O que é que você vê?

MARTIN: Um pedaço de papel. Tem o nome Stone e mais alguma coisa como... começa com B. Eu não tenho certeza.

MORENO: Pegue o papel e leia!
MARTIN: (*Pegando um pedaço de papel.*) Como...
MORENO: Qual é o nome? Veja.
MARTIN: O papel é uma receita médica. Está impresso Stone & Bridge.
MORENO: Tudo bem. E o que é que elas decidem?
MARTIN: Que ela deve ir consultar o doutor Stone. Aí eu fico aborrecido porque elas discutem isso e não me chamam. Aí eu entro na sala abruptamente...
MORENO: Então, entre na sala! (*Martin vai para o centro do palco.*)
MARTIN: (*Furioso.*) Eu não gosto que vocês fiquem falando sobre isso... sem que eu esteja aqui. Isso é da minha conta, não da sua. É coisa minha e de Jean. Seja como for, o que é que vocês estão falando?
MORENO: O que é que sua irmã diz?
MARTIN: Ela me condena por fazer uma coisa que eu não tenho o direito de fazer.
MARIA: Você sempre fica bravo. Isso não adianta nada. Por que é que você tem que ir com ela ao médico?
MARTIN: Se isso me aborrece, isso é problema meu. Eu acho que eu tenho o direito de ir lá! Eu acho que eu tenho que saber o que está acontecendo!
MARIA: O que é que você acha que está acontecendo?
MARTIN: Não sei. Esse é que é o problema. Eu quero descobrir. Nunca ninguém me fala nada sobre esse tipo de coisa. Eu quero descobrir o que está acontecendo.
MARIA: O que é que você acha que pode acontecer no consultório de um médico, além dos exames?
MARTIN: Bem, é isso que eu queria dizer. Eu não sei nada sobre esse médico. Eu estou contratando esse médico... e daí, no que é que eu me baseio para contratá-lo?
MARIA: Ele é um médico muito conhecido na cidade.
MARTIN: Eu sei que há muitos médicos conhecidos. Eu não gosto dele. Eu não sei... Eu não gosto dele!
MARIA: Lá vai você ficando irritado outra vez.
MORENO: Como continua o sonho?

MARTIN: Bem, elas falam de outra pessoa, outro médico, o doutor Magnus.
MARIA: A Jean poderia ir ao doutor Magnus.
MARTIN: Eu não acho que ele é bom.
MARIA: Como é que você sabe?
MARTIN: Não sei, eu acho.
MARIA: Sei, você acha! Você sempre tira um monte de conclusões com base no que você acha. Você nunca procura saber se o que pensa é verdade. Você pensa e pronto! Ela não deve ir ao médico só porque você se irrita quando ela vai ao médico? É isso?
MARTIN: Aí, de repente, elas me rejeitam. Elas me botam pra fora da sala.
MORENO: Ponham para fora da sala!
(*As cinco mulheres o empurram para fora do palco. Martin resiste.*)
MARTIN: Então eu vou embora.
MORENO: Para onde você vai? Onde é que você está agora?
MARTIN: Eu não sei direito. Eu estou vendo uma drogaria, no centro de alguma cidade grande. Não sei qual.
MORENO: O que é que você está fazendo aí?
MARTIN: Eu estou fora da drogaria. Eu estou olhando a vitrine.
MORENO: O que é que você vê lá dentro?
MARTIN: (*Vai para a frente do palco e aponta com o braço direito vários objetos que ele vê.*) Eu vejo umas lâminas de barbear, uns pincéis de barba, vários tipos de instrumentos.
MORENO: Instrumentos? Que instrumentos?
MARTIN: Facas, tesouras, e... parece que poderiam ser instrumentos médicos. Não tenho certeza.
MORENO: Instrumentos médicos. O que mais você vê através da vitrine? Você vê alguém na drogaria?
MARTIN: Não.
MORENO: O que mais você faz em frente à drogaria?
MARTIN: Bem, eu estou tentando decidir se vou ou não voltar para casa. Eu não sei o que fazer. Eu quero voltar e eu não quero voltar. Finalmente, decido entender melhor o que estou fazendo, eu entro na drogaria e vou para uma cabine telefônica que tem lá dentro. Aqui é uma cabine telefônica (*vai para o lado*

esquerdo do palco) e eu entro nela. Eu ligo para o número... (*Disca um número.*)

MORENO: Que número?

MARTIN: É 73-4128. E aí eu observo o número do telefone, eu não vejo inteiro, mas o final é 997.

MORENO: 9, 9, 7.

MARTIN: Jean atende o telefone.

JEAN: Alô! Quem é?

MARTIN: Alô, é Martin. (*Estimulando a auxiliar Jean.*) Você se surpreendeu de eu ligar?

JEAN: (*Com um tom de surpresa*) Oi, Martin, onde você está? Eu não esperava que você me telefonasse! Eu estava esperando que você viesse pra casa!

MARTIN: (*Indeciso.*) Bem, eu estou aqui no centro. Eu não sabia se ía para casa ou não.

JEAN: O que é que você está dizendo? Você não sabe se vem para casa ou não?

MARTIN: É, eu não sei. O que é que você está fazendo agora? (*Explica para a auxiliar.*) Ela me diz que está tomando banho. Ela diz... alguma coisa sobre banho escocês. Eu não entendo. Ela diz que tomando um banho, uma ducha escocesa.

JEAN: Eu estava tomando banho, fazendo uma ducha escocesa.

MARTIN: Que estranho!. Eu acho que isso quer dizer que você vai ao médico. Você sempre toma banho antes de ir ao médico.

JEAN: Espero que não seja a única vez que eu tomo banho.

MARTIN: Não. Mas eu sei que você sempre toma banho antes de ir ao médico. Isso quer dizer que, se você está tomando banho a esta hora, isso significa que está saindo para algum lugar, se é mais ou menos uma ou duas horas da tarde e você está tomando banho. Bem, eu acho que teria sido melhor eu ir para casa. Eu não sei o que fazer!

JEAN: O.K., legal, venha para casa. (*Martin coloca o fone no gancho.*)

MORENO: Onde é que você está agora? De onde você telefonou?

MARTIN: Eu saio da cabine telefônica e parece que eu não estou mais na drogaria. (*Anda pelo palco e procura alguma coisa em volta.*) É uma mercearia. Eu estou vendo uma mercearia. Ela fica a duas quadras de minha casa.

MORENO: O que é que você está fazendo aí? O que está vendo?

MARTIN: Frutas, um monte de *grapefruits* e maçãs, nesta caixa. (*Mostra as frutas.*) Aqui em cima, frutas congeladas. Prateleiras aqui em baixo. (*Indica prateleiras atrás dele.*)

MORENO: Quem mais está aí, além de você?

MARTIN: Ninguém. Eu estou sozinho. É isso.

MORENO: Você está olhando?

MARTIN: É, olhando.

MORENO: Você compra alguma coisa?

MARTIN: Não.

MORENO: Você acha que é uma mercearia?

MARTIN: É.

MORENO: Como você se sente, estando sozinho na mercearia, com todas essas mercadorias em volta?

MARTIN: Eu sinto como se estivesse para perder alguma coisa. Isto é, alguma coisa está acontecendo que eu não sei o que é e que representa alguma perda para mim e eu não sei o que fazer. Parece que é alguma coisa que eu tenho que aceitar e meu pensamento fica indo e voltando. Eu sei que a Jean tem que ir ao médico e eu não quero que ela vá, mas se ela for, eu sinto que eu tenho que ir com ela e me sinto muito mal com isso. Eu estava ainda em dúvida, quando liguei, se ela estava realmente indo ou não. Eu acho que eu esperava que ela não fosse, mas quando eu telefonei e descobri que ela estava tomando banho, então tive certeza de que ela iria ao médico. Eu me sinto muito infeliz. Eu tenho que fazer alguma coisa. Eu levanto o braço como se fosse bater em alguém. Nesse ponto o sonho termina.

MORENO: (*Sobe ao palco para entrevistar Martin.*) Sempre que ela toma banho ela vai ao médico?

MARTIN: Para mim parece que sim, quando ela toma banho durante o dia. Quando não é isso, ela toma banho de manhã, logo cedo, ou bem tarde, à noite. Mas sempre que ela toma banho no meio do dia é porque ela vai ao médico.

MORENO: Enquanto está lá, você está com medo e aborrecido, antecipando uma catástrofe ou alguma coisa extremamente indesejável que vai acontecer com você. Agora, volte para a cama, na mesma posição em que estava antes de acordar. Fique na mesma posição em que você estava, Martin. (*Martin faz isso.*) Você agora fecha os olhos. (*Moreno fica atrás de Martin e afaga suavemente a cabeça dele.*) Feche os olhos, tente adormecer, dormir profundamente. E agora, concentre-se na parte final do sonho. Você está lá na mercearia, está angustiado. Você se sente infeliz, antecipando alguma coisa que vai acontecer. Concentre-se nisso! Você se vê?

MARTIN: Vejo.

MORENO: E o que é que acontece agora?

MARTIN: Eu...

MORENO: O sonho termina e você continua dormindo?

MARTIN: Termina e eu acordo.

MORENO: Então acorde! Acorde! Você já se levantou? Você está sentado em sua cama?

MARTIN: (*Sentando-se.*) Eu acordo muito devagar. É muito interessante. Quando eu estou ainda meio dormindo, eu me dou conta de que estou acordando, de que eu estava sonhando e que eu tenho que fazer alguma anotação do sonho. Eu tive esse impulso de anotar. Então, quando estou ainda realmente meio adormecido, eu me concentro no sonho e tento colocá-lo em ordem, tento relembrá-lo até que eu tenha certeza de que consegui. Aí eu acordo de vez, bruscamente, e me sento. Eu alcanço a mesa e acendo a luz. Imediatamente, eu pulo da cama, vou e olho o relógio e ele está do outro lado da minha cômoda. (*Levanta-se.*)

MORENO: Que horas são? (*Toma posição fora do palco, novamente.*)

MARTIN: São 5 e 45 da manhã. Eu saio do quarto e, quando chego na sala, vou até a mesa e pego um papel de anotações que está lá e também um lápis. Eu volto e fecho a porta, vou até a mesa e sento. Então eu começo a escrever o mais rápido possível o que eu lembro do sonho. (*Escreve.*)

MORENO: Você teve outro sonho depois ou este é o único sonho que teve àquela noite?

MARTIN: Depois que eu escrevo eu volto para a cama, porque ainda é muito cedo. O sono praticamente sem sonho e eu durmo mais seis horas.

MORENO: Então volte para a cama, volte para o sonho. (*Volta a ficar perto de Martin.*)

MARTIN: (*Protesta.*) Mas isso é tudo o que eu sonhei.

MORENO: Mesmo assim, volte para a posição em que você estava no final do sonho.

(*Martin deita-se novamente na cama, colocando o braço direito embaixo do corpo e o braço esquerdo ao lado.*)

MORENO: (*Novamente usando toques delicados e relaxantes.*) Concentre-se. Agora, o que é que você vê?

MARTIN: O sótão da minha casa.

MORENO: Você está lá?

MARTIN: Estou. Tem uma espécie de caixa grande. Eu olho para ela e caminho na direção dela.

MORENO: Então, levante e faça isso.

MARTIN: (*Levanta-se, anda pelo palco, olha intensamente para o chão e indica a localização da caixa.*) Eu abaixo e tento erguer a caixa.

MORENO: Então abaixe e tente erguer a caixa. (*Moreno permanece bem perto, mas fora do palco.*)

MARTIN: (*Tentando levantar a caixa.*) Está muito pesada. Eu tenho de tirar alguma coisa.

MORENO: Vá, então. O que é que você vê na caixa?

MARTIN: Várias coisas, livros, roupas... alguém está querendo me ajudar.

MORENO: Quem?

MARTIN: É uma mulher, uma mulher gorda, parece.

(*Moreno faz sinal para uma auxiliar, para que suba ao palco. Ela fica ao lado de Martin, tentando ajudá-lo a levantar a caixa.*)

MARTIN: Eu começo a tirar algumas coisas. (*Faz movimentos de tirar coisas para fora da caixa, enquanto a auxiliar ajuda a levantá-las.*) São pequenos objetos, como rolos de papel. Sem nenhum valor. Vou abrir mais a caixa, porque vamos viajar e precisamos deixá-la mais larga. Eu dou as coisas para ela

(*entrega objetos para a auxiliar.*) A mulher joga as coisas no chão (*a auxiliar joga as coisas no chão*).
MORENO: Olhe para ela! Quem é ela?
MARTIN: (*Examina a auxiliar com os olhos*) Eu acho... É minha sogra! É, é ela. Ela não é tão gorda, mas não é também tão magra.
SOGRA: Deixe eu ajudar você, Martin.
MARTIN: Tudo bem, mãe. No final, quando tínhamos tirado esses objetos, eu vi este tapete. Ele é enorme. Está dobrado várias vezes. Tem esta espessura. (*Mostra.*)
MORENO: Que tipo de tapete?
MARTIN: Parece lona. É um tipo de tapete de algodão.
MORENO: O que é que você vai fazer com ele?
MARTIN: Minha sogra o apanha. (*A auxiliar pega o tapete.*) (*Martin abre o tapete no palco juntamente com a auxiliar.*)
MORENO: O que é que vocês estão fazendo?
MARTIN: Abrindo o tapete.
SOGRA: Ele não está muito bom, não?
MARTIN: É, ele está muito manchado.
SOGRA: (*Tentando tirar as manchas.*) Eu fico imaginando o que é que a gente poderia fazer com ele.
MARTIN: Acho que não é legal levá-lo. De repente, minha mulher aparece. (*Outra auxiliar sobe ao palco e toma o papel de esposa.*)
MORENO: Que tapete é esse?
MARTIN: É nosso. Ele está desbotado e tem um ou dois furos.
MORENO: Um ou dois furos...
MARTIN: E aí minha esposa entra e eu digo para ela: "Vamos jogar fora!" (*Orientando a auxiliar.*) Você quer ficar com ele, você quer muito conservá-lo.
JEAN: (*Horrorizada*) Não! Não mesmo!!
MARTIN: Mas ele não está bom. Está todo manchado. O que é que dá para fazer com isto?
JEAN: Ah, não! Vamos ficar com ele.
MARTIN: (*Irritando-se com ela.*) Tem que ser consertado, tem que ser tingido novamente e os buracos têm que ser remendados.
JEAN: Eu vou providenciar o conserto. Vou mandar remendar os furos e tingir novamente. Ele é muito importante para mim.

MARTIN: (*Ficando mais aborrecido.*) Mas vai ficar muito caro para consertar esse tapete. Nem sei quanto.

JEAN: Quanto você acha que vai custar?

MARTIN: (*Mais agitado.*) Não sei. Bem, essa idéia é sua? (*Desconfiado.*) Quem lhe disse que a gente deveria consertar o tapete? (*Volta-se para Moreno.*) Nesse momento entra o doutor Lowrey.

MORENO: Onde é que está o doutor Lowrey? Ele está na cena?

MARTIN: Não, ele não está na cena. Ele entra e sai toda hora.

MORENO: Faça o papel do doutor Lowrey, Martin.

MARTIN COMO DR. LOWREY: Eu acho que você deve ficar com o tapete para usá-lo na decoração.

JEAN: Parece que o doutor Lowrey também acha que vale a pena consertar.

MARTIN COMO DR. LOWREY: (*Fazendo o estilo de vendedor.*) Afinal, ele é valioso demais para ser jogado fora. Com certeza, vai ficar caro consertar, mas vale a pena. É melhor você consertar e ficar com ele, Martin. Eu posso indicar uma pessoa que pode recuperar bem o tapete para você.

MARTIN: (*Voltando para o seu papel e seu lugar no grupo, pensativamente, sem irritação.*) A mim me parece esquisito consertar um tapete velho como esse, mas se você diz que sim, tudo bem. Mas eu, pessoalmente, acho que para fazer isso vai ficar muito caro, alguma coisa em torno de alguns milhares de dólares. Talvez fosse melhor jogar fora e comprar um novo, alguma coisa desse tipo.

MARTIN COMO DR. LOWREY: (*Martin sai do palco outra vez e assume o papel do dr. Lowrey.*) Eu sei que vai ficar caro, mas com certeza vai valer a pena. Não jogue fora.

MARTIN: (*Move-se no palco para voltar ao seu papel, segurando o tapete, desolado.*) Bem, se você diz isso. Se ela quer o tapete, eu acho que vamos levá-lo. (*Parece aliviado.*)

MORENO: E agora, o que acontece, Martin? (*Chega mais perto de Martin, toma sua mão.*)

MARTIN: Agora eu me lembro. Este sonho que a gente acabou de representar, o do tapete, vem antes, e logo depois vem o outro sonho, o primeiro que nós representamos.

MORENO: O sonho que começa com as mulheres falando sobre você?

MARTIN: É, passou imediatamente para aquele.

MORENO: Pulou imediatamente de um para o outro. E o outro teve lugar num cômodo diferente?

MARTIN: É, este aconteceu no sótão e o outro no segundo andar, embaixo.

MORENO: No segundo sonho, sua sogra estava lá ou não? Eu estou me referindo àquele com todas as mulheres.

MARTIN: (*Pensando, tenta relembrar.*) Não.

MORENO: Ela está só no primeiro, no segundo, não.

MARTIN: (*Com mais convicção.*) Não, ela não está no segundo.

MORENO: Agora me diga uma coisa. Naquele sonho, você acordou depois do primeiro ou ficou tudo misturado num sonho só? (*Deixa cair a mão, mas continua perto de Martin.*)

(Martin tenta relembrar.)

MORENO: Quando o sonho termina, Martin, você tem dois sentimentos. Um não é agradável, você não se sentiu feliz com ele. Por outro lado, você tem uma necessidade imperiosa de registrar o sonho. Você achou que poderia ser útil. Para quem?

MARTIN: Para mim, isto é, só colocar no papel, ou talvez para você. Eu achei que poderia ser uma boa idéia colocar no papel antes que eu esquecesse.

MORENO: Você tentou colocar no papel o melhor que você pôde.

MARTIN: (*Afirmativamente.*) Hã, hã.

MORENO: Eu gostaria de fazer algumas perguntas para você. Você pensa e responde o melhor que puder. A primeira é: Em seu sonho, você pensa que sua esposa, Jean, toma banho antes de transar com um homem. Tomando banho e ficando limpo e arrumado, você se torna atraente. Neste caso, a Jean se faz atraente para o homem com quem ela vai transar. A segunda é: no sonho, você fica muito perturbado, porque sua esposa vai ser examinada por um médico. O exame ginecológico é uma espécie de relação sexual com o médico. Ir ao médico para ser examinada é como transar com um homem. É assim que você pensa?

MARTIN: Essa é a minha reação. Quer dizer, a minha reação é como se fosse uma transa de fato. Se eu tivesse que descrever uma relação sexual, eu acho que seria desse jeito.

MORENO: Você pensa que a preparação que uma mulher faz para ir ao ginecologista tem muitos aspectos parecidos com uma relação sexual: ela toma banho, fica limpinha, torna-se atraente. Uma mulher, quando se faz atraente para ir ao médico, pensa: "Eu quero que ele me veja bonita, que ele goste de mim. Eu não quero, quando eu chego, que ele pense que eu estou me descuidando e que eu não estou limpa e arrumada". Em outras palavras, para você, marido de Jean, é a mesma coisa se ela fosse ter um encontro com um homem. É verdade que é um encontro muito valorizado socialmente e que tem um significado profissional. Eu sei que você compreende isso, mas ao mesmo tempo você não pode ajudar, tendo esse pensamento compulsivo de que há muitos fatores que são semelhantes à maneira como uma mulher se prepara para uma transa. Na verdade, ela se cuida mais quando vai ao médico do que quando ela vai dormir com você. O médico é uma novidade, como um novo e desconhecido amante a quem ela deseja conquistar. Ela não tem de conquistar você.

MARTIN: É.

MORENO: Ela toma um banho mais demorado, ela se arruma mais quando vai ao médico. Ela se faz o mais atraente possível. Ela encara isso como uma grande aventura.

MARTIN: Pense comigo, ela passa batom quando sai, mas em casa eu não a vejo com tanto batom. Ela só faz isso quando sai. E quando vai ao médico, parece que ela fica mais atraente.

MORENO: Assim, em seu sonho, você não suporta a idéia de que ela tome banho, porque isso significa, para você, que ela vai ter uma relação sexual, uma transa com o médico. Você se ressente muito com o fato de que os médicos têm o privilégio de fazer isso, examinarem e ainda serem pagos por isso. Sob o pretexto de que eles são médicos, eles entram na intimidade de sua esposa. Você não quer que ela fique à mercê da fantasia de qualquer médico. Mas o pior de tudo é que ela parece gostar de ir. Ela não opõe nenhuma resistência. Ela aproveita todas as oportunidades para ir ao médico e ser examinada. Você acha que ela deveria receber um basta. Qual é a idéia? Ela age quase como se ela e você fossem estranhos. Ela não quer que você vá com ela. Isso é exatamente o que uma mulher faz quando tem um encontro com um estranho. Então, ela não quer outro homem por perto. Ela quer ficar sozinha com ele. Neste caso, ela fica sozinha com um homem numa sala e ele faz com ela a mesma coisa que um amante faria. E você não se casou com ela para isso. Não há desculpas para isso! Você se ressente violentamente e acha estranho que até sua irmã concorde com isso. Todas as mulheres parecem concordar nesse ponto. Mas você sente que isso é a mesma coisa que ter intimidades com um outro homem. Quem é o doutor Stone? Você sabe quem é ele?

MARTIN: Não, eu fiquei chocado com o nome. Quando eu penso, esse é o meu nome!

MORENO: É o seu próprio nome. E o cúmulo de tudo é que ela vai a outro Stone. Quem é o outro que você mencionou, aquele do cabeçalho?

MARTIN: Bridge.

MORENO: É, Bridge.

MARTIN: Eu não sei como entender isso. Ela nunca foi a nenhum doutor Stone. Tem muitos médicos, um se chama Farrell, outro Swanson, que eu falei para você antes, outro é Brewster e o outro, Hoffman. Mas nenhum Stone.

MORENO: Por que é que ela vai a tantos médicos? Por que ela não tem um só? O que faz com que ela fique mudando de um para outro?

MARTIN: Ela muda por causa das minhas reações. O primeiro médico que me chamou atenção foi o obstetra, o Farrell. O Swanson, antes disso, eu nem tinha notado. Eu transferi o sentimento para ele, depois da experiência com o doutor Farrell. Eu quis vê-lo e, por causa da minha reação, decidi que não gostava dele e que ela deveria procurar outro. Aí nós fomos ao doutor Swanson. Eu cruzei com ele e não gostei. Aí nós fomos para uma clínica e lá nós consultamos o doutor Hoffman e o doutor Brewster e eu não gostei deles. Eu fui a uns três ou cinco mais.

Eu tive a mesma reação. Eu não gostei deles, pura e simplesmente. Eu tive a mesma reação com todos eles.

MORENO: Você se encontrou com eles, você os viu cara a cara?

MARTIN: Encontrei, encontrei com todos.

MORENO: Você os procurou para se convencer de que eles são pessoas normais e que eles não se aborrecem com isso.

MARTIN: Eu fui mais além. Para um deles eu disse que o único problema comigo era que eu não sabia o que acontecia e que se eu pudesse descobrir, se eu pudesse estar lá, eu poderia me livrar dessa ansiedade. Nas duas vezes em que fui a essa clínica, uma vez com o doutor Hoffman e outra com o doutor Brewster, pelo menos em duas ocasiões, eu entrei na sala de exames. Eles deixaram tudo especialmente preparado. Eles combinaram com a enfermeira-chefe. Eu deixei bem claro que nós tínhamos vindo juntos e que se para eles estivesse tudo bem gostaríamos de permanecer juntos.

MORENO: Em outras palavras, você permaneceu na sala de exames enquanto ela estava sendo examinada? Você a viu sendo examinada?

MARTIN: Vi.

MORENO: Martin, vamos agora voltar para a cama e repetir o jeito como seu sonho terminou. (*Vai na direção da cama. Martin o acompanha.*)

MARTIN: (*Deita na cama outra vez, com os braços e as pernas na posição em que estavam na encenação anterior, do fim do sonho.*) Eu estou me sentindo muito mal. Eu ergo o braço como se fosse bater em alguém. Mas aí o sonho acaba.

MORENO: Você está satisfeito com esse final? (*Fica perto do Martin.*)

MARTIN: Não. Eu preciso fazer alguma coisa, bater em alguém. Eu sinto uma dor apertada no estômago. Agora ela toma conta de tudo.

MORENO: Você pensa em alguém especificamente?

MARTIN: Eu estou pensando em mim mesmo... Sabe, eu gostaria que o sonho continuasse de modo que eu mesmo fosse o médico.

MORENO: (*Concordando.*) Vamos ver você como médico. (*Sai do palco.*)

MARTIN: Eu me vejo entrando na sala de exames. Eu fico lá... (*Aponta para o lado direito do palco.*)

MORENO: Então levante-se e fique lá.

MARTIN: (*Levanta-se e atravessa o palco ansiosamente.*) Minha mulher está do outro lado da sala. Quando eu sou o médico eu fico entre eles.

MORENO: Sua esposa está do outro lado da sala. (*Faz sinal para a mesma auxiliar que tinha feito o papel de Jean antes; ela sobe e vai para o lado do palco indicado por Martin*)

MARTIN: Aí, de repente, eu viro o médico. (*Vai para o meio do palco, andando lentamente.*)

MARTIN COMO MÉDICO: Eu quero fazer pessoalmente todos os exames. Eu vejo Jean na minha frente, mas ela não é a paciente, parece que ela é a enfermeira. De repente ela some. Eu estou falando com uma pessoa que está irritada. Eu vejo seus olhos enormes brilhando na minha direção. Eu acho que é o Martin, mas não tenho certeza, podem ser os olhos de qualquer homem cuja esposa vai ao ginecologista. Eu digo a ele: "Eu estou percebendo que você desconfia dos médicos. Você acha que eu fiz uma himenectomia em sua esposa, antes de ela casar com você".

MARTIN: É isso mesmo. (*Explica.*) Eu vou fazer o papel de médico e o meu mesmo, trocando o tempo todo... e com isso vou mudando minha posição no palco; quando eu estiver ali eu sou o médico, aqui, eu sou eu mesmo.

(*Martin como médico balança a cabeça, envergonhado, enrubescido.*)

MARTIN: (*Chegando mais perto do médico, faz um solilóquio.*) Ele quer saber por que eu penso assim. (*Para o médico.*) Por quê? Porque, na primeira noite em que estávamos casados, nossa relação sexual não foi tão difícil como eu imaginava.

(*Martin como médico não fala, atua culposamente.*)

MARTIN: (*Solilóquio.*) Eu fiquei excitado. (*Para o médico.*) Minha esposa era virgem e a minha expectativa era de que seria difícil romper o hímen, um obstáculo a ser vencido! Eu tenho certeza de que faltava o hímen.

MARTIN COMO MÉDICO: Eu não fiz isso, não!

MARTIN: Mas minha esposa era virgem, ela não tinha tido nenhuma relação sexual antes. Não tem alternativa. Só pode ser. Você fez isso.

MARTIN COMO MÉDICO: (*Aproxima-se do lugar onde Martin fica e fala delicadamente.*) Sua esposa era virgem na primeira noite de seu casamento. Foi você quem fez a operação, você, doutor Martin Stone.

MARTIN: (*Volta-se para Moreno.*) Eu gostaria que o sonho terminasse por aqui. (*Moreno sobe ao palco. Moreno e Martin ficam no centro do palco, um em frente ao outro.*)

MORENO: E onde eu entro nisso?

MARTIN: Você quer dizer, no sonho? Ah, você também é médico. (*Afasta-se alguns passos e logo volta.*) Mas tem uma diferença. Você é o meu médico. Eu procurei você da mesma forma que a Jean procurou os médicos dela.

MORENO: É por isso que você não trouxe sua mulher com você? (*Coloca o braço, afetuosamente, no ombro de Martin.*)

MARTIN: (*Começa a sorrir.*) Talvez a situação esteja invertida, agora. Agora é ela que está doida para vir ao meu médico. E eu estou tentando mantê-la afastada de você, da mesma forma como ela estava tentando me manter afastado dos ginecologistas dela. É uma doce vingança. (*Ambos sorriem e apertam-se as mãos.*)

Moreno termina a sessão com uma discussão das respostas de outros pacientes ao sonho. Essas respostas são omitidas aqui.

DISCUSSÃO DAS TÉCNICAS DE PRODUÇÃO DO SONHO

O objetivo das técnicas psicodramáticas é embarcar o sonhador na produção do sonho, em vez de analisar o sonho para ele. Mesmo que se pudesse ter certeza de que a análise é objetiva e confiável, é preferível transformar a análise em produção do sonhador.

A primeira etapa da produção foi o que Martin havia efetivamente sonhado, no plano da realidade, num dia específico; Martin era, nesse caso, inconscientemente, seu próprio produtor. O palco da representação estava na mente do "dormidor"; o sonhador alucina todos os seus egos-auxiliares e objetos auxiliares. Não havia ninguém com quem compartilhar o sonho; ele era o único agente de seu processo de aquecimento, e o fim que o sonho teve, agradável ou não, tinha somente ele como observador e testemunha.

A segunda etapa da produção ocorre no teatro psicodramático; é onde a terapia passa a existir. À medida que o sonhador começa a encenar seu próprio sonho, aparecem naturalmente, com a ajuda do diretor e dos egos-auxiliares, tanto as configurações manifestas como as latentes do sonho. Qualquer coisa que uma análise verbal poderia revelar ao sonhador é mostrada na ação, diretamente. O sonhador não tem de "concordar" com o analista. Suas próprias ações dizem a ele e à platéia quais os processos que ocorrem em sua mente.

Poder-se-ia dizer que, em vez de ser analisado segundo a análise, ele é analisado pela encenação. A análise está incluída na encenação. Com a vantagem de que a aprendizagem não tem a forma de análise, mas de vida ativa, uma forma de auto-realização pelo sonho. Além disso, o sonhador traz à tona experiências que, tanto na análise como em toda comunicação verbal, são freqüentemente meras conjecturas e, como tal, muitas vezes não confiáveis ou pelo menos limitadas.

A terceira etapa da produção consiste em estimular o paciente a estender o sonho para além do limite que a natureza atribuiu ao "dormidor", ou pelo menos o final que ele recorda. O paciente é estimulado a re-sonhar o sonho, para continuá-lo no palco, e para terminá-lo de forma que lhe pareça mais adequada, ou que o conduza a um controle melhor das dinâmicas latentes que o incomodam. Esse procedimento torna-se um verdadeiro "teste do sonho" e leva a uma forma intensiva de catarse, que pode ser chamada de "sonho catársico". Essa espécie de "aprendizagem pelo sonho" nos conduz à fase seguinte.

A quarta etapa encontra o paciente novamente em sua cama, dormindo como na primeira fase *in situ*, na realidade.

Ele é outra vez seu próprio diretor, alucinando seus personagens e objetos do sonho. Mas o que ele aprendeu no decorrer da produção ativa do sonho tem condições de ser aplicado agora, ao mesmo sonho se ele for recorrente, ou a um sonho semelhante que venha a emergir. Pode-se falar aqui de uma "sugestão pós-psicodramática", da mesma forma como se fala de sugestão pós-hipnótica. Em ambos os casos, uma operação alcança as atividades inconscientes do paciente muito depois de ele ter sido exposto a ela, e o alcança num nível profundo de ação, por exemplo, aqui, durante o sono; ele se torna seu próprio "oniroterapeuta"[...].

PARTE IV:

Seleções Autobiográficas

> Eu tive meu próprio teatro. Mesmo sendo antiteatro, ainda era teatro. É difícil, às vezes, estabelecer a linha divisória.
>
> (De *Autobiography*, inédito, Capítulo 8, 40)

CAPÍTULO 17

O HOMEM DA CAPA VERDE

1972-73, 1946, 1972, 1956

> Nota do organizador: Estes fragmentos pretendem mostrar Moreno como protagonista. A maior parte deles foi extraída dos escritos autobiográficos, nos quais ele trabalhou em 1972-73, os dois últimos anos de sua vida. Nos textos selecionados, podemos associar o conceito de criatividade, que constitui o cerne da teoria psicodramática, com a compulsão, que persistiu durante toda a vida de Moreno, de jogar o papel de Deus. Podemos vislumbrar como ele se via em seu próprio átomo social. E temos, também, uma descrição da experiência mística que teve quando jovem, confirmando sua crença profunda na perfeição humana. O último texto, escrito em 1956, é uma fantasia em que Moreno compara-se a Johnny Appleseed.

JOGANDO O PAPEL DE DEUS[1]

Um domingo à tarde, meus pais saíram para visitar uns amigos. Eu fiquei em casa, brincando com algumas crianças da vizinhança. Fomos até o porão de minha casa, um salão grande e vazio, onde havia apenas uma enorme mesa de carvalho no

---

1. "Playing God", extraído de *Autobiography* (inédito), Capítulos 1, 11-12, 15.

303

meio. Estávamos tentando imaginar uma brincadeira, quando eu tive uma idéia: "Vamos brincar de Deus e seus anjos".

"Mas quem faz o papel de Deus?"

"Eu sou Deus e vocês são os meus anjos" respondi. As outras crianças concordaram.

"Temos que primeiro construir o céu", disse uma delas.

Levamos, então, todas as cadeiras da casa para o porão e as colocamos em cima da mesa, e começamos a construir um céu em cima do outro, juntando e amarrando várias cadeiras num nível e colocando mais cadeiras em cima delas, até alcançarmos o teto. Aí, todas as crianças me ajudaram a subir até a cadeira principal, onde eu me sentei garbosamente. As crianças, então, fizeram um círculo em volta da mesa, usando os braços como se fossem asas e cantando. Uma ou duas das crianças maiores ergueram a montanha de cadeiras que tínhamos montado. De repente, uma delas me perguntou: "Por que você não voa?". Eu abri os braços e tentei. Os anjos que estavam segurando as cadeiras voaram também. Ato contínuo, eu caí e me vi no chão, com o braço direito fraturado...

Eu sempre senti ser, para Deus, um caso especial. Embora se possa dizer que todos nós somos filhos de Deus, eu sempre tenho a sensação muito forte de ser o filho predileto dele. Quando eu era muito jovem, a idéia da morte, minha própria morte, nunca entrou em minha cabeça. Até mesmo a morte de minha avó e a morte de um vizinho no fogo foram distrações passageiras em minha vida, embora eu tivesse sentido muita saudade de minha avó e terror pelo fogo. Como muitos jovens, eu achava que poderia viver para sempre, tinha boa saúde e raramente me sentia mal. Eu sentia que era protegido, para não ficar doente, e que se eu ficasse doente, poderia me recuperar total e rapidamente. Eu sabia ser sempre guiado, e que, nunca, nada poderia me acontecer que me impedisse de ter uma vida significativa. Eu estava em comunicação direta com Deus. Eu falava com Ele e Ele falava comigo. Tínhamos um pacto secreto, que eu tinha certeza de que ele o honraria.

Por duas vezes, eu fui seqüestrado por ciganos e levado para seu acampamento e, segundo minha mãe, não senti nem um pouco de medo. Os ciganos me devolveram pouco tempo depois....

UM JOVEM EM BUSCA DE UMA VOCAÇÃO[2]

Meu comportamento era muito fora do normal. Eu não era sensível a nada. Para testar minha semelhança com Deus, eu tentei pular de cima de um carvalho. Saltei de um galho de três metros de altura e não me machuquei. Isso me fez muito bem. Considerei isso como um sinal.

Um dia, eu pulei de uma janela, pelado, e saí andando pelas ruas de Viena. As pessoas me pararam, voltei para casa e não me senti ofendido por essa intervenção. Eu mantive minha altivez.

Com isso tudo, eu estava preocupado com o que seria de mim. Fiquei, na época, totalmente isolado de outras pessoas, embora não sozinho. Eu não perdi de vez o contato com os outros. Minha mãe preocupava-se muito com o meu futuro. Toda brilhante promessa que eu representava parecia destinada à fogueira, como decorrência do que ela considerava ser minha loucura.

Eu comecei a me perguntar se existiriam outras pessoas com um estado mental semelhante ao meu. Fiquei ligado particularmente em Dante e em Swedenborg, o místico sueco...

Eu usava uma capa verde-escura, que ía até quase os tornozelos. Todos começaram a me identificar com ela, "a capa do profeta". Eu a usava no verão e no inverno, provavelmente com a intenção de me tornar facilmente identificável, da mesma forma que um ator que usa a mesma roupa em todas as apresentações de dado papel. Às vezes, parecia-me que eu estava criando um tipo, um papel, que uma vez encontrado não poderia nunca mais ser esquecido.

Minha idéia fixa era de que uma pessoa sozinha não tem nenhuma autoridade, que ela deve ser a voz do grupo. Deve

---

2. "Young Man in Search of a Calling", de *Autobiography* (inédito), Capítulos 2, 3-4, 16-17, 22-24.

existir um grupo: a nova palavra deve vir de um grupo. Em função disso, eu saí procurando amigos, seguidores, pessoas do bem. Minha nova religião era a religião da existência, da autoperfeição. Era uma religião de ajuda e cura, porque ajudar era mais importante do que falar. Era uma religião de silêncio. Era uma religião de fazer as coisas pelo desejo de fazê-las, sem recompensas, sem reconhecimento. Era uma religião de anonimato.

Eu sentia que, mesmo que meu modesto esforço permanecesse inteiramente ineficaz e fosse esquecido, ele poderia ser importante do ponto de vista da eternidade, que essas coisas foram tentadas e existiram, foram cultivadas, e que essa pureza foi mantida independentemente de ter valido a pena. A nova religião exigia uma disposição de despojamento, de apenas existir e de se satisfazer imediatamente com essa forma de existência. Se o amor ou a amizade surgissem, eles deveriam ser vividos e retidos apenas no momento, sem levar em conta as possíveis retomadas e sem esperar qualquer compensação...

O primeiro encontro que eu tentei foi com a criança. Eu me voltei para a prole, para os bebês, para as crianças, e circulei pelos lugares onde eles brincavam, onde eram deixados por seus pais quando eles tinham de ir trabalhar. Em vez de falar com as crianças em linguagem simples, eu lhes narrava contos de fadas. Descobri que eu nunca conseguia repetir o mesmo conto. Notei, também, que eu me sentia obrigado, perante mim mesmo e diante das crianças, a mantê-las sempre maravilhadas, mesmo que o estímulo fosse o mesmo; a manter-me num nível tal de espontaneidade e criatividade que pudesse atender às rigorosas exigências de meu ego criativo, que não dava permissão profética para menos do que isso. Observei, com espanto, minha transformação de um estudante medíocre num profeta ousado. Eu fui despertado, pelas solicitações imaginativas das crianças, para feitos a cada dia maiores.

Quando eu encontro uma criança, vejo sempre um "sim". Elas não precisam aprender a dizer "sim". *Nascer é um sim.* Você vê espontaneidade ao vivo. "Já se escreveu de tudo sobre a criança, em sua fome de atos, como ela olha as coisas, como as escuta, como corre no tempo, como se move no espaço, como pega objetos, como ri e chora. No princípio, ela não vê nenhum obstáculo nos objetos, nenhum limite de distância, nenhuma resistência ou proibição. Mas, à medida que os objetos impedem sua locomoção e as pessoas lhe respondem "não", ela começa sua fase reativa, sem deixar de chegar, mas com crescentes ansiedade, medo, tensão e cautela.

Eu encontrei um significado profundo no jogo de Deus das crianças. Quando estudante, eu costumava passear pelos jardins de Viena, reunindo crianças e formando grupos para jogos espontâneos. Eu conhecia, naturalmente, alguma coisa de Rousseau, Pestalozzi e Froebel.[3] Tratava-se, porém, de um novo ponto de vista. Era o jardim-de-infância em escala cósmica, uma revolução criativa entre as crianças. Não era uma cruzada filantrópica de adultos em favor das crianças, mas uma cruzada de crianças em favor de si mesmas, por uma sociedade de sua idade e por seus próprios direitos. Eu queria capacitá-las para lutarem contra os estereótipos sociais, contra os robôs, em favor da espontaneidade e da criatividade.

Foi no meu trabalho com as crianças que se consolidaram minhas teorias a respeito da espontaneidade e da criatividade. Inevitavelmente, quanto mais velha a criança, menos espontânea e menos criativa ela era. Os dois fatores, espontaneidade e criatividade, caminhavam juntos. Eu descobri, também, que sempre que uma criança se repetia, ao encenar uma idéia de um pequeno texto dramático, suas representações ficavam cada vez mais rígidas...

Um dia, eu caminhava pelo Augarten, um parque próximo ao palácio do arquiduque, onde vi um grupo de crianças perambulando. Eu parei e comecei a contar-lhes uma história. Para meu espanto, outras crianças deixaram seus brinquedos e vieram juntar-se. Assim fizeram as babás, com os carrinhos de bebê, as mães e os pais, o policial montado. Desde então, um de meus passatempos favoritos passou a ser sentar-me ao pé de uma árvore grande e deixar que as crianças viessem para ouvir um conto de fadas. A parte mais importante da história é

---

3. Pestalozzi e Froebel foram os pioneiros dos jardins-de-infância na Europa. (Org.)

que eu me sentava ao pé da árvore como se fosse um personagem saído de um conto de fadas, e as crianças sentiam-se atraídas por mim, como por uma flauta mágica. Eu tinha a impressão de que elas eram removidas fisicamente de seus espaços pouco atraentes e transportadas para um território de fadas. Não era tanto o que eu contava para elas, os contos em si, mas o ato, a atmosfera de mistério, o paradoxo, o irreal transformado em real.[I]

UMA VIDA DE SERVIÇO[4]

Assim como eu, Chaim (Kellmer, um amigo) trabalhava como preceptor. Um dia, seguindo meu exemplo, ele parou de cobrar por seu trabalho. As famílias, com as quais ele estava havia vários anos, ficaram constrangidas. Elas o convidavam para refeições extras. Preparavam para ele uma cama, onde poderia dormir sempre que desejasse. Davam-lhe roupas e o enchiam de presentes. Ele era um amigo e professor tão maravilhoso para aquelas famílias que elas não queriam perdê-lo. Ao final, ele acabou sendo o preceptor mais bem vestido e mais bem alimentado que eu conhecia. Ele riu quando eu fiz troça dele por causa disso. "Se você dá amor para as pessoas, elas retribuem com amor", respondeu.

Chaim também visitava as pessoas e as aconselhava, tentando ajudá-las a resolver seus problemas. Elas podiam procurá-lo sempre que precisavam de alguma coisa. Muitas vezes, elas insistiam em pagar pela ajuda, mas ele sempre recusava, dizendo: "Só existe uma coisa que eu posso aceitar. Nós temos um fundo para alugar uma casa na cidade, para pessoas que necessitam de abrigo. Dê o dinheiro para o fundo".

Assim, a Religião do Encontro surgiu entre os anos de 1908 e 1914. Meu grupo de seguidores e eu, éramos cinco jovens. Estávamos todos comprometidos com o compartilhamento do anonimato, do amor e da doação, vivendo uma vida direta e

---

4. "A Life of Service", in *Autobiography* (inédito), Capítulos 3, 4-6.

concreta na comunidade, com todos os que encontrávamos. Deixamos nossas casas e nossas famílias e fomos para as ruas. Éramos anônimos, mas éramos facilmente reconhecidos, por nossas barbas e por chegarmos a todos os que se acercavam de nós de forma cálida, humana e alegre. Nenhum de nós podia aceitar dinheiro em troca dos serviços que prestávamos, mas recebíamos muitos presentes de doadores anônimos. Todos os presentes recebidos íam para o fundo da Casa do Encontro.

Nos anos que precederam a Primeira Guerra Mundial, a agitação e instabilidade política do Império austro-húngaro expressavam-se no grande número de pessoas que procuravam um lugar para viver, tanto nas Américas como na Palestina. Elas vinham em massa para Viena, como o fazem ainda os refugiados, e freqüentemente tinham de esperar muito, um ano às vezes, até conseguirem viajar. Era comum que durante a longa espera se esgotassem suas magras economias...

Conseguimos uma casa num dos bairros centrais de Viena. Qualquer pessoa que viesse era bem-vinda e podia nela permanecer sem pagar nada. Assim, elas vinham de toda parte. Não sabiam nossos nomes, mas portavam fotos ou descrições, freqüentemente bizarras, do fundador da casa e seus auxiliares. Elas ficavam sabendo de nós por intermédio de cartas de parentes e amigos e das notícias de jornal, a respeito de nosso trabalho. Alguns vinham sozinhos, outros com esposas e filhos. Raramente faziam um contato prévio. Simplesmente apareciam na casa, tendo em mãos cartas ou recortes de jornal muito manuseados.

Nas paredes da casa havia inscrições coloridas com a seguinte frase: "Venham a nós, de todas as nações. Nós lhes daremos abrigo". Fico ainda maravilhado com o fato de tantas pessoas terem-se juntado dentro daquela casa e compartilhado com os outros tudo o que tinham, sem brigas e sem rancor. Tentávamos manter os familiares juntos, mas havia pouca privacidade. Além disso, havia vários bebês concebidos e nascidos durante a longa espera por uma passagem. Mantínhamos sessões noturnas, depois do jantar, em que se traziam problemas e trabalhavam-se as inquietações.

ENTRE AS PROSTITUTAS[5]

Eu comecei a visitar as casas delas, acompanhado por um médico, o dr. Wilhelm Gruen, especialista em doenças venéreas, e por Carl Colbert, editor de um jornal de Viena, o *Der Morgan*. Nossas visitas não eram motivadas pelo desejo de "reformar" as moças, nem de analisá-las. Inicialmente, as mulheres suspeitavam de nós, porque a "Caridade Católica" de Viena freqüentemente tentava interferir em suas vidas. Nem eu procurava entre elas a "prostituta carismática". Esta é apenas a criatura de uma fantasia de agente social: uma mulher atraente, forte, que poderia ser induzida a mudar de rumo e a tirar suas irmãs da vida devassa.

Ideologias à parte, eu tinha em mente o que Lassalle e Marx tinham feito pelas classes trabalhadoras. Eles tornaram os trabalhadores respeitáveis, por terem proporcionado a eles um sentido de dignidade; eles os organizaram em sindicatos que melhoraram as condições de toda a classe. Além dos esperados benefícios econômicos para eles, essa atividade organizacional foi acompanhada de realizações éticas. Eu tinha em mente que alguma coisa parecida poderia ser feita com as prostitutas. Para começar, eu supunha que o aspecto "terapêutico" poderia ser aqui muito mais importante do que o econômico, porque as prostitutas sempre foram estigmatizadas como abjetas pecadoras e pessoas tão sem valor que deveriam aceitar isso como um fato inalterável...

Mas nós éramos otimistas e começamos a nos encontrar com grupos de oito a dez moças, duas ou três vezes por semana, em suas casas. Isso acontecia no período da tarde, enquanto os vienenses tinham o chamado *jauze*, um equivalente ao "chá da tarde" britânico. A gente se sentava em torno de uma mesa e eram servidos café e bolo. A discussão versava, inicialmente, sobre incidentes vividos pelas moças no dia-a-dia: serem presas, serem importunadas pela polícia por usarem rou-

---

5. "Among the Prostitutes", in *Autobiography* (inédito), Capítulos 4, 7-9.

pas provocantes, serem detidas por causa de acusações falsas de algum cliente, terem doenças venéreas sem condições de conseguir tratamento, engravidarem e darem à luz, tendo de esconder o bebê com um nome falso, em uma casa de caridade e tendo que ocultar do filho sua identidade. No começo, as mulheres temiam ser perseguidas e se abriam muito lentamente, mas quando começavam a ver o propósito do grupo e que aquilo lhes era benéfico, elas se aqueciam e tornavam-se suficientemente abertas.

Os primeiros resultados observados foram bastante superficiais. Por exemplo, conseguimos um advogado para representá-las na Justiça. Conseguimos um médico para tratar delas e um hospital que as admitia como pacientes. Pouco a pouco, elas foram reconhecendo o sentido mais profundo dos encontros. Isso possibilitou que elas se ajudassem mutuamente. As moças dispuseram-se a pagar uma pequena quantia por semana, para as despesas dos encontros e para uma pequena poupança que atendesse às emergências.

No final de 1913, as prostitutas promoveram uma manifestação em massa em uma das maiores artérias de Viena, a Sofiensaal. Nessa época, elas tinham uma organização efetiva, com dirigentes eleitas. Elas lideraram o encontro... No final, a manifestação transformou-se num confronto selvagem. Houve um conflito entre os gigolôs e as prostitutas. A polícia veio e forçou-as a circular, dispersando o encontro...

SUPERINTENDENTE DE UM ACAMPAMENTO DE REFUGIADOS[6]

Toda uma população (austríacos de língua italiana do Tyrol meridional) foi confinada nas proximidades de Viena, durante a guerra. As pessoas não tinham liberdade para deixar o acampamento; era na verdade como um campo de concentração. Quando eu cheguei lá, em 1915, havia mais de 10 mil pessoas,

---

6. "Superintendent of a Refugee Camp", in *Autobiography* (inédito), Capítulos 5, 18-20.

a maioria velhos, mulheres e crianças. Eu nunca encontrei ninguém, nos primeiros dias da guerra, que não fosse leal ao imperador, no entanto, eles tinham muito orgulho de sua herança italiana. A comunidade era formada por ocupantes de pavilhões, cada pavilhão com várias famílias...

Eu investiguei as correntes psicológicas que se desenvolviam em torno de vários elementos da vida comunitária: nacionalidade, política, sexo, funcionários *versus* refugiados, e assim por diante. Eu considerava que a dissociação desses elementos era a principal fonte da grande maioria dos sintomas de desajustamento que eu podia constatar no acampamento.

Foi com essa experiência que me veio a idéia de uma comunidade sociometricamente planejada... Utilizando métodos sociométricos, embora de forma muito rudimentar, eu redistribuí as famílias, com base em suas afinidades mútuas. Assim, a base sobre a qual a comunidade organizava-se mudou para melhor.

Minha teoria nasceu do fato de que, quando as pessoas tinham a possibilidade de conviver com aquelas por quem se sentiam positivamente atraídas, as famílias tendiam a ajudar-se mutuamente e os sinais de desajustamento diminuíam, tanto em número como em intensidade. Sempre que possível fizemos essa reorganização também em equipes de trabalho nas fábricas, para criar maior harmonia e produtividade entre os trabalhadores.

A polícia de língua alemã atrapalhava nosso trabalho. Ela se aproveitava de sua força divina para controlar o acampamento. Eu recebia sempre muitas queixas a respeito de abusos dela. Escrevi várias cartas para o Ministério do Interior, tentando que o governo disciplinasse a polícia. Felizmente, o Ministério demitiu ou transferiu alguns dos piores, o que produziu nos outros um efeito de moderação, pelo menos por certo tempo.

Embora meus esforços tenham minorado alguns dos problemas mais graves do acampamento, Mittendorf nunca se tornou uma utopia. Havia ainda fome, doença, corrupção, abuso de pessoas inocentes. Havia muitas pessoas bondosas e maravilhosas lá, que tiveram de sofrer e que não tinham nenhuma alternativa. Talvez isso tenha sido o pior de tudo. Sempre que as coisas se tornavam muito difíceis para mim eu tinha a chance de ir para Viena, à noite, e relaxar em um dos cafés...

NO TEATRO DA ESPONTANEIDADE[7]

Nós tínhamos uma atriz jovem, Bárbara, que trabalhava no teatro e também participava de um novo experimento que eu tinha começado, o jornal vivo. Ela era a principal atração, por sua excelência em papéis ingênuos, românticos e heróicos. Ficou logo evidente que ela estava gostando de um jovem poeta e dramaturgo, que se sentava sempre na primeira fila, observando e aplaudindo todas as suas atuações. Bárbara e George tiveram um romance e um belo dia anunciaram seu casamento. Nada mudou, entretanto; ela continuava sendo nossa atriz principal e ele, nosso principal espectador. Um dia, George me procurou, seus olhos usualmente alegres estavam muito perturbados. "Que aconteceu?", perguntei. "Sabe, doutor, eu não consigo suportar." "Suportar o quê?" Mirei-o com um olhar investigativo. "Aquele ser doce, angelical, que vocês todos admiram, age como uma endemoniada quando está sozinha comigo. Ela usa uma linguagem chula e quando eu fico bravo, como aconteceu ontem à noite, ela me cobre de socos." "Espere", eu disse. "Vá ao teatro como sempre. Eu vou tentar uma solução."

Quando Bárbara entrou no camarim àquela noite, pronta para jogar um de seus papéis costumeiros de pura feminilidade, eu a interrompi. "Olha, Bárbara, você tem atuado maravilhosamente até agora, mas eu temo que você esteja ficando estereotipada. Acho que as pessoas gostariam de vê-la em papéis em que retrate a baixeza, o lado rude da natureza humana, sua vulgaridade e estupidez, sua realidade cínica, pessoas diferentes delas, mas piores do que elas, pessoas levadas a extremos por circunstâncias raras. Você gostaria de experimentar?" "Sim", disse ela entusiasmada, "que bom que você falou isso. Eu cheguei a pensar que precisava proporcionar à nossa platéia uma experiência nova. Mas você acha que eu dou conta?"

---

7. "At the Theatre of Spontaneity", in *Psychodrama*, vols. 1, 3-5.

"Eu confio em você", respondi. "Acaba de chegar a notícia de que uma moça de Ottakring (um bairro proletário de Viena), que estava fazendo *trotoir*, foi atacada e morta por um estranho. Ele ainda está foragido; a polícia está em seu encalço. Você faz a garota. Aqui (apontando para Ricardo, um de nossos atores masculinos) está o bandido. Preparem o cenário". Improvisaram-se no palco uma rua, um café, duas luzes.

Bárbara foi em frente. George estava em sua poltrona de sempre, na primeira fila, muito excitado. Ricardo, no papel do vilão, saiu do café com Bárbara e a seguiu. Eles tiveram um encontro, que rapidamente evoluiu para uma discussão. Era a respeito de dinheiro. Repentinamente, Barbara passou a agir de uma maneira totalmente inesperada. Ela praguejava como um soldado esmurrando o homem, chutando-lhe repetidamente a perna. Eu vi George se erguendo, levantando ansiosamente o braço para mim, mas o bandido tornou-se selvagem e começou caçar Bárbara. De repente, ele tirou de dentro do bolso da jaqueta uma faca, um estilete. Ele corria em volta dela, cada vez mais perto. Ela atuava tão bem que dava a impressão de estar realmente aterrorizada. A platéia levantou-se, gritando: "Pare com isso, pare!". Mas ele não parou até que ela foi supostamente assassinada.

Depois da cena, Bárbara não se continha de felicidade. Ela abraçou George e eles foram para casa extasiados. Desde então, ela continuou a fazer esses papéis, de maior profundidade. George me procurou no dia seguinte. Ele logo compreendeu que se tratava de uma terapia. Ela representou solteironas solitárias e caseiras, esposas vingativas, namoradas maldosas, garçonetes, prostitutas armadas. George me fazia relatórios diários. "Bem", disse-me ele depois de algumas sessões, "alguma coisa está acontecendo com ela. Ela ainda tem suas crises temperamentais em casa, mas a intensidade vem diminuindo. Elas são mais curtas e, no meio delas, ela muitas vezes cai na risada e, como ontem, ela se lembra de cenas semelhantes que ela fez no palco e cai na gargalhada. Eu rio com ela, porque eu me lembro também. É como se nós nos víssemos num espelho psicológico. Nós dois rimos. Às vezes ela começa a rir antes de ter a crise, antecipando o que vai acontecer. Ela se aquece para ela, mas falta o calor usual."

Era como se fosse uma catarse pelo humor e do riso. Eu continuei o tratamento, atribuindo papéis a ela mais cuidadosamente, de acordo com as necessidades tanto dela quanto dele. Um dia, George falou do efeito que essas sessões tiveram sobre ele, como ele as presenciava e como ele absorvia a análise que eu fazia depois. "Ver as produções da Bárbara no palco me fez ficar mais tolerante com ela, menos impaciente." Aquela noite eu comentei com Bárbara o progresso que ela tinha feito como atriz e perguntei se ela não gostaria de representar com George. Foi o que aconteceu e as avaliações que apareciam, como parte do nosso programa oficial, lembravam cada vez mais as cenas que eles viviam todo dia em casa. Gradativamente, foram sendo encenados a família dela e a dele, cenas da infância dela, seus sonhos e planos para o futuro. Depois de cada apresentação, alguns espectadores me procuravam, perguntando por que as cenas de Bárbara e George as tocavam mais profundamente que as outras...

Alguns meses mais tarde, Bárbara e George sentaram-se sozinhos comigo no teatro. Eles tinham encontrado um ao outro novamente, ou melhor, eles se tinham encontrado pela primeira vez. Eu analisei o desenvolvimento de seu psicodrama, sessão por sessão, e contei a eles a história de sua cura.[II]

UMA EXPERIÊNCIA RELIGIOSA[8]

Eu senti, de repente, que tinha nascido de novo. Comecei, então, a escutar vozes, não como um doente mental, mas como uma pessoa que começa a perceber que ouve uma voz que alcança todos os seres e que fala para todos na mesma língua, que é compreendida por todos os homens, e que nos dá esperança, que dá direção à nossa vida, que dá direção e significado

---

8. "A Religious Experience", de *Religion of the God-Father*, Johnson, Paul (1972); *Healer of the Mind: A Psychiatrist's Search for Faith*, Nashville, TN: Abingdon Press, 200-3.

ao nosso cosmo (que nos diz), que o Universo não é apenas uma selva e um conjunto de forças selvagens, que ele é basicamente criatividade infinita. E que nos une todos a essa criatividade infinita, que é verdadeira em todos os níveis de existência, seja ela, nesse momento, social, física ou biológica, esteja em nossa ou em outras longínquas galáxias, esteja ela no passado, no presente ou no futuro. Estamos todos unidos pela responsabilidade por todas as coisas, não há responsabilidade limitada, parcial. E a responsabilidade nos faz automaticamente, também, criadores do mundo.

Eu comecei a sentir que eu existo, que eu sou o pai e que eu sou responsável, responsável por tudo o que acontece. Eu sou responsável por tudo o que vai acontecer no futuro, por tudo o que aconteceu no passado, e mesmo que esteja sem condições de fazer nada, de remover as causas de sofrimento ou de fazer algo, eu tenho agora um vínculo operacional com o mundo inteiro. Tudo me pertence e eu pertenço a todos. A responsabilidade é o laço que compartilhamos e que nos insere no cosmo. É responsabilidade pelo futuro do mundo, uma responsabilidade que não olha nunca para trás, olha para a frente. E assim eu vi o cosmo como um enorme empreendimento, bilhões de companheiros, mãos invisíveis, braços esticados, um tocando o outro, todos conseguindo ser deuses, mediante a responsabilidade.

E era uma inspiração tão completa, que eu corri para dentro da casa em que eu morava. Era uma casa no meio do Vale de Maio, numa cidadezinha próxima de Viena. A única coisa que eu ouvia era uma voz, palavras, palavras, indo e vindo pela minha cabeça. Eu não tive paciência para sentar e escrevê-las; assim, eu peguei um lápis vermelho após o outro, entrei no cômodo mais alto da casa, perto da torre, e comecei a escrever nas paredes todas as palavras, todas as palavras que eu escutava e que me eram ditas em voz alta...

Eu escutei "Eu". Eu não escutei "Ele" ou "Tu". Eu ouvi "Eu". Há nisso um significado profundo. "Ele" poderia estar errado; poderia ter empurrado a responsabilidade para o Deus cósmico. "Tu" poderia não ser correto. Poderia jogar a responsabilidade para Cristo. "Eu". É minha a responsabilidade.

Eu escrevi muito aquela manhã, até cair no chão, exausto.[III]

A HISTÓRIA DE JOHNNY, O PSICODRAMISTA[9]

Johnny, o psicodramista, estava entre os muitos pioneiros que chegaram a este país, na primeira fase de sua história. Como diz a história, ele nasceu numa noite tempestuosa, num navio que singrava o mar Negro, ao norte da Europa. Ele cruzou o Atlântico e aportou aqui, nas margens do rio Hudson.

Johnny era um camarada estranho, que vivia tudo por conta própria. Ele tinha pouco a oferecer, exceto uma excêntrica habilidade, que era ver por intermédio das mentes das pessoas e tentar insistentemente imaginar o que elas sentiam umas em relação às outras. Sempre que via uma pessoa, seu passatempo era traçar uma linha dela para o vizinho, do vizinho, atravessando a rua, até o ferreiro, e deste para o pastor no pátio da igreja mais próxima, e assim, uma linha após outra, de um ao outro, até que a aldeia inteira fosse mapeada como uma carta da paisagem ou do céu estrelado. Ele traçava linhas vermelhas, quando via amor e caridade; linhas pretas, quando via mesquinharia, hostilidade e raiva; linhas verdes, quando era ciúme e inveja; linhas azuis para as pessoas solitárias e esquecidas. As pessoas freqüentemente paravam para contemplar, maravilhadas, o mapa mágico que ele estava desenhando. Era um retrato da aldeia, como ela era realmente, e não como as pessoas fingiam que ela era, ao se colocarem máscaras artificiais que cobriam seus verdadeiros rostos. Quando alguns moradores paravam, Johnny lhes contava o segredo e eles coravam ao se verem assim expostos. E com isso, o pequeno gramado do quintal de Johnny tornou-se o lugar para aonde as pessoas iam secretamente, à noite, onde elas podiam se ver verdadeiramente, como num espelho.

Um dia, ele teve uma nova inspiração. Olhando o mapa, ele se viu a si mesmo. Ele se viu cercado por linhas azuis, um homem solitário, totalmente desligado da humanidade. Chorou amargamente e ficou pensando como poderia mostrar ao mundo o quanto ele era[IV] uma pessoa de fato bondosa, diferente de sua

---

9. "The Story of Johnny Psychodramatist", in *International Journal of Sociometry and Sociatry*, 1 (1956), 3-4.

imagem externa e o quanto ele poderia compartilhar com pessoas que nem sequer tomavam conhecimento dele. Nesse exato momento, uma semente caiu de sua mente na terra. Ela fez vários círculos, um acima do outro. Era um palco sobre o qual brilhava a luz amiga da Lua. Ele subiu ao palco e representou o vizinho amigável, o homem corajoso e forte, e o que dava sorte. À medida que ele ia fazendo isso, sentia-se transformado, o palco sob seus pés foi crescendo, cada vez mais, até que se tornou tão poderoso e completo como qualquer palco jamais construído. Tinha luzes que simulavam o dia e a noite. Tudo o que o palco necessitava era de um mundo que atuasse sobre ele. Dali em diante, ele, Johnny, ensinava cada pessoa que vinha até ele para ser e atuar o que ela tinha em sua fantasia. A história de Johnny, que conseguiu construir um palco para todos com base em uma semente em sua mente, espalhou-se, e começaram a florescer e a crescer palcos em todo o seu gramado.

Um dia, a vida calma de Johnny foi perturbada por uma visão rara, com automóveis, aviões e helicópteros, rodando e voando. Estavam lotados de gente. Seguiam para o oeste, para conquistar o campo e o chamaram para ir com eles. Ele parou e recuou. Ele não poderia ir porque não tinha nada a oferecer, não dava para se comparar com eles, que estavam cheios de idéias e entusiasmo. Nesse momento de desespero, seu anjo da guarda fez com que ele parasse e lhe disse: "Não tenha medo, Johnny. Coragem, vá em frente!". "Mas", disse ele, "o que eu posso fazer? Eu não tenho nada. Essas pessoas têm projetos de casas e arranha-céus, aviões enormes e naves espaciais, tentando construir um novo mundo de acordo com seus sonhos. Eu não tenho nada, eu não posso ir." "Você não tem razão, Johnny! Veja os palcos que você construiu valendo-se do nada, com base em pequenas sementes de pensamento. Veja-os, aqui, ali, em toda parte. Vá de lugar em lugar e construa palcos para as pessoas, em toda parte."

Johnny iluminou-se e começou a movimentar-se dentro do país. Primeiro, ele traçou as linhas de um homem para outro e para outro, de casa para casa, de cidade para cidade, onde quer que ele parasse, e os mapas do mundo tornaram-se enormes. E onde quer que as pessoas os vissem, ficavam maravilhadas e cativadas pelos retratos mágicos. E, das linhas, cresceram as sementes de palcos em que as pessoas podiam sentir-se e ser elas mesmas. Ele empunhou a tocha de luz e não descansou até que houvesse um palco em cada quintal, em cada casa, em cada floresta, tanto para os animais quanto para os pássaros, onde quer que ele pisasse.

Mas o tempo passou e Johnny envelheceu; seus cabelos estavam brancos e ele viu a sombra de morte aproximar-se. E quando a morte chegou e o levou, ele pensou no que iria fazer depois. Nesse momento, seu anjo da guarda apareceu de novo. Johnny olhou para ele: "Que é que eu faço agora? Minha vida está terminando. É o fim". "Não", disse o anjo, preste atenção, veja." E Johnny viu o Universo cheio de milhões de sementes de novas existências, de recém-nascidos, indo e vindo, vivendo e morrendo, como estrelas que brilham e estrelas que se apagam. Ele começou a traçar as linhas de um recém-nascido a outro, e a outro, e a outro, segundo vastos espaços do Universo, infinito como seus sonhos, e cada vez a semente de um novo palco frutificava no lugar.

Em seus devaneios, de repente, ele se percebeu cada vez mais alto, acima das nuvens, numa terra branca, e seu anjo da guarda sussurrou a seu ouvido: "Aqui é o paraíso". Ele viu, ali, anjos de todos os tamanhos e sexos, de todas as idades e categorias e, por cima de tudo, o próprio centro misterioso do Universo, onde o Ser Supremo estava descansando. Johnny tremia, muito ansioso. Nesse momento de tensão, ele seguiu seu velho impulso de traçar linhas, suas linhas vermelhas, pretas, verdes e azuis, que fluíam como luzes muito fortes, com cores de todos os matizes e intensidades, de anjo a anjo, até chegar a Deus.

E ali estava ele, tendo nas mãos o mapa do próprio paraíso. Mas era muito diferente do paraíso que as pessoas aprenderam na Terra, diferente também do paraíso que os anjos pensavam que fosse. E os anjos olhavam para o mapa com olhos curiosos, vendo expostos seus mais íntimos segredos. Os anjos, e Deus também, têm um inconsciente, e assim todos eles começaram a rir. O riso foi crescendo e encheu todo o paraíso com o prazer de um novo dia. Johnny ficou assustado, porque pensava que suas obras resultariam em punição. Mas, olhando para cima, ele viu, para surpresa sua, que cada traço em seu mapa celestial tinha virado uma estrela e, à medida que ele ia olhando para mais e mais longe, mais e mais estrelas tomavam seus lugares, milhões e milhões delas, no firmamento celeste. E de estrela a estrela pulavam as linhas, em todas as cores que ele sempre tinha visualizado, até que elas ficaram como eram no início dos tempos, os céus estrelados do Universo. Cada estrela era o retrato de um homem que ele tinha conhecido quando estava na terra, e suas emoções estavam escritas nas linhas que corriam entre eles. O mapa que ele tinha desenhado quando menino estava agora alçado aos céus.

NOTAS

Capítulo 1

I V. *Einladung zu einer Begegnung* (1914). Traduzido e reimpresso em *Psychodrama*, vol. 1, frontispício.

Capítulo 3

I Moreno refere-se aqui a algum lugar em *Sociometry*, 1, em que ele lista "algumas das comunidades em que o trabalho vem sendo realizado". A lista inclui "um reassentamento próximo de Viena" (Mittendorf), 1915-1917; a Plymouth Church, Brooklyn, NY (1928); o Hospital Monte Sinai, New York City (1928); a Hunter College, New York City (1929); a Grosvenor Settlement House, New York City (1929); o presídio de Sing Sing, Ossining, NY (1931); a Riverdale Country School, Riverdale, NY (1932-33); e a New York State Training School for Girls, Hudson, NY (1932-1937). (Org.)

II As referências para este artigo incluem: Lukács, Georg (1928), *Gesichichte und Klassenbewusstein*, Berlin: Walik Verlag [*History of Class Consciousness* (História da consciência de classe), (1971), Cambridge, MA: M.I.T Press]; Mannheim, Karl (1936), *Ideology and Utopia: An Introduction to the Sociology of Knowledge* (Ideologia e utopia: uma introdução à sociologia do conhecimento), New York: Harcourt, Brace & Co.; e Brown, J. F. (1934), *Psychology and the Social Order: an Introduction to the Dynamic Study of Social Fields* (A psicologia e a ordem social: uma introdução ao estudo dinâmico de campos sociais), New York: Mcgraw-Hill. (Org.)

Capítulo 4

I Esta pesquisa é relatada mais detalhadamente em Moreno, J. L. & Jennings H. H., Sociometric Measurement of Social Configurations,

Based on Deviation from Chance (Mensuração sociométrica de configurações sociais, com base no desvio aleatório), *Sociometry,* 1 (1937), 274-342. V. Capítulo 12 para um estudo semelhante, também realizado em Hudson. (Org.)

Capítulo 5

I   Uma ilustração excelente do fato de que conceitos físicos, como a energia, não podem ser transferidos para os planos social ou psicológico é o processo de catarse, que efetua mudanças fundamentais numa situação sem efetuar qualquer alteração na situação da energia padrão.

II V. Moreno, J. L. (1938), Creativity and the Cultural Conserve (A criatividade e a conserva cultural), *Sociometry,* 2, 31.

III Breuer e Freud chamavam seu tratamento hipnótico primitivo da histeria de método catársico. Mais tarde, Freud substituiu a hipnose pela livre associação e a idéia de um método catársico foi abandonado. Seu conceito refere-se à descarga de lembranças do paciente em estado hipnótico. Obviamente, seu método catársico não tinha nenhuma relação com o teatro.

IV Tendências de pacientes psicóticos e padrões sociais no sentido da redução não deveriam ser tomados como "regressão" a um nível infantil, no sentido psicanalítico.

V   Tem sido uma descoberta significativa no decorrer do trabalho psicodramático que pacientes esquizofrênicos experimentem padrões complexos de emoção, pensamento e relações interpessoais. Isso difere da visão geral de Freud e Bleuler, de que as experiências esquizofrênicas estão quase inteiramente confinadas ao nível verbal e que a sugestão verbal de um evento é para eles tão satisfatória quanto a realização do evento.

Capítulo 6

I   Zilboorg, Gregory e Henry, G. W. (1941), *A History of Medical Psychology* (Uma história da psicologia médica), New York: W. W. Norton.

II V. Mead, G. (1934), *Mind, Self, and Society* (Mente, Pessoa e Sociedade) Chicago: University of Chicago Press; Linton, R. (1936), *The Study of Man* (O estudo do homem), New York: Appleton-Century-Crofts; e Parsons, T. (1951), *The Social System* (O sistema social), Glencoe, IL: The Free Press.

Foram omitidas outras referências para este artigo em decorrência de sua natureza incompleta. Também foi omitida uma tabela de classificação de papéis, que pode ser encontrada em *Psychodrama,* vol. 1, Beacon, NY: Beacon House, 77.

Capítulo 8

I   Freud, Sigmund (1924), On Narcissism: An Introduction (Sobre o narcisismo, uma introdução), Collected Papers, vol. 4, New York: International Psychoanalytic Library, 30-60.

Capítulo 11

I   V. Danielsson, Bengt (1949), Attraction and Repulsion Patterns Among the Jibaro Indians (Padrões de atração e repulsão entre os índios Jibaro), *Sociometry*, 12, 83-105.

Capítulo 15

I   V., por exemplo, trabalhos como *The Theory of Business Enterprise* (A Teoria da empresa comercial) (1904), *The Instinct of Workmanship* (O Instinto de trabalho), (1914), e *The Vested Interests and the State of the Industrial Arts* (Os investimentos e o estado das artes industriais), (1919).

Capítulo 16

I   Três interjeições explicativas foram omitidas por não serem nem particularmente úteis nem consistentes com o restante do protocolo. Elas são indicadas por reticências dentro de parênteses. (Org.)

Capítulo 17

I   V. Moreno, J. L. (1946), *Psychodrama*, vol. 1, Beacon, NY: Beacon House, 2-3. (Org.)
II   V. Moreno, J. L. (1947), *Theatre of Spontaneity* (O teatro da espontaneidade), Beacon, NY: Beacon House, 3. (Org.)
III V. Moreno, J. L. (1953), *Who Shall Survive?* (Quem sobreviverá?), Beacon, NY: Beacon House, pp. xxix-xxx. (Org.)
IV   O original apresenta "is", um tempo verbal errado que é psicologicamente interessante: "[...] he wondered how he could show the world how truly loving he is [...]" ("[...] ele ficou espantado de como ele pôde mostrar ao mundo o quanto ele está verdadeiramente amando [...]"). (Org.)

CRONOLOGIA DE JACOB LEVY MORENO

1889   Nasce Iacov Moreno Levi, Bucharest, 18 de maio.

1894   Muda-se para Viena.

1909-17   Estudante de filosofia e medicina, Universidade de Viena.

1914-17   Serve no Corpo Médico Tirolês, do exército austríaco.

1917   Recebe, na Universidade de Viena, o título de MD; diretor do hospital infantil e superintendente do reassentamento de Mittendorf.

1918-20   Publica *Daimon* e *Der Neue Daimon*, revista trimestral de literatura existencial.

1918-25   Reside em Bad Vöslau Ruim, nas proximidades de Viena; é encarregado de saúde pública, Bad Vöslau; diretor médico da *Kammgarn Spinnerei* (tecelagem); clínica particular de medicina.

1921-23   Dirige o *Das Stegreiftheater* (Teatro da Espontaneidade), Viena.

1925   Imigra para os Estados Unidos.

1926   Casa-se com Beatrice Beecher.

1927   Recebe licença para o exercício da medicina no estado de Nova York.

1928   Coordena testes de espontaneidade com crianças no Plymouth Institute e no departamento de pediatria do Hospital Monte Sinai, ambos na cidade de Nova York.

1929   Coordena trabalho psicodramático na Grosvenor Neighborhood House e na Hunter College, na cidade de Nova York.

1929-31   Diretor do Impromptu Theatre, Carnegie Hall, na cidade de Nova York; editor-fundador da *Impromptu*, uma revista voltada para o teatro de improviso e a música.

1931   Conduz estudos sociométricos na Public School 181, Brooklyn, Nova York, e na Sing Sing Prison, Ossining, Nova York.

1932 Conferencista convidado, no Congresso sobre métodos grupais, pela Reunião Anual da American Psychiatric Association.

1932-38 Em colaboração com Helen H. Jennings, dirige uma pesquisa sociométrica a longo prazo na New York State Training School for Girls, Hudson, Nova York.

1934 Consultor na Subsistence Homestead Division, Departamento do Interior dos EUA; ganha cidadania americana; muda oficialmente seu nome para Jacob Levy Moreno.

1936 Funda o sanatório de Beacon Hill, Beacon, Nova York; editor-fundador da *Sociometric Review*.

1937 Editor-fundador da *Sociometry*.

1938 Casa-se com Florence Bridge.

1939 Nascimento da filha Regina.

1941 Inaugura o teatro psicodramático no St. Elizabeths Hospital, Washington, DC, a convite de William A. White; incorpora a Beacon Publishing House.

1942 Abre o Instituto Sociométrico e o Teatro de Psicodrama de Nova York, rebatizados em 1951 como Moreno Institute, Nova York; funda a Society of Psychodrama and Group Psychotherapy, incorporada como a American Society of Group Psychotherapy and Psychodrama, em 1951.

1945 Funda a American Sociometric Association.

1946 Eleito membro da American Psychiatric Association.

1947 Editor-fundador da *Sociatry*, renomeada *Group Psychotherapy, a Journal of Sociopathology and Sociatry*, em 1950; renomeada *Group Psychotherapy and Psychodrama*, em 1970; renomeada *Journal of Group Psychotherapy, Psychodrama and Sociometry*, em 1976.

1948 Conferencista especial na Universidade de Harvard.

1949 Inaugura teatro psicodramático na Clínica Psicológica da Universidade de Harvard, sob a égide de H. A. Murray; dirige psicodrama no Mansfield Theatre (Broadway), Nova York; casa-se com Celine Zerka Toeman.

1951 Funda o Comitê Internacional de Psicoterapia de Grupo.

1951-66 Professor adjunto de sociologia, Graduate School of Arts and Sciences, New York University.

1952 Nascimento do filho Jonathan.

1954 Primeiro Congresso Internacional de Psicoterapia de Grupo, Toronto.

1956 Transfere *Sociometry* para a American Sociological Society, que a renomeia *Social Psychology*, em 1976; editor-fundador da *International Journal of Sociometry and Sociatry*, renomeada *Handbook of International Sociometry*, em 1971.

1959 Conferências na União Soviética.

1964 Primeiro Congresso Internacional de Psicodrama, Paris.

1968 Primeiro Congresso Internacional de Sociometria, Baden, Áustria; recebe título de doutor honorário da Faculdade de Medicina da Universidade de Barcelona.

1969 Recebe o título de Golden Doctor, da Universidade de Viena; a placa comemorativa é afixada em sua antiga casa em Bad Vöslau.

1973 Funda a Associação Internacional de Psicoterapia de Grupo.

1974 Morre em casa, em Beacon, Nova York, em 14 de maio, com 85 anos de idade.

BIBLIOGRAFIA

Uma seleção das publicações de J. L. MORENO

Einladung zu einer Begegnung [Convite para um encontro]. (1914). Vienna: Anzengruber Verlag.

Das Testament des Vaters [As palavras do pai] (1920). Berlin: Gustav Kiepenheuer Verlag.

Das Stegreiftheater [O teatro da espontaneidade] (1924). Berlin: Gustav Kiepenheuer Verlag. (*)

Application of the Group Method to Classification [Aplicações do método grupal à classificação, com E. Stagg Whitlin]. (1932). New York: National Committee on Prisons and Labor.

Who Shall Survive? A New Approach to the Problem of Human Interrelations [Quem sobreviverá? – Uma nova abordagem da questão do relacionamento humano]. (1934). Washington, DC: Netvous and Mental Diseases Publishing Co.

The Words of the Father [As palavras do pai]. (1941). Beacon, NY: Beacon House.

Psychodrama (Vol. I). (1946). Beacon, NY: Beacon House.

Group Psychotherapy: A Symposium [Psicoterapia de grupo: um simpósio, (org.)] (1945). Beacon, NY: Beacon House.

The Theatre of Spontaneity [O teatro da espontaneidade]. (1947). Beacon, NY: Beacon House.

Sociometry, Experimental Method and the Science of Society [Sociometria, método experimental e a ciência da sociedade]. (1951). New York: Beacon House.

Who Shall Survive? Foundations of Sociometry, Group Psychotherapy and Sociodrama [Quem sobreviverá? Fundamentos de sociometria, psicoterapia de grupo e sociodrama] (2ª ed.). (1953). Beacon, NY: Beacon House.

Preludes to My Autobiography [Notas prévias para minha autobiografia]. (1955). Beacon, NY: Beacon House.

Sociometry and the Science of Man [Sociometria e a ciência do homem (org)]. (1955). Beacon, NY: Beacon House.

Progress in Psychotherapy (Vol. 1) [Progressos em psicoterpia, vol.1 – org. com Frieda Fromm-Reichmann]. (1956). New York: Grune & Stratton.

The First Book on Group Psychotherapy [Primeiro livro de psicoterapia de grupo]. (1957). Beacon, NY: Beacon House. (Reedição de *Application of the Group Method to Classification*).

Progress in Psychoterapy (Vol. 2) [Progressos em psicoterapia, vol. 2. – org. com Jules H. Masserman]. (1957). New York: Grune & Stratton.

Progress in Psychotherapy (Vol. 3) [Progressos em psicoterapia, vol. 3 – org. com Jules H. Masserman]. (1958). New York: Grune & Stratton.

Progress in Psychotherapy (Vol. 4) [Progressos em psicoterapia, vol. 4 – org. com Jules H. Masserman]. (1959). New York: Grune & Station.

Psicodrama (Vol. 2) [Psicodrama, vol. 2 – com Zerka T. Moreno]. (1959). Beacon, NY: Beacon House.

The Sociometry Reader [Leituras sociométricas – org. com Helen H. Jennings, Joan H. Criswell, Leo Katz, Robert R. Blake, Jane S. Mouton, Merl E. Bonney, Mary L. Northway, Charles P. Loomis, Charles Proctor, Renato Tagiuri, & Jiri Nehnevajsa]. (1960). New York: The Free Press.

Progress in Psychotherapy (Vol. 5) [Progressos em psicoterapia, vol. 5 – org. com Jules H. Masseram]. (1960). New York: Grune & Stratton.

The International Handbook of Group Psychotherapy [Manual international de psicoterapia de grupo – org. com A. Friedemann, R. Battegar & Zerka T. Moreno]. (1966). New York: Philosophical Library.

Psychodrama (Vol. 3) [Psicodrama, vol. 3 – com Zerka T. Moreno]. (1969). Beacon, NY: Beacon House.

BIBLIOGRAFIA SECUNDÁRIA

Revistas

Dramatherapy. Inglaterra

International Journal of Sociometry and Sociatry. Estados Unidos. De 1956 a 1971.

Journal of Group Psychotherapy, Psychodrama & Sociometry. Estados Unidos.

Sociometry. Estados Unidos. (Publicada pela Beacon House desde 1937, transferida para a American Sociological Society, em 1956, renomeada *Social Psychology*, em 1976.)

Livros

Geral

Arieti, Silvano (org.). (1959-66). *American Handbook of Psychiatry* [Manual americano de psiquiatria]. New York: Basic Books.

Back, Kurt W. (1972). *Beyond Words: The Story of Sensitivity Training and the Encounter Movement*. [Além das palavras: história do treinamento da sensibilidade e do movimento do encontro]. New York: Penguin.

Bromberg, Walter. (1959). *The Mind of Man: A History of Psychotherapy and Psychoanalysis* [A mente humana: história da psicoterapia e da psicanálise]. New York: Harper & Row.

Gendron, Jeanine M. (1980). *Moreno: The Roots and the Branches* [Moreno: as raízes e os ramos] e *Bibliography of Psychodrama* [Bibliografia do psicodrama]. (1972-1980) e *Sociometry* [Sociometria], (1970-1980). Beacon, NY: Beacon House.

Graham, Thomas F. (1966). *Parallel Profiles: Pioneers in Mental Health* [Perfis paralelos: pioneiros em saúde mental]. Chicago: Franciscan Herald Press.

Greer, Valerie J. & Sacks, James M. (1973). *Bibliography of Psychodrama* [Bibliografia do psicodrama]. Manuscrito inédito.

Hare, A. Paul (org.). (1976). *Handbook of Small Group Research* [Manual de pesquisa com pequenos grupos]. New York: Free Press.

Hare, A. Paul. (1985). *Social Interaction as Drama* [A intenção social como drama]. Beverley Hills, CA: Sage.

Homans, G. C. (1950). *The Human Group* [O grupo humano]. New York: Harcourt, Brace.

Howard, Jane. (1970). *Please Touch: A Guided Tour of the Human Potential Movement* [Toque, por favor: uma visão do movimento humano potencial]. New York: McGraw Hill.

Johnson, Paul E. (ed.). (1972*). Healer of the Mind: A Psychiatrist's Search for Faith* [O curador da mente: o psiquiatra em busca da fé]. Nashville, TN: Abingdon Press.

Jones, M. (1953). *The Therapeutic Community* [A comunidade terapêutica]. New York: Basic Books.

Kaplan, H., Freedman, A., & Sadock, B. (eds.). (1980). *Comprehensive Textbook of Psychiatry* [Manual completo de psiquiatria], III (Vol. 2). Baltimore: Williams & Wilkins.

Kaplan, H. & Sadock, B. (1971). *Comprehensive Group Psychotherapy* [Psicoterapia de grupo compreensíva]. Baltimore: Williams & Wilkins.

Kovel, Joel. (1976). *A Complete Guide to Therapy* [Guia completo de terapia]. London: Penguin.

Lindzey, G. & Aronson, E. (orgs.). (1968). *Handbook of Social Psychology* [Manual de psicologia social] Reading, MA: Addison-Wesley.

Murphy, Gardner (1947). *Personality: A Biosocial Approach to Origins and Structure* [Personalidade: uma abordagem biosocial das origens e da estrutura]. New York: Harper.

Pines, Malcom. (1982). *The Individual and the Group: Volume 1, Theory* [O indivíduo e o grupo. Vol. 1, Teoria]. New York: Plenum Press.

Sahakian, William S. (org.). (1965). *Psychology of Personality* [Psicologia da personalidade]. Chicago: Rand McNally.

Sahakian, William S. (org.). (1969). *Psychotherapy and Counseling: Studies in Technique* [Psicoterapia e aconselhamento: estudos sobre a técnica]. Chicago, IL: Rand McNally.

Sills, David L. (org.). (1979). *International Encyclopedia of the Social Sciences* [Enciclopédia internacional de ciências sociais]. (Vol. 18). New York: Free Press.

Siroka, R., Siroka, E., & Schloss, G. (1971). *Sensitivity Training and Group Encounter* [Treinamento da sensibilidade e grupo de encontro]. New York: Grosset & Dunlop.

Wedding, Dan & Corsini, Raymond J. (orgs.) (1979). *Great Cases in Psychotherapy* [Grandes casos de psicoterapia]. Itasca, IL: F E. Peacock.

Wolff, Werner (1956). *Contemporary Psychotherapists Examine Themselves* [Os terapeutas contemporâneos se auto-examinam]. Springfield, IL: Charles C. Thomas.

Wolman, Benjamine B. (org.). (1983). *The Therapist's Handbook: Treatment Methods of Mental Disorders* [Manual do terapeuta: métodos de tratamento de distúrbios mentais] New York: Van Nostrand Reinhold.

Psicodrama e Teoria de papel

ASGPP Commission on Accreditation of Training Programs. (1986). *Standards for Program Recognition and Accreditation* [Diretrizes para o programa de reconhecimento e credenciamento]. New York: American Society for Group Psychotherapy and Psychodrama.

Berne, Eric. (1947). *The Mind in Action* [O homem em ação] New York: Simon & Schuster.

Biddle, Bruce J. (1979). *Role Theory-Expectations, Identities, and Behaviors* [Teoria de papéis: expectativas, identidades e comportamentos]. New York: Academic Press.

Biddle, Bruce J. & Thomas, Edwin. (1966). *Role Theory: Concepts and Research* [Teoria de papéis: conceitos e pesquisa]. New York: Wiley.

Bischoff, Ledford J. (1964). *Interpreting Personality Theories* [Interpretando teorias de personalidade]. New York: Harper & Row.

Blatner, H. A. (1973). *Acting-In: Practical Applications of Psychodramatic Methods* [Acting-in: aplicações práticas dos métodos psicodramáticos]. New York: Springer.

Blatner, H. A. (Forthcoming) *Foundations of Psychodrama* [Fundamentos do psicodrama]. New York: Springer.

Boas, Phill, & Armstrong, Dick. (1980). *Experiential Psychotherapies in Australia* [Psicoterapias vivenciais na Austrália] Bundoora, Vic.: Preston Institute of Technology Press.

Corsini, Raymond J. (1967). *Role Playing in Psychotherapy* [O jogo de papéis na psicoterapia]. Chicago: Aldine Press.

Fagan, Joen & Shepherd, Irma Lee. (1970). *Gestalt Therapy Now* [A terapia gestáltica hoje]. London: Penguin.

Goldman, Elaine E. & Morrison, Delcy S. (1984). *Psychodrama: Experience and Process* [Psicodrama: experiência e processo]. Dubuque, IA: Kendall/Hunt.

Greenberg, Ira A. (org.). (1974). *Psychodrama: Theory and Therapy* [Psicodrama: teoria e terapia]. New York: Behavioral Publications.

Hardy, Margaret & Conway, Mary. (1978). *Role Theory: Perspectives for Health Professionals* [A teoria dos papéis: perspectivas para profissionais de saúde]. New York: Appleton-Century-Crofts.

Hare, June Rabson. (1979). *Psychodrama: Theory and Method* [Psicodrama: teoria e método] Capetown, South Africa: Department of Sociology, University of Capetown.

Haskell, Martin. (1975). *Socioanalysis: Self-Direction Through Sociometry and Psychodrama* [Socioanálise: auto-direção através da sociometria e do psicodrama] Long Beach, CA: Role Training Associates.

Heisey, Marion J. (1982). *Clinical Case Studies in Psychodrama* [Estudos de casos clínicos em psicodrama]. Washington, DC: University Press of America.

Kahn, Samuel. (1964). *Psychodrama Explained* [O psicodrama explicado]. New York: Philosophical Library.

Kipper, David A. (1986). *Psychotherapy Through Clinical Role Playing* [Psicoterapia através do jogo clínico de papéis]. New York: Brunner/ Mazel.

Leveton, Eva. (1977). *Psychodrama for the Timid Clinician* [Psicodrama para o clínico tímido]. New York: Springer.

Nye, Ivan F. (1976). *Role-Structure and Analysis of the Family* [Estrutura de papéis e análise da família]. Beverly Hills, CA: Sage Publications.

Psychodrama Research Information Service. (1984). *Abstracts of Psychodrama Research* [Resumos de pesquisas psicodramáticas]. Tucson, AZ: Tucson Center for Psychodrama.

Schutz, William C. (1967). *Joy: Expanding Human Awareness* [Alegria: expansão da consciência humana]. New York: Grove Press. Smilansy, S. (1968). *The Effects of Sociodramatic Play on Disadvantaged Schoolchildren* [Os efeitos do jogo sociodramático em escolares com problemas]. New York: Wiley

Starr, Adeline. (1977). *Psychodrama: Rehearsal for Living* [Psicodrama: ensaio para a vida] Chicago: Nelson Hall.

Warner, G. Douglas. (1975). *Psychodrama Training Tips* [Sugestões de treinamento psicodramático] Hagerstown, MD: Psychodrama Institute.

Yablonski, Lewis. (1976). *Psychodrama: Resolving Emotional Problems Through Role-Playing* [Psicodrama: solução de problemas emocionais através do jogo de papéis]. New York: Basic Books.

Sociometria

Evans, K.M. (1962). *Sociometry and Education* [Sociometria e educação]. London: Routledge & Kegan Paul.

Hale, Ann. (1985). *Conducting Clinical Sociometric Explorations* [Conduzindo investigações sociométricas clínicas]. (ed. rev.). Roanoke, VA: Royal.

Homan, George C. (1961). *Social Behavior: Its Elementary Forms* [Comportamento social: suas formas elementares]. New York: Harcourt, Brace & World.

Jennings, Helen H. (1943). *Leadership & Isolation: A Study of Personality in Interpersonal Relations* [Liderança e isolamento: um estudo da personalidade nas relações interpessoais]. New York: Longmans Green.

Klineberg, Otto. (1940). *Social Psychology* [Psicologia social]. New York: Henry Holt.

Kretch, David & Crutchfield, Richard. (1948). *Theory and Problems of Social Psychology* [Teorias e problemas de psicologia social]. New York: McGraw Hill.

Lewin, Kurt. (1948). Resolving Social Conflicts [Resolução de conflitos sociais]. New York: Harper.

Lundberg, George. (1942). *Social Research: A Study in Methods of Gathering Data* [Pesquisa social: um estudo dos métodos de coleta de dados]. New York: Longmans Green.

Northway, Mary L. (1952). *A Primer of Sociometry* [Princípios de sociometria]. Toronto: University of Toronto Press.

Psicoterapia de grupo

Berne, Eric. (1963). *The Structure and Dynamics of Organizations and Groups* [A estrutura e a dinâmica das organizações e dos grupos]. New York: Grove Press.

Christensen, Oscar & Schramski. Thomas. (Orgs.). (1983). *Adlerian Family Counseling* [Aconselhamento familiar adleriano]. Minneapolis, MN: Educational Media Corp.

Corsini, Raymond. (1957). *Methods of Group Psychotherapy* [Métodos de psicoterapia de grupo]. New York: McGraw Hill.

Foulkes, S. (1957). *Group Psychotherapy: The Psycho-analytic Approach* [Psicoterapia de grupo: a abordagem psicanalítica]. London: Penguin.

Foulkes, S. (1964). *Therapeutic Group Analysis* [Análise terapêutica de grupos]. London: Allen & Unwin.

Gazda, George M. (org.). (1984). *Basic Approaches to Group Psychotherapy and Group Counseling* [Abordagens básicas em psicoterapia de grupo e aconselhamento grupal]. (3ª ed.). Springfield, IL: Charles C. Thomas.

Greenberg, Ira A. (ed.). (1977). *Group Hypnotherapy & Hypnodrama* [Hipnoterapia grupal e hipnodrama] Chicago: Nelson Hall.

Mullan, Hugh & Rosenbaum, Max. (1962). *Group Psychotherapy: Theory and Practice* [Psicoterapia de grupo: teoria e prática]. New York: Free Press.

Naar, Ray. (1982). *A Primer of Group Psychotherapy* [Princípios de psicoterapia de grupo]. New York: Human Sciences Press.

Nichols, Mary. (1984). *Change in the Context of Group Therapy* [Mudança no contexto da terapia de grupo]. New York: Brunner/Mazel.

Ohlsen, Merle M. (1969). *Group Counseling* [Aconselhamento grupal]. New York: Holt, Rinehart & Winston.

Rosenbaum, Max & Berger, Milton. (orgs.) (1963). *Group Psychotherapy and Group Function* [Psicoterapia de grupo e função grupal]. New York: Basic Books.

Rosenbaum, Max & Snadowsky, Alvin. (orgs.). (1976). *The Intensive Group Experience* [A experiência grupal intensiva]. New York: The Free Press.

Shaffer, John & Galinsky, M. (1974). *Models of Group Therapy and Sensitivity Training* [Modelos de terapia de grupo e de treinamento da sensibilidade]. Englewood Cliffs, NJ: Prentice Hall.

Sigrell, Bo. *Group Psychotherapy: Studies of Processes in Therapeutic Groups* [Psicoterapia de grupo: estudos de processos em grupos terapêuticos]. (1968). Stockholm: Almqvist & Wiksell.

Slavson, S. (ed.). (1956). *The Fields of Group Psychotherapy* [Os campos da psicoterapia de grupo]. New York: International Universities Press.

Smith, Peter B. (org.). (1980). *Small Groups and Personal Change* [Pequenos grupos e mudança pessoal]. London: Methuen.

Yalom, Irvin D. (1975). *The Theory and Practice of Group Psychotherapy* [Teoria e prática da psicoterapia de grupo]. New York: Basic Books.

Educação, Indústria & Artes

Anderson, Walt. (ed.). (1977). *Therapy and the Arts* [A terapia e as artes]. New York: Harper & Row.

Bentley, Eric. (1967). *The Life of the Drama* [A vida do teatro]. New York: Atheneum.

Bentley, Eric. (1972). *Theater of War* [O teatro da guerra]. New York: Viking.

Bonney, M., Grosz, R. & Roark, A. (1986). *Social Psychological Foundations for School Services* [Fundamentos psicossociais dos serviços escolares]. New York: Human Sciences Press.

Corsini, R. J., Shaw, M. E., & Blake, R. R. (1961). *Role Playing in Business and Industry* [O jogo de papéis no comércio e na indústria]. New York: Free Press.

Courtney, Richard. (1968). *Play, Drama & Thought* [Jogo, drama e pensamento]. London: Cassell.

Fleshman, Bob & Fryrear, Jerry L. (1981). *The Arts in Therapy* [As artes na terapia]. Chicago: Nelson Hall.

Hass, Robert Bartlett. (1949). *Psychodrama and Sociodrama in American Education* [Psicodrama e sociodrama na educação americana]. Beacon, NY: Beacon House.

Kase-Polisini, Judith. (org.). (1985). *Creative Drama in a Developmental Context* [Teatro criativo num contexto de desenvolvimento]. Lanham, MD: University Press of America.

Landy, Robert J. (1982). *Handbook of Educational Drama and Theatre* [Manual de teatro e dramatização educacional]. Westport, CT: Greenwood Press.

Landy, Robert J. (1986). *Drama Therapy: Concepts and Practices* [Dramaterapia: conceitos e práticas]. Springfield, IL: Charles C. Thomas.

McNiff, Shawn. *Arts and Psychotherapy* [Artes e psicoterapia]. (1981). Springfield, IL: Charles C. Thomas.

Northway, Mary. (1957). *Sociometric Testing: A Guide for Teachers* [Testes sociométricos: um guia para professores]. Toronto: University of Toronto Press.

Shaftel, Fannie & Shaftel, George. (1967). Role-Playing for Social Values: Decision-Making in the Social Studies [O jogo de papéis para valores sociais: tomada de decisão nos estudos sociais]. Englewood Cliffs, NJ: Prentice Hall.

Shaftel, Fannie & Shaftel, George. (1982). *Role-Playing in the Curriculum* [O jogo de papéis no currículo] (2ª ed.). Englewood Cliffs, NJ: Prentice Hall.

Schattner Gertrud & Courtney, Richard. (Orgs.). (1981). *Drama in Therapy* [O teatro na terapa]. (2 vols.). New York: Drama Book Specialists.

Schloss, Gilbert A. (1976). *Psychopoetry: A New Approach to Self-Awareness through Poetry Therapy* [Psicopoesia: uma nova abordagem da autoconsciência através da terapia pela poesia]. New York: Grosset & Dunlop.

Shaw, Malcom E., Corsini, R., Blake, R., & Mouton, J. (1980). *Role Playing: A Practical Manual for Group Facilitators* [Jogo de papéis: manual prático para facilitadores de grupos]. San Diego, CA: University Associates.

Stanford, G. & Roark, A.E. (1974). *Human Interaction in Education* [Interação humana na educação]. Boston: Allyn & Bacon.

Torrence, E. Paul. (1970). *Encouraging Creativity in the Classroom* [Estimulação da criatividade na sala de aula]. Dubuque, IA: Wm. C. Brown.

Torrence, E. Paul & Myers, R. (1970). *Creative Learning and Teaching* [Aprendizagem e ensino criativos]. New York: Dodd, Mead.

Publicações em outras línguas

Dinamarquês

Müller, Marchen. (1981). *Psykodrama og Undervisning* [Psicodrama e educação]. Copenhagen: Borgen.

Holandês

Maandblad Geestelijke Volksgezondheid. Holanda

Souget, Frits. *De achterzijde van de menselijke geest* [O lado escuro da mente humana]. Lisse: Swets & Zeitlinger

Francês

Folia Psychodramatica. Bélgica

Le Journal des Psychologues. França

Revue du S.E.P.T. França

Ancelin Schützenberger Anne. (1970). *Précis de psychodrame: Introduction aux apects techniques* [Manual de psicodrama: uma introdução técnica] (2ª ed.). Paris: Ed. Universitaires.

Ancelin Schützenberger, Anne. (1986). *Le Jeu de Rôle* [O jogo de papéis] (2ª ed.). Paris: Editions E.S.F.

Anzieu, Didier. (1956). *Le psychodrama analytique chez l'enfant et l'adolescent* [Psicodrama analítico com crianças e adolescentes]. Paris: Presses Universitaires de France.

Fanchette, Jean. (1971). *Psychodrame et théâtre moderne* [Psicodrama e teatro moderno]. Paris: Buchet Chastel.

Lemoine, Gennie & Lemoine, Paul. (1972). *Le Psychodrame* [Picodrama]. Paris: Robert Laffont. (*)

Leutz, Grete. (1985). *Mettre sa vie en scène: le psychodrame* [Psicodrama: encenar sua vida no palco]. Paris: EPI-DDB.

Marineau, R. (No prelo). *Un homme et son double: La vie et 1'oeuvre de J. L. Moreno* [Um homem e seu duplo: a vida e a obra de J. L. Moreno].

Salome, Jacques. (1984). *Les Mémoires de l'oubli* [Memórias do esquecimento]. Plombièresles-Dijon: Ed. Le Regard Fertile.

Alemão

Gruppen Psychotherapie und Gruppendynamik. Alemanha.

Integrative Therapie. Alemanha.

Leutz, Grete. (1974). *Psychodrama Theorie und Praxis: Das hlassische Psychodrama nach J. L. Moreno* [Psicodrama, teoria e prática: o psicodrama clássico de J. L. Moreno]. Heidelberg: Springer Verlag.

Petzold, Hilarion G. (1979). *Psychodrama-Therapie: Theorie, Methoden, Anwendung in der Arbeit mit alten Menschen* [Terapia psicodramática: teoria, métodos e aplicações no tratamento de idosos]. Paderborn: Junfermann Verlag.

Petzold, Hilarion G. (1982). *Dramatische Therapie: Neue Wege der Behandlung durch Psychodrama, Rollenspiel, Therapeutisches Theater* [Dramaterapia: novos métodos de tratamento psicodramático, jogo de papel e teatro terapêutico]. Stuttgart: Hippokrates-Verlag.

Plöger Andreas. (1983). *Tiefenpsychologisch fundierte Psychodramatherapie* [Terapia psicodramática baseada na psicologia profunda]. Stuttgart: Verlag Kohlhammer.

Straub, H. H. (1969). *Erfahrung mit psychodramatischer Behandlung von Zwangsneurosen* [Experiências com tratamento psicodramático da neurose compulsiva]. Heft 5: Zeitschrift fur Psychotherapie.

Hebraico

Naharin, Eliav. (1985). *Bamah bimcom sappa*. [O palco no lugar do divã]. Tel Aviv: Tzerkover.

Italiano

Atti dello Psicodramma. Itália.

Boria, Giovanni. (1983). *Tele: Manuale di Psicodramma Classico* [Tele: Manual de psicodrama clássico]. Milano: Angeli.

Montesarchio, Gianni & Sardi, Paola. (1986). *Dal Teatro della Spontaneita allo Psicodramma Classico: contributo per una revisione del pensiero di J. L. Moreno* [O teatro da espontaneidade no psicodrama clássico: contribuição para uma reavaliação do pensamento de J. L. Moreno]. Milano: Angeli.

Rosati, Ottavio. (org.). (1983). *Questa sera si recita a soggetto: Pirendello, Moreno e lo Psicodramma* [Esta noite se improvisa: Pirandello, Moreno e o psicodrama]. Rome: Astrolabio Ubaldini.

Rosati, Ottavio. (1985). *Il teatro di Esculapio: Psicodramma e Sociodramma per tossicodipendenti* [O teatro de Esculápio: psicodrama e sociodrama com dependentes de drogas]. Rome: CeIS.

Japonês

Shuudan seishin ryohou [Psicoterapia de grupo]. Japão.

Shinrigeki, Shuudan Shinri Ryouhou, Rorupureiingu [Revista de psicodrama, psicoterapia e Role Playing]. Japão.

Mashino, Hajime. (1977). *Shinrigeki to sono Sekai* [O psicodrama e seu mundo]. Tokoyo: Kongo-Shuppan.

Matsumura, Kohei. (1961). *Shinrigeki-Taijin Kankei no Henaku* [Psicodrama: avanços revolucionários nas relações interpessoais]. Toyoko: Seishin-shobo.

Tanaka, Kumajiro. 1959. *Soshiometori no Riron to Houhou* [Teoria e método da sociometria]. Tokyo: Meiji-Tosho.

Utena, Toshio. (1984). *Shinrigeki to Bunretukyo Kanja* [Psicodrama com esquizofrênicos]. Tokyo: Seiwa-shoten.

Utena, Toshio & Mashino, Hajime (org.). (1986). Shinrigeki no jissai [A prática do psicodrama] Tokyo: Kongo-Shuppan.

Norueguês

Roine, Eva. (1978). *Psykodrama: Psykoterapi som eksperimentelt teater* [Psicodrama: a psicoterapia como teatro experimental]. Oslo: Aschehoug.

Português

Revista de Psicodrama. Brasil.

Ancelin Schutzenberger, Anne & Weill, Pierre. (1975). *O psicodrama triádico*. Belo Horizonte: Interlivros.

Bustos, Dalmiro. (1982). *O teste sociométrico*. São Paulo: Brasiliense.

Fonseca Filho, José. (1984). *O psicodrama da loucura*. São Paulo: Ágora.

Naffah Neto, A.. (1983). *Psicodrama*. São Paulo: Brasiliense.

Weil, Pierre. (1969). *O psicodrama*. Rio de Janeiro: Cepa.

Espanhol

Momento. Argentina.

Revista de la Sociedad Argentina de Psicodrama. Argentina.

Bustos, D., Bustos, E., Calvente, C., Alegre, C., Galina, C., Freire, D., Bustos, G., 5r Bini, M. (1974). *El Psicodrama* [O psicodrama]. Buenos Aires: Ed. Plus Ultra.

Buscos, Dalmiro. (1985). *Nuevos Rumbos en Psicoterapia Psicodramatica* [Novos rumos em psicoterapia psicodramática]. La Plata: Momento.

Garrido Martin, Eugenio. (1978). *Jacob L. Moreno: Psicologia del Encuentro* [J. L. Moreno e a psicologia do encontro]. Madrid: Atenas.

Manegazzo, Carlos M., Sauri, J., Zuretti, M., Noseda de Bustos, E., & Severino, J. (1982). *El Psicodrama: Aportes para una Teoria de Roles* [Psicodrama: contribuições para a teoria dos papéis]. Buenos Aires: Docencia.

Rojas Bermudas, Jaime. (1964). *Qué es Psicodrama?* [Que é psicodrama?] Buenos Aires: Ed. Genitor.

Sueco

Gralvik, Elisabeth. (1975). *Psykodrama* [Psicodrama]. Stockholm.

Schulze, R. (1957). *Psykodrama* [Psicodrama]. Stockholm: Medens.

Jonathan Fox, M.A., é professor da State University of New York, em New Paltz, onde dirige um programa de Teatro Aplicado à Educação e Serviços Humanos. Foi diretor-responsável da revista *Journal of Group Psychotherapy, Psychodrama & Sociometry*. Membro da American Society for Group Psychotherapy and Psychodrama, tem o título de Trainer, Educator and Practitioner (TEP)*; ministra cursos em vários institutos de psicodrama nos Estados Unidos e no exterior. É o criador do Playback Theater, técnica que se baseia na encenação espontânea de histórias pessoais.

---

* Esse título corresponde, aproximadamente, ao de professor-supervisor que é conferido pela Federação Brasileira de Psicodrama. (N. do T.)

Leia Também

DO PLAYBACK THEATRE AO TEATRO DE CRIAÇÃO
Albor Vives Reñones

A leitura desse livro é provocante e inspiradora. O autor escreve como um bom escritor, faz reflexões como um bom pensador e cria como um artista. Para quem gosta da linguagem do teatro em suas aplicações não-convencionais, é imperdível. Recomendado também para artistas em geral e terapeutas grupais. REF. 20783.

DEFESAS DO EGO
Leitura didática de seus mecanismos
Wilson Castello de Almeida

O grande feito deste livro é o de reunir de forma clara e concisa todos os complexos conceitos sobre o desvendamento dos mecanismos de defesas do Ego, dispersos em inúmeras obras. Útil e interessante, esta é uma obra fundamental para estudantes e profissionais de psicologia, psicanálise, psicodrama, medicina e áreas afins. REF. 20525.

INTEGRANDO DIFERENÇAS
Possíveis caminhos da vivência terapêutica
Laurice Levy

Artigos com uma visão inovadora sobre questões ligadas a Freud e Moreno. A autora narra casos de seu trabalho, com abordagem integradora, que olha para o paciente como um ser uno e usa sua formação multifacetada, que inclui a psicanálise e o psicodrama. Para terapeutas sempre abertos a novas reflexões e a novos caminhos. REF. 20787.

MORENO E O HASSIDISMO
Princípios e fundamentos do pensamento filosófico do criador do psicodrama
Benjamin Waintrob Nudel

Uma obra singular, em que, de forma profunda e corajosa, o autor aproxima a ciência e a religião ao pensamento moreniano. Aqui, novas luzes são lançadas sobre a biografia de J. L. Moreno, ao recuperar-se sua origem judaica e sua vinculação com os conceitos teológicos e filosóficos do hassidismo. REF. 20448.

NOVAS CENAS PARA O PSICODRAMA
O teste da mirada e outros temas
Dalmiro M. Bustos

Nesta coletânea de artigos, Bustos estendeu sua investigação e comentários para além das questões filosóficas, técnicas e teóricas do psicodrama que, no entanto, também estão presentes. Aqui, o seu olhar abrangente acrescenta temas sociais candentes como a liberdade e a violência. Um livro imperdível para os admiradores deste argentino que já conquistou o coração e o respeito dos psicodramatistas brasileiros. REF. 20657.

JACOB LEVY MORENO – 1889-1974
Pai do psicodrama, da sociometria e da psicoterapia de grupo
René F. Marineau

O primeiro livro a examinar a história de Moreno na Europa, assim como os anos passados nos Estados Unidos. Através de entrevistas com pessoas que o conheceram e pesquisas feitas nos arquivos de Viena, Marineau nos oferece um retrato desse homem excepcionalmente criativo e iluminado e nos apresenta uma nova maneira de compreender Moreno. Livro de leitura agradável e mundialmente considerado como uma das melhores biografias de Moreno. REF. 20401.

O PSICODRAMA APÓS MORENO
Inovações na teoria e na prática
Paul Holmes, Marcia Karp e Michael Watson

Uma coletânea de artigos de alguns dos mais importantes psicodramatistas do mundo. Além dos organizadores, Dalmiro Bustos, René Marineau e Mónica Zuretti, entre outros, falam sobre os caminhos do psicodrama desde a morte de Moreno, em 1974. Os depoimentos descrevem como esse poderoso método de terapia grupal incrementou e inspirou as suas práticas terapêuticas. A introdução desta obra marcante é de Zerka Moreno. REF. 20646.

PSICOLOGIA DO ENCONTRO: J. L. MORENO
Eugenio Garrido Martín

Obra conhecida e respeitada no meio psi, este livro faz a sistematização das teorias de Moreno de forma abrangente, através do olhar perspicaz de Garrido, um cientista social e antropólogo. Ele demonstra sua enorme importância no contexto sociohumano, enfatizando a contribuição do criador da psicoterapia de grupo, da sociometria e das terapias de ação. REF. 20531.

———————— dobre aqui ————————

ISR 40-2146/83
UP AC CENTRAL
DR/São Paulo

CARTA RESPOSTA
NÃO É NECESSÁRIO SELAR

O selo será pago por

summus editorial

05999-999 São Paulo-SP

———————— dobre aqui ————————

O ESSENCIAL DE MORENO

recorte aqui

CADASTRO PARA MALA DIRETA

Recorte ou reproduza esta ficha de cadastro, envie completamente preenchida por correio ou fax, e receba informações atualizadas sobre nossos livros.

Nome: _____ Empresa: _____
Endereço: ☐ Res. ☐ Coml. _____ Bairro: _____
CEP: ___-___ Cidade: _____ Estado: _____ Tel.: ( ) _____
Fax: ( ) _____ E-mail: _____ Data de nascimento: _____
Profissão: _____ Professor? ☐ Sim ☐ Não Disciplina: _____

1. Você compra livros:
☐ Livrarias ☐ Feiras
☐ Telefone ☐ Correios
☐ Internet ☐ Outros. Especificar: _____

2. Onde você comprou este livro?

3. Você busca informações para adquirir livros:
☐ Jornais ☐ Amigos
☐ Revistas ☐ Internet
☐ Professores ☐ Outros. Especificar: _____

4. Áreas de interesse:
☐ Psicologia ☐ Comportamento
☐ Crescimento Interior ☐ Saúde
☐ Astrologia ☐ Vivências, Depoimentos

5. Nestas áreas, alguma sugestão para novos títulos?

6. Gostaria de receber o catálogo da editora? ☐ Sim ☐ Não
7. Gostaria de receber o Ágora Notícias? ☐ Sim ☐ Não

Indique um amigo que gostaria de receber a nossa mala direta

Nome: _____ Empresa: _____
Endereço: ☐ Res. ☐ Coml. _____ Bairro: _____
CEP: ___-___ Cidade: _____ Estado: _____ Tel.: ( ) _____
Fax: ( ) _____ E-mail: _____ Data de nascimento: _____
Profissão: _____ Professor? ☐ Sim ☐ Não Disciplina: _____

Editora Ágora

Rua Itapicuru, 613 Conj. 72 05006-000 São Paulo - SP Brasil Tel (11) 3872 3322 Fax (11) 3872 7476
Internet: http://www.editoraagora.com.br e-mail: agora@editoraagora.com.br

cole aqui